아시아의 압축근대, 성장 그리고 사회변화

국립중앙도서관 출판시도서목록(CIP)

아시아의 압축근대, 성장 그리고 사회변화
편저자: 이정덕, 이성호
– 서울: 논형, 2016
 p. ; cm. – (논형학술 ; 87)

ISBN 978-89-6357-172-0 94330 : ₩23000
ISBN 978-89-90618-29-0 (세트) 94080

아시아 문화[–文化]

309.11-KDC6
306.095-DDC23   CIP2016014264

아시아의 압축근대, 성장 그리고 사회변화

이정덕 · 이성호 편저

아시아의 압축근대, 성장 그리고 사회변화

초판 1쇄 인쇄 2016년 6월 15일

초판 1쇄 발행 2016년 6월 20일

편저자 이정덕 · 이성호

펴낸곳 논형

펴낸이 소재두

등록번호 제2003-000019호

등록일자 2003년 3월 5일

주소 서울시 영등포구 양산로 19길 15 원일빌딩 204호

전화 02-887-3561

팩스 02-887-6690

ISBN 978-89-6357-172-0 94330

값 23,000원

* 이 책은 2014년도 정부(교육부)의 재원으로 한국연구재단의 지원을 받아 연구되었음
(NRF-2014S1A3A2044461).

개인기록, 즉 삶의 현장에서의 생생한 경험과 인식을 기록한 자료를 바탕으로 지역의 현대사를 재구성하겠다는 목표로 우리 연구팀이 구성된 지 만 5년이 지났다. 그동안 우리는 전북 임실과 경북 김천의 농민일기, 그리고 충청북도 청주의 교사일기를 발굴하여 자료화하였고, 인천의 회사원 일기와 충남의 한 지주의 일기 및 회계장부 등을 읽고 있는 중이다. 그 사이 연구의 시야를 일본, 대만, 중국으로 넓혀, 동아시아의 지역적으로 다양하고 이질적인 근대성의 특징을 포착하고자 연구팀을 확장 · 보강하기도 하였다.

그간의 연구 성과들을 2014년에 두 권의 단행본으로 묶어 낸 바 있는데, 그 하나는 우리가 직접 작업했던 『창평일기』를 분석한 것이고(『압축근대와 농촌사회−창평일기 속의 삶 · 지역 · 국가』), 다른 하나는 동아시아의 일기 연구 동향과 그로부터 발견해 낼 수 있는 동아시아적 근대성의 특징들을 다룬 것이었다(『동아시아 일기 연구와 근대의 재구성』).

따라서 이 책은 우리 연구팀의 연구 성과를 모은 세 번째 출간물인 셈이다. 모두 9편의 글로 구성된 이 책은 동아시아에서 압축적으로 진행된 근대성이 사회의 다양한 영역에 어떻게 영향을 미치고, 어떤 변화를 가져왔는가를 분석하기 위한 목적으로 기획되었다. 즉 한국, 일본, 중국, 대만 등 동아시아 지역에서 농촌과 도시, 세대와 계급, 과학기술과 주민의 인식 등에 미친 압축성장의 영향을 살펴보는 것이 이 책의 주제이다.

책의 구성은 크게 세 개의 주제로 나뉘어 있다. 먼저 제1장은 동아시아 압축근대의 형성과정과 그 특징을 한국, 중국, 대만을 중심으로 개괄하고 있다. 그리고 제2장에서 7장까지는 한국과 일본, 중국에서 진행된 압축 성장의 결과로서 나타나는 사회변화의 양상을 부문별로 검토하고 있는 글들로 묶여 있다. 그리고 제8장과 제9장은 일기 자료를 통해서 나타나는 근대성의 양상을 검토하고 있다.

우선 제1장, 이정덕 · 김예찬의 글은 동아시아 압축근대의 형성과정과 특징을 개관하고 있다. 이 글은 동아시아의 근대화 과정과 동아시아인들의 근대 경험을 분석하면서 서구적 근대성 경험과의 차이를 밝히는 것을 목표로 하고 있다. 미국 중심의 세계체제 재편이 이루어진 제2차 세계대전 이후 동아시아의 국가주도형 근대화전략을 검토하면서 저자들은 동아시아 압축성장의 특징을 1) 미국 시장을 발판으로 한 산업화, 2) 국가주도의 수출주도형 성장전략, 3) 군사형 계획경제의 실행, 4) 서구 모방형 근대화전략 5) 강력한 정경유착 등으로 요약하고 있다. 특히 한국과 대만의 적극적 수출 지원체계, 중국의 보다 적극적이고 직접적인 국가 지원체계 확립 등은 동아시아의 근대성이 서구적 경로와 다른 특징을 지니게 된 원인이 되고 있음을 지적하고 있다. 즉 동아시아의 (압축)근대는 아시아적 특성을 기반으로 서구적 요소를 수용하는, 양자의 융합과 재구성을 통한 문화적 혼성을 특징으로 하고 있다는 것이다.

제2장의 이정덕 · 소순열의 글은 한국사회의 근대화전략의 특징을 수출산업 확대를 위한 대기업 지원과 국민동원체제로 규정하고, 그 추진에 따른 한국의 농업 · 농촌사회의 변화와 사회 전반의 정치사회적 변화를 살펴보고 있다. 먼저 농촌사회 변화의 특징은, 농산물가격 안정을 위한

농업 희생과 농산물 개방정책으로 인하여 농민의 상업농으로의 전환, 농산물 가격 폭락 및 불안정화, 농촌의 공동화 및 고령화 등으로 설명된다. 특히 1970년대의 새마을사업은 농촌사회의 자율적 조직들을 해체시키는 결과를 초래하여, 농촌사회 및 농민 개개인에 대한 국가의 지배를 강화시켰다. 결국 농촌사회가 국민동원체제 속으로 흡수되는 결과가 초래되었다는 것이 이 글의 주요 논지이다. 한편 정치사회적으로 반공, 수출경제, 국민총화 등의 구호로 독재체제를 강화해감으로써, 인권과 민주를 부차적 가치로 치부함으로써, 시민사회의 성장을 가로막는 결과를 가져왔다는 점도 지적되고 있다.

　제3장, 문만용의 글은 근대화 시기 한국 과학기술의 변화를 주제로 하고 있다. 그동안 한국의 근대화과정에 대한 분석이 대부분 경제 성장에 맞추어져 있었다는 점을 감안할 때, 한국 과학기술의 발전사에 주목하여 한국의 압축성장 과정을 조명하는 이 글은 보기 드문 연구라 할 것이다. 이 글은 해방 이후 1980년대까지 국가주도적 과학기술 발전정책의 추진과정을 인적, 물리적 인프라와 과학기술의 이념적, 사상적 바탕을 중심으로 분석하고 있다. 이를테면 이 글은 해방 직후의 열악한 과학기술 인프라 속에서 과학기술의 성장을 가능케 한 동력은 과학기술 인력의 국가 재건과 탈식민주의의 열망에 있었다고 본다. 이후 전쟁과 냉전시대를 거치면서 국방을 위한 과학의 이념이 과학기술의 발전을 주도한 동력이 되었으며, 1960년대 이후 수출산업의 성장이 추진되던 시기에 경제번영을 위한 과학기술발전이라는 목표가 국가의 과학기술에 대한 본격적인 투자의 배경이 되었다고 설명한다. 또한 문만용은 서구 선진국의 경우 대학의 연구활동이 먼저 시작되고 정부 출연 연구소가 뒤늦게 나타나는 경향을 보이는데 비해, 한국에서는 정부 주도의 연구체제가 먼저 등장하여

기업과 대학의 연구활동을 이끌어내는 모습을 보인다고 지적하고 있다.

제4장의 남춘호의 글은 압축성장기 이후 서비스사회로 이전하는 특성을 보이는 한국사회에서 나타나는 거시적 사회구조 변화와 세대내 계급이동의 특성을 분석하고 있다. 사회구조의 변화는 개인의 삶의 기회에 영향을 미치는 바, 남춘호는 직업경력 또는 노동경력을 활용하여 지구화 경향에 따른 노동시장의 유연화 과정에서 세대 내의 계급이동을 살펴봄으로써, 개인의 삶의 변화를 추적하고 있다. 배열분석방법을 통하여 계급이동의 패턴을 분석한 그의 연구에 따르면, 농민층의 직업이동성이 높아지고 전문가, 숙련 및 반숙련노동자층의 지속성이 높아지고 있는 것으로 나타난다. 특히 베이비부머 이후 세대, 이른바 X세대는 이전 세대에 비해 서비스계급이 증가하고, 농민층과 미숙련 육체노동과 자영업자층이 감소하는 것으로 나타난다. 특히 이들 집단에서 계급궤적의 지속성과 안정이 낮아지는 현상이 나타나고 있음이 특징적이다. 또한 여성의 경우 상당수가 결혼, 출산 등으로 인한 경력단절을 경험하고 있는 것이 확인된다. 과정으로서의 계급분석에 방점을 두는 계급궤적 연구는 계급적 정서나 가치관, 태도, 정체성 및 계급행동을 이해하는데 새로운 가능성을 열어줄 수 있을 것으로 보인다.

다섯 번째 글에서 朴光星은 최근 20여 년 동안 지속되고 있는 중국의 고도성장 시기를 검토하면서, 중국사회에서 나타나는 압축근대성의 특징을 분석하고 있다. 그는 먼저 서구에서 이른바 '중국식 발전모델'을 둘러싸고 벌어지는 논쟁을 소개하면서, 그것과는 별도로 (또는 그와 연관되면서) 중국 내에서 나타나는 '압축근대성' 논의의 특징과 쟁점을 연구사적으로 정리해서 보여주고 있다. 이어 1980년대 이후 중국의 압축성장이 가능케 한 동력을 성장주의 국가의 리더십과 개혁개방정책, 민간경제의 활성화와 확장 등으로 규정하고 설명한 다음, 그 결과로 나타나는 중국 압축근대성의 특징을 약화된 사회연대라고 지적하고 있다. 즉 시장화의 결과로 사회적 분화가 급속히 진행되면 사회적 연대가 와해되고 있고, 사회 갈등과 부정부패가 증가하고 있다. 한편 압축적으로 진행된 경제성장의 이면에 문화발전의 지체현상이 나타나고 있음도 지적하는데, 시장의 확대와 문화 개방 속에서 여전한 이데올로기의 과잉과 사상통제 등이 국가 담론과 국민 담론 사이의 괴리를 가져오고 있다고 지적한다.

제6장은 1950년대 중반부터 약 20년간 진행된 일본의 고도성장 시기에 나타난 일본의 사회변화를 고찰하는 임경택의 글이다. 이글에서 임경택은 일본의 고도성장 메커니즘을 분석하고, 그 결과로 나타난 사회 및 생활세계의 변화, 즉 고도성장의 문화적 맥락을 추적하고 있다. 패전 이후 '내수확대형 경제성장'으로 전후의 혼란을 극복할 수 있었던 일본은 이 과정에서 형성된 신중간층을 중심으로 '고도대중소비사회'를 실현하게 되었다. 이 글은 이것을 패전 이후 억제되었던 욕망이 이 시기에 이르러 폭발한 것으로 설명하고 있다. 즉 승전국인 미국의 문화와 문명에 대한 질시와 선망이 일본의 중산층의 생활양식 속으로 한꺼번에 폭발적으로 이식되었다는 것이다. 그 이후 1973년 석유위기로 일본의 고도성장 시대가 막을 내리고, 일본 경제가 재구조화 국면에 직면하게 되면서, 일본사회는 사회적 관계의 단절과 정치적 무관심 등을 특징으로 하는 '픽션의 세계'에서 새로운 욕망을 추구하기 시작하였다는 것이 이 글의 주요 논지이다.

일곱 번째로 실린 이정덕·이태훈·朴光星의 글은 중국의 압축성장 과정에서 나타난 주요한 사회현상 중의 하나인 농민공을 분석한 것이다. 1980년대 후반부터 시작된 중국 농촌인구의 대도시권으로의 이주현상은 근대화 과정에서 나타나는 전형적인 현상이다. 그러나 이것이 농민의 도시이주를 통제하는 중국의 독특한 호구제도와 결합하면서 농민공이라는 중국식의 압축근대 현상으로 드러나게 되었다. 그리고 이들 농민공의 삶은 도시의 불법거주자라는 신분으로 인한 복지서비스 혜택으로부터의 배제, 저임금과 고용불안정성으로 인한 생계문제, 그리고 농민공에 대한 도시주민들의 부정적, 배타적 태도로 인한 고립 등의 상태에 놓여 있다.

마지막에 실린 두 편의 글은 각각 『아포일기』와 『창평일기』를 중심으로 근대화에 따른 한국농촌사회의 생활세계 변화를 살펴보고 있는 글이다. 먼저 제8장의 손현주 · 유승환의 글은 우리 연구팀이 2014년부터 2년간의 작업을 거쳐 출간한 『아포일기』의 내용을 바탕으로 농민들의 생활세계에서의 근대 경험을 분석하고 있다. 저자들은 여가문화가 상업화에 노출됨으로써 나타나는 관광활동을 분석하면서 농민층의 노동과 여가에 대한 인식의 일단을 살펴보고 있다. 특히 이 글은 관광 경험을 통해 새로운 장소와 새로운 문화를 소비하면서도 소비와 쾌락에 대한 욕망을 드러내는 것을 부정적으로 인식하는 도덕적 규범으로부터 자유롭지 못한 농민의 태도를 압축성장 과정에서 나타나는 양가성의 개념틀로 분석하고 있다. 여기에는 농민층의 관광경험이 여가에 관한 개인의 합리적, 주체적 인식의 결과로서가 아니라 여가의 급속한 시장화의 결과로 나타난 것일 뿐 아니라, 마을공동체의 의례적인 연대 활동의 한 양상으로 진행된 때문인 것으로 파악하고 있다. 즉 근대적 시장화의 결과인 한편 전근대적 공동체의례라는 모순적 상황의 결과로 나타난 여가문화는 한국 농촌에서 태생적으로 양면적 가치를 내포하고 있었다는 것이 이 글의 논지이다.

마지막 글은 우리 연구팀의 첫 공동작업 성과물인 『창평일기』를 중심으로 농촌사회의 돈거래 관행변화를 추적하고 있다. 저자인 이성호·안승택은 『창평일기』 속에 나타난 돈거래 관행이 고리사채에서 점차 농협의 공금융으로 전환하는 과정을 검토하면서, 농촌사회에서의 전통성과 근대성이 이분법적으로 구분될 수 있는 것이 아니며, 양자 사이의 변화가 단선적으로 진행되는 것도 아니라는 점을 밝히고 있다. 즉 전통적인 사채거래관계에서도 신용평가를 위한 공동체적 기제들이 마련되어 있었으며, 근대적 공금융에도 마을사회의 전통적 사회관계를 활용한 상호보증과 담보제도가 주요한 거래관행으로 작동하고 있었다는 것이다. 특히 이 분석에서는 돈거래를 하는 농민들 스스로가 사채거래와 농협과의 거래를 관행적으로 인식하고 실천하고 있었음을 확인함으로써, 농촌사회의 신용체계가 전통적 관행과 근대적 제도의 복합적 뒤섞임을 통해 전개되고 있음을 보여주고 있다.

우리는 이 책이 아시아 압축근대의 주요 특성을 밝혀내기 위한 연구작업의 출발점이라고 생각하고 있다. 따라서 이 책에 실린 각 논문들이 담고 있는 내용 뿐 아니라, 방법론적 다양성에도 주목해줄 것을 당부하고 싶다. 인류학, 경제학, 사회학, 민속학, 과학사 등 다양한 전공자들이 동아시아적 근대성의 특징과 개인기록 자료에 접근하는 다양한 방법론적 시도가 이 책의 또 다른 미덕이라고 믿기 때문이다.

끝으로 이 책이 완성되기까지 많은 수고와 고생을 마다하지 않은 우리 연구팀의 연구원과 보조연구원, 그리고 도서출판 논형의 관계자들께 감사 인사를 드린다.

2016. 6.

연구팀을 대표하여 이성호 씀

차 례

1장
동아시아 압축근대의 형성[*]

이정덕 · 김예찬

1. 들어가는 말

동아시아는 중남미나 아프리카나 다른 아시아보다 상대적으로 빨리 압축성장을 시작하였고, 결국 성공하였다. 그 결과 2014년 중국은 실질 구매력 기준의 국민총생산에 있어서 미국을 추월하여 세계 1위를 차지하였다. 중국의 초고속성장으로 상징되는 동아시아 압축성장은 동아시아를 보다 긍정적인 관점에서 되돌아볼 수 있게 만들면서 동아시아의 과거를 전근대로 낙인찍고 서구를 모방해야 발전한다는 서구중심적 관점에 의문을 제기하게 만든다. 그동안은 '근대=서구=자본주의'라는 사고 틀에서 서양과 다른 것은 없애고 서구의 근대를 배워서 동양의 전근대를 극복하고 서구처럼 자본주의를 발전시켜야 한다고 생각하였다.

이제는 오히려 서구와 다른 어떤 것이 동아시아를 압축성장시켰다고 보는 것이 일반적이다. 그것이 유교라고 주장되기도 하고, 발전국가체제로 주장되기도 하고, '고용성장+자본증가+기술발전'의 차이에 의한 것

---

[*] 이 글은 『건지인문학』 제13집에 수록된 "제2차 세계대전 이후의 세계체제와 동아시아 압축근대"를 이 책의 취지에 맞도록 수정, 보완한 것이다.

으로 주장되기도 한다. 어떠한 이유에서든 동아시아가 국가 주도하에 압축적인 성장을 시현하였고, 동아시아가, 특히 중국(G2)을 포함하여 미국(G1)을, 더 나아가 서구를 위협할 수도 있는 단계에 이르렀다고 간주되기도 한다.

동아시아가 압축성장의 과정이 서구의 성장과 어떻게 같거나 다른지 그리고 동아시아인들의 경험이 서구인들의 성장경험과 어떻게 다른지를 먼저 파악해야 동아시아의 미래가 어떻게 진행될 것인지 그리고 서구와 어떠한 차이가 나타날 것인지를 제대로 이해할 수 있을 것이다. 이 글은 동아시아의 미래를 염두에 두고 과거 동아시아에서 어떻게 압축성장이 나타나고 경험되었는지를 이해하는 것을 목표로 한다.

2. 동아시아 부상에 대한 설명틀

동아시아의 2차 세계대전 이후의 발전은 자본주의에서 주변부가 극적으로 중심부에 접근할 가능성과 그 과정을 잘 보여주고 있다. 동아시아는 2차 세계대전 이후 일본, 홍콩, 대만, 한국, 중국의 압축성장으로 세계경제의 핵심적인 축으로 성장하고 있다. 동아시아는 1840년 아편전쟁 이후 서구의 지속적인 침략에 패퇴하면서 일본을 제외한 나머지 국가들은 통치와 조율능력을 상실하면서 경제, 정치, 사회가 크게 약화되거나 와해되었고, 그 결과 세계무대의 주변부로 밀려났다. 하지만 그 발전가능성에 대하여서는 여러 가지 접근이 있다.

그동안 가장 많이 논의되었고 정책적으로도 가장 많이 차용되었고, 한국에서도 박정희 대통령의 통치하에서도 정책적으로 활용된 근대화론은 후진국도 선진국과 같은 과정을 거쳐 발전할 수 있다고 주장한다. 근대화론은 후진국이 전근대적인 관습과 체제를 제거하고 선진국의 가치, 제도, 기술, 지식을 흡수하여 단계적으로 선진국이 된다고 본다. 로스토우는 근대화가 '전통사회─도약준비단계─도약─성숙─고도대량소비'의 5단계를 따라 이루어진다고 주장했다(Rostow, 1962). 이러한 이론은 성장을 억제하는 전근대적인 가치와 제도를 제거하고 근대적인 가치와 제도를 도입하여 산업화를 이룩하는 것을 발전의 근간으로 제시한다. 그러나 선진국의 성장 초기의 경제구조와 후진국의 성장 초기의 경제구조가 크게 다르고, 이들이 처한 국제환경도 크게 다르기 때문에, 후진국이 선진국과 같은 과정을 거쳐 발전한다는 근대화론에는 한계가 있다.

이러한 이론에 대한 대안으로 제시된 종속이론은 후진국이 선진국과 종속적인 관계를 맺고 있어 선진국과 관계가 강화될수록 후진국은 주변부로서 저발전한다고 보아 선진국과의 관계를 단절하는 경제발전을 제안하였다(Frank, 1966). 종속이론에서는 국제적 불평등 경제관계와 다국적기업의 착취적 성격을 과대평가하여 종속국가들이 능동적으로 성장할 수 있는 가능성이 거의 없다고 보았다. 따라서 종속을 단절한 독립적 경제발전을 강조하였고, 이에 따른 수입대체산업화가 남미에서 널리 시행되었지만 성공하지 못했다. 이러한 이론으로는 지난 70년간 나타난 동아시아의 수출주도형 압축성장을 설명할 수 없었고, 결국 종속이론의 주창자인 프랑크(2003)도 종속이론을 포기하였다. 이제 프랑크는 서양이 동아시아를 넘어선 것은 150년에 불과하며, 동아시아가 다시 폭발적인 경제성장을 하였고, 1997년에는 동아시아에서 출발한 세계경제불황이 나타났으며, 앞으로 동아시아가 세계경제성장의 견인차 역할을 할 것으로 생각하고 있다(Frank, 2003: 22-26).

종속이론의 관점을 어느 정도 수용하고 세계의 국가들이 세계적 위계질서라는 세계체제로 편성되어 있다는 세계적 위계구조를 적극 강조한 이론이 세계체제론이다. 월러스틴(2005, 2013a, 2013b, 2013c)은 근대 자본주의 세계체제가 16세기 유럽에서 나타났고, 자본주의 세계체제는 노동분업에 기초한 경제적 통합체로서 작동하며, 자본축적의 논리에 의해 조절되고 경쟁하며, 위기나 저항이 나타난다고 주장했다. 세계체제에서는 중심부, 반(半)주변부, 주변부로 구성된 위계질서가 나타나는데, 이러한 계층적 구역은 대체로 공간적으로 구성되며 국가가 정치단위로서 작동하기 때문에 국가의 역할이 중요하다. 중심부와 주변부는 자본의 양, 노동관계, 기술과 지식, 생활양식, 정치군사적 권력 등의 차이에 의해 구분할 수 있다. 중심부가 정치, 군사, 자본, 지식을 주도하며 중심부로부터 제도, 교육, 지식, 이데올로기 등이 반주변부로 확산된다. 월러스틴의 세계체제론은 그만큼 서구중심의 자본주의 세계체제를 안정적인 것으로 간주하여, 주변부가 중심부로 될 가능성을 인정하였지만, 위계적 국제분업의 영향을 지나치게 강조하여 국내적 주체들의 전략과 노력의 중요성을 간과하고 있다(김정렬, 1998: 119-126). 월러스틴은 불평등교환관계가 세계체제 유지에 미치는 영향을 지나치게 강조하여 불평등 교환관계 하에서도 일부 주변부 국가들은 자본축적과 경제성장을 빠르게 성취하면서 세계체제에서의 지위를 바꾸는 점을 제대로 고려하지 못했다. 그럼에도 불구하고 세계체제론은 위계적 국제관계가 개별 국가에 심각한 영향을 미치고 있음을 잘 보여주고 있다.

동아시아의 경제성장에 주목하여 이를 설명하기 위한 몇 가지 이론들이 제시되었다. 근대화론이 후진국이 발전하기 위해서는 선진국이 경험한 단계들을 반복하는 것으로 상정하였다면, 동아시아의 발전에 기반을 둔 이론들은 동아시아가 선진국과 다른 환경에 놓여 있다고 인정하고 이러한 차별적인 요인을 감안하여 동아시아의 압축성장을 설명하려고 한다. 그 중의 하나가 유교자본주의론이다. 베버가 서구 자본주의 발전에서 프로테스탄트 윤리가 크게 기여하였다고 주장하듯이 유교자본주의론자들은 유교적 가치관이 동아시아의 경제발전에 크게 기여하였다고 주장한다. 베버는 유교가 동아시아의 정체를 가져왔다고 봤지만 유석춘(1997)은 유교적 가치관이 동아시아 발전을 가져왔다고 본다는 점에서, 유교의 기여에 대한 평가는 다르지만 둘 다 가치관을 자본주의 발전의 핵심으로 간주하고 있다는 점에서 공통점을 가지고 있다. 유석춘(1997)과 함재봉(2000)은 유교 때문에 동아시아에서 국가 주도의 권위주의적 경제발전이 가능하였다고 간주하고 있다. 유교에 기반을 둔 국가에 대한 충성심으로 국가가 주도하는 경제발전이 가능했다는 것이다. 유교자본주의 관점으로는 현재 중국보다 높은 경제성장을 보여주는 인도와 같은 사례를 설명할 수 없다. 결국 인도의 급속한 발전을 힌두교자본주의로 설명하여야 하는데 이는 각 지역의 종교적 가치관이 경제발전을 이끈다는 접근이 되어 특별히 유교가 독특한 성격을 가진다고 주장하기 어려워진다.

신고전학파의 시장경제론은 동아시아가 기업의 경쟁을 촉진시키고 시장을 육성하고 무역을 개방하여 시장이 안정적이고 원활하게 작동하도록 만들었기 때문에 경제가 성장하였다고 주장한다. 이러한 과정에서 국가가 국제적으로 비교우위를 지니는 분야에 집중하여 수출을 대폭 증가시킴으로써 성공적인 발전이 나타난다고 주장한다(Balassa, 1981). 이러한 접근은 동아시아에서 국가가 국민과 자본을 총동원하고 기업을 통제하여 특정한 방향으로 이끌고 가는, 즉 국가가 목표를 세우고 계획하고 주도하는 역할을 지나치게 과소평가하고 있다. 또한 동아시아 국가들의 경우 열등한 산업을 인위적으로 수입장벽을 세워 보호하고 육성하여 충분한 경쟁력을 갖출 때 문호를 개방하는 경우가 많기 때문에 시장친화적이라고 볼 수 없다.

시장경제론보다 더 적극적으로 국가가 주도하여 경제발전이 나타난다고 주장하는 이론이 발전국가론이다. 특히 이 이론은 동아시아의 성공적인 경제발전을 설명하기 위해 많이 사용되었다. 서구의 시장중심적 국가와 다르게, 국가가 적극적으로 개입하여 발전을 계획하고 주도하여 경제성장에 집중하는 국가체제가 동아시아에서 압축성장을 가져왔다는 것이다(Wade, 1990). 암스덴(1989)은 국가가 자원과 자본을 동원하고 배분하고 목표를 설정하여 계획적으로 목표를 달성하도록 독려하는 동아시아의 국가주도적 발전전략을 발전국가라는 틀로 설명하였다. 유능하고 자율적인 관료들이 기업친화적 산업정책을 입안하고 주도하는 국가주도형 발전이 나타난다고 보고 있다. 즉, "국가적 정체성의 바탕 위에서 사명지향적인 유능한 관료가 시장의 불완전성을 보완하거나 수정하는 경제정책을 통해" 성공적인 경제성장을 이룩했다는 것이다(김대환·조희연 편, 2003: 23). 발전국가론에서는 수출주도형 산업화를 통하여 효과적으로 경제성장을 이룩하였으며 국가개입을 위해 어느 정도 억압적인 국가체제가 불가피하다고 보았다.

발전국가론에서 더 진전된 틀로 볼 수 있는 것이 산업별 추격을 국가단위로 이론화하는 것이다. 산업적 추격의 관점에서 후진국이 어떻게 선진국을 추격하는가에 대한 연구들이 암스덴(2001) 이래로 증가하고 있다(이근 외, 2014). 이들은 동아시아가 수출주도 산업화로 성공하였지만 국가마다 시기마다 특정 산업의 성쇠가 다르다는 점에 주목하여 산업별로 성공에 기여할 수 있는 올바른 정책방향을 찾아 실행하면 선진국에 대한 추격이 가능해진다고 본다. 교육, 특허, R&D, 시장과 접근성, 정책, 제도 등에서 시기에 따라 올바른 정책을 선택하여 실행하면 **빠른 추격** (Fast Catch-up)이 가능하다고 보며 그렇지 못하는 경우 정체하거나 추락하게 된다. 특히 기술경제 패러다임의 변화, 불황, 정책변화로 기회의 창이 열리면 새로운 경로로 비약하는 것이 가장 성공적인 추격의 과정이라고 본다(이근 외, 2014: 1). 하지만 이러한 접근은 기업과 산업차원에 주안점을 두는 이론이어서 국가 사이에 나타나는 불평등한 권력관계를 제대로 고려하지 못하고 있다.[1]

보다 거시적인 관점에서 국가별로 경제성장의 근본요인들이 어떻게 작동하는가를 따져서 각 국가의 성장잠재력과 실질 성장을 분석하는 접근이 경제성장론에서 제기되고 있다. 경제성장론에는 여러 가지가 있는데, 오닐(2012: 58)은 경제성장을 "경제활동인구 성장에 근거한 고용성장, 투자에 사용할 수 있는 적립자본금인 자본의 증가, 생산성 향상의 도구인 기술의 발전이라는 3가지 요소," 즉, 노동인구, 자본, 생산성으로 설명하고 있다. "경제발전에 성공한 국가들은 인구의 증가와 생산성의 급격한 향상이 동시에 일어났고, 성공하지 못한 국가들은 인구증가의 혜택을 누렸지만 생산성 향상에는 어려움을 겪었다(O'Neill, 2012: 64)." 오닐(2012: 66)에 따르면, 경제성장을 위하여서는 국가가 다음과 같은 것을 갖추어야 한다. "인플레이션을 억제하는 것은 물론, 국가재정을 건전하게 유지시키는 거시경제 정책과 환경, 강력하고 안정적인 정치제도, 국제교역과 외국인 직접투자에 대한 개방성, 최신기술의 도입과 적용,

---

1) 예를 들어 1985년 플라자 합의를 통해 일본 엔화가 1달러당 235엔에서 1년 후 120엔으로 하락했는데 그 다음부터 일본의 경제는 계속 정체되었다.

높은 교육 수준이 그것이다."

3. 서구 패권 하의 동아시아

중국을 중심으로 하는 동아시아는 18세기까지 세계에서 가장 강력한 경제블럭이었고 세계체제의 중심부 중 하나였다. 18세기까지 유럽은 기술적으로나 정치적으로나 사상적으로나 중국을 배우기 위해 많은 노력을 하였다(주겸지, 2010; 황태연, 2011; Hobson, 2005). 1700년대 중반 영국이 산업혁명을 시작한 이후 서구는 1~2%의 성장으로 농업을 중심으로 0.5% 미만의 성장을 하던 중국경제를 넘어서서 이슬람, 인도, 중국을 세계체제의 중심부에서 추락시키고 서구가 중심이 되는 세계체제로 편입시켰다.[2]

1700년대 중반에서 1800년대 후반까지 영국의 경제성장률은 연평균 1%~2%대였다.[3] 산업혁명 이전의 농업경제 시대의 성장률은 0~0.5% 정도에 불과했던 점을 고려하면 산업혁명으로 경제성장률이 4배 이상 높아졌고 또한 이 시기는 생산방식의 근본적인 변화를 일으켜 인류사의 획기적인 변화가 이어진 시기이다. 산업혁명을 위해서는 기술의 발전

---

2) Angus Maddison는 지난 2천년간 세계경제가 어떻게 발전해왔는가를 자료를 분석하여 온라인에 계속 업데이트하고 있다. http://www.ggdc.net/maddison/maddison-project/home.htm 그가 제공한 지난 2천년의 경제성장률을 보면 1820년까지 연평균 GDP 성장률은 모든 대륙에서 0.5% 이하이고 전세계적으로 연 0.22% 성장했다. 1820년 이후 1998년까지 모든 대륙이 연 4% 이하로 성장했고 전세계적으로 연 2.21%성장했다. 아래 사이트의 Table 1-3을 참조할 것.http://www.theworldeconomy.org/MaddisonTables/MaddisonTable1-3.pdf

3) 물론 19세기 후반 일부 기간 동안 미국과 독일은 4%대의 성장을 하는 등 상황에 따라 경제성장률이 다르지만 영국에서 나타난 산업혁명과 그 이후의 경제성장률은 100년 동안 평균 2% 미만이었다. Angus Maddison 사이트의 각종 자료 참조.

도 필요했고, 소득과 인구의 증가에 따른 소비증가도 필요했고, 또한 원시적 자본축적도 필요했다. 초기자본은 아메리카 대륙에서 획득한 은과 금, 노예무역을 통해 획득한 이윤, 식민지 시장의 독점 등으로부터 축적되었다. 서구는 이러한 자본, 기술, 인구증가를 바탕으로 지난 200년 동안 세계에서 주도적인 역할을 해왔다.

유럽은 산업혁명을 거치면서 인도나 동아시아를 넘어서는 경제적인 부를 쌓을 수 있었고, 미주대륙과 해안지대의 약한 지역에 머물렀던 식민지 개척이 국가가 존재하는 내륙으로 진전할 수 있었다. 새로운 혁신인 산업혁명을 통하여 이전과 질적으로 다른 경제체제를 구축하는 데 성공하였고 이는 우월한 군사력으로 전환되어 19세기 점차 군사적으로 타지역을 압도하면서 서구가 중심이 되는 세계체제를 구축할 수 있었다. 결국 서구는 인도나 중국과 같은 기존의 중심부들을 모두 추격하고 제압하여 주변부로 추락시켰다.

세계체제의 중심부의 하나였던 동아시아 지역은 19세기 중반 서구의 침략에 패배하면서 주변부로 추락하였다. 이에 따라 중국을 중심으로 하는 지역체제도 빠르게 해체되었고 각 국가들은 서구 중심의 세계체제 속에서 각자 도생하는 방식으로 생존을 도모하였다. 일본은 빠르게 서구의 지식과 기술을 도입하여 갱생하면서 동아시아의 강자로 부상하며 식민지를 개척하였다. 한국과 중국은 서구의 지식과 기술을 도입하여 극복하려고 노력하는 와중에, 한국은 일본의 침략으로 식민지가 되었고, 중국은 열강의 각축장이 되면서 내부 와해와 갈등을 거쳐 일본의 침략과 국공내전으로 상황이 더욱 악화되었다.

제2차 세계대전이 끝나자 압도적인 경제력을 갖게 된 미국을 중심으로 세계체제가 재구성되었다. 1945년 2월 미 · 영 · 소 3개국 정상은 얄타

회담에서 연합국의 상호협조를 바탕으로 한 세계체제를 구상하였다. 그러나 곧바로 미국과 소련이 충돌하면서 1945년 해방 후 한국은 남북으로 나누어졌고, 중국본토인 중국은 1949년 공산당이 장악했고, 대만은 중국본토에서 쫓겨난 국민당이 장악하였다. 일본과 남한과 대만은 미국의 세계체제에 편입되었고 중국과 북한은 소련의 세계체제에 편입되어 적대적인 전선을 형성하였다.

경제적으로도 미국이 주도하는 세계체제가 만들어졌다. 미국은 1947년 브레튼우즈 협정에 입각한 제네바관세협정(GATT)을 체결하여 미국 주도의 세계경제체제를 만들었다. 이는 제네바관세협정의 이익을 반영하여 철저한 자유무역원칙에 입각하여 세계무역의 확대를 도모하여 경제발전을 꾀하는 것이었다. 수출입제한을 원칙적으로 폐지하고, 회원국끼리는 관세의 최혜국 대우를 한다. 그리고 국제통화기금(IMF)을 통해 달러를 국제결제통화로 규정하였다. 1948년 당시 미국이 세계 공업생산의 56%, 세계 수출의 33%를 차지할 만큼 압도적이어서 나타난 세계체제였다(이대근, 2008: 24-30).

이 과정에서 세계체제는 미국 주도의 자본주의 세계체제와 소련 주도의 사회주의 세계체제의 적대적 구조로 구축되었다. 소련은 동유럽에서 북한, 중국에 이르는 광대한 사회주의 영역을 구축하기 위해 이들 국가들에게 다양한 원조를 했다. 제2차 세계대전 이후 식민체제에서 벗어난 많은 제3세계 국가들이 비동맹 노선이나 사회주의 노선에서 길을 찾고자 하였다. 미국은 1947년 3월 '트루먼 독트린'을 선포하고 강력한 소련 봉쇄정책을 실시하였다. 미국은 동아시아를 미국세계체제에서 소련을 봉쇄하는 전진기지로 활용하기 위해 일본에 전쟁책임과 식민지 지배 책임을 제대로 묻지 않았고, 일본은 천황제를 유지하면서 반공기지로 발전시켰다(한중일3국 공동역사편찬위원회, 2012: 226-236). 동아시아 전체를 공산주의 중국과 소련에 대항하는 반공기지로서의 역할을 수행하게 하기 위하여 일본, 남한, 대만에 적극적인 원조와 지원을 실시하였다. 소련은 1950년대 중국을 적극 지원하여 중화학공업 우선 개발 정책을 실시하였으나 실패하였고 중국은 이에 대한 성찰로 농업중심의 인민공사 제도를 도입하여 중국식 사회주의 건설을 추구하였다. 또한 소련의 동서화해정책을 비판하면서 중국과 소련은 적대적인 대결구도로 치달았다. 미국은 또한 소련에 대항하는 기지를 확장하기 위하여 중국에게도 시장을 적극 개방하였으며, 이를 통하여 중국을 소련에 대항하여 중립을 지키든지 또는 미국의 편에 서도록 유도하였다.

4. 동아시아의 압축성장

제2차 세계대전이 끝나고 일본, 대만, 한국, 중국 등이 1940년대 후반에서 1980년대 초반 사이에 국가주도로 적극적인 경제계획을 세워 국가주도형 경제개발을 시작하였다. 그 이후 각국은 30년 동안 연 8%에서 10%에 이르는 성장을 보여주면서 빠른 속도로 서구경제를 추격하고 있다. 이 과정에서 서구의 경제, 정치, 기술, 과학, 제도, 학문, 사상, 문화도 압축적으로 흡수하였다. 1993년 세계은행은 동아시아의 기적(The East Asia Miracle)이라는 보고서를 발간하고 동아시아가 선진국을 제외하고 세계 어느 지역도 시현하지 못한 기적적인 경제성장을 이룩했다고 설명했다. 이러한 기적을 성취한 이유로 고율의 저축과 고율의 민간투자, 인간자본의 적극적인 육성정책, 경제적 토대의 건실한 유지, 국가의 효율적인 지원을 통한 수출주도형 전략, 사회간접자본 개발, 외국기술의 적극도입, 개발을 선도하는 금융기관의 육성 등을 지적하였다(The World Bank, 1993).

이 시기에 남미국가들은 수입대체형 산업화를, 사회주의국가들은 내부 자원을 동원하여 중공업화를 도모하였지만 모두 실패하였다. 동아시아 국가들만 권위주의적 정부가 주도하여 기업을 매개로 급격한 수출확대를 통해 높은 경제성장을 시현하였다.[4] 이는 일본에서 먼저 시작되어 일본, 대만, 한국으로 퍼졌고, 공산권이던 중국도 미국과 수교하며 이 방식을 채택하였다. 급격하게 팽창하는 대외지향적 산업화는 해외수출시장의 존재, 다양한 방식의 자본동원, 기술의 고도화, 그리고 이를 규율하는 국가의 존재를 매개로 이루어졌다. 후진국의 이점을 살려 선진국의 자본, 기술, 전문가를 적극적으로 활용하여 생산한 상품을 수출하며 빠른 산업화를 이룩할 수 있었다. 일본은 제2차 세계대전 이전에 이미 상당한 경제발전을 성취하여 국민이 높은 저축에 의한 내부의 자본을 적극 활용하였고, 대만과 한국은 내부자본과 적극적으로 외자와 차관을 도입하여 투자하였으며, 중국은 해외직접투자를 적극 유치하여 초기의 자본부족을 극복할 수 있었다. 국가가 경제성장을 적극 조직하고 촉진하며 규율하였고, 대기업(재벌)을 매개로 대규모 기업이나 기업집단을 만들어

---

4) 이 시기에 남미는 수입대체형 산업화를 시도하였지만 내수시장의 부족과 정치적 혼란으로 압축성장에 실패했다. 일부 사회주의국가들도 초기에 단기간 동안 나타난 높은 경제성장에도 불구하고 곧 생산성 향상의 정체와 내수시장의 부족으로 경제성장이 정체되었다. 이에 따라 내부혼란이 커졌고 결국 대부분의 사회주의국가들이 사회주의체제를 포기하고 시장경제를 받아들였다. 제3세계의 쿠바와 인도와 같은 친사회주의적 국가들도 자주적 발전을 도모하였지만 곧 시장의 한계로 경제성장이 정체에 빠졌다. 물론 일본, 한국, 대만, 중국도 상당한 부분에서 점진적인 수입대체형 산업화도 도모하였지만 비료, 정유, 화학, 제철, 자동차와 같은 수입대체형 산업들도 점차 수출산업으로 성장하였다. 동아시아에서 전체적으로 경제발전정책의 핵심은 수출주도형 산업화이었고, 수입대체 산업화는 자국의 시장을 개방하기 전까지 자국 시장의 확보하여 성장하다가 어느 수준에 이르면 개방하는 방식으로 사용하였다.

세계적인 경쟁력을 확보하는 방법을 사용하였다.[5]

동아시아의 압축성장은 세계체제와 관련하여 크게 다섯 가지의 특징을 생각할 수 있다.

첫째, 미국이 2차 세계대전 이후 사회주의 팽창국면에서 동아시아를 자본주의 진영으로 유지하기 위해 이들에게 방위조약, 원조, 시장개방을 제공하였다.[6] 미국의 시장을 발판으로 일본, 한국, 대만, 중국이 빠른 산업화를 지속시킬 수 있었다.[7]

둘째, 동아시아를 둘러싼 세계체제의 격변에 따라 지역질서와 경제도 빠르게 변동하였다. 동아시아에서 19세기 중반 중국 중심의 질서가 무너지면서 동아시아 각 국가들은 개별적으로 서구중심 세계체제에 대응하면서 편입되어 갔다. 일본이 1867년 왕정을 복고하고 메이지유신을 거쳐서 메이지 정부는 부국강병과 문명개화의 기치 하에 적극적으로 서구의 기술, 지식, 제도를 도입하였고 식민지 확대전략을 적극 사용하였다. 제2차 세계대전에서 미국에 패배한 일본은 세계체제의 패권자인 미국의 시장을 매개로 한 적극적인 수출주도형 성장전략을 실행하였고, 일본의 식민지에서 벗어난 대만과 한국도 미국시장을 매개로 한 적극적인 수출

---

5) 대만은 같은 수출주도형 성장을 추구하였지만 일본이나 한국과 달리 중소기업을 근간으로 경공업과 전자산업을 위주로 한 수출주도형 경제를 발전시켰다. 따라서 대만의 과정은 일본과 한국이 경공업 수출에서 빠르게 대기업과 중화학 공업을 위주로 한 수출주도형 발전으로 나간 과정과 조금 다르다. 중국은 훨씬 높은 수준으로 외국인 직접투자나 합자회사에 의존한 수출주도형 정책을 추진하였으며 경공업 수출로부터 시작하여 점차 대기업과 중화학공업의 비중이 커지는 방향으로 진전하고 있다.

6) 예를 들어 한국의 이승만 정권은 국가자본의 조달을 원조물자 판매대금으로 충당하였고 수입대체산업화의 재원을 원조로 충당하였다(강만길, 2005: 250~256).

7) 미국은 2차 세계대전 이후 동아시아(중국, 북한 제외)를 친미보수정권 확립과 경제지원으로 미국의 진영에 편입시켰다. 미국은 일본을 동아시아 전략적 거점으로 삼았다. 물론 일본은 한국전쟁특수를, 한국은 베트남전쟁특수를 경험하였고, 어느 정도 성장하면서 중국과 세계의 시장으로 급속하게 수출을 넓혀가는 등의 각 국가의 상황에 따른 차이가 있지만 동아시아의 초기의 압축적 경제성장에 미국시장이 가장 중요하게 기여했다.

주도형 성장전략을 실행하였으며, 소련 중심 공산주의 세계체제에서 떨어져 나온 중국도 미국시장을 매개로 한 적극적인 수출주도형 성장전략을 실행하였다. 결국 동아시아 모두 20세기 중반 이후 국가가 강력하게 선도하는 수출주도형 성장전략을 구사하였다.

셋째, 동아시아 국가들은 세계체제의 주변부나 반주변부에 있었지만 세계체제의 중심부(미국)에 편승하여 효율적으로 내부를 조율하고 질서를 유지하면서 내부시장을 보호하고 수출을 빠르게 확대해나갈 때 높은 경제성장을 달성하였다.[8] 일본에서는 국가가 각 세력들의 갈등과 협력을 조정하면서 경제발전을 주도하는 역할을 수행하였지만, 한국과 대만과 중국에서는 강제와 억압을 행사하는 독재(또는 공산)권력이 군사통치방식으로 경제를 계획하고 실행하여 더욱 강력한 국가주도의 성장정책이 실시되었다.

넷째, 이 과정에서 자본과 기술뿐만 아니라 제도, 학문, 사상, 문화, 여가도 적극적으로 중심부(특히 미국)의 것을 도입하여 동아시아가 더욱 빠르게 서구화되었다. 정치에 있어서도 서구의 것을 모방하라는 강력한 압력이 존재하였으며 형식적으로도 서구화되었다. 중국은 독자적인 시장사회주의를 유지하고 있지만 내외적으로 서구식 선거체제를 도입하라는 압력에 직면해 있다. 강력한 중심부로의 추종과 중심부화(서구화)가

---

8) 일본은 경제를 총괄적으로 조율하는 경제기획청을 1955년 발족시키면서 1956~1960년의 〈경제자립 5개년 계획〉을 작성하여 목표를 세우고 달성하는 계획경제를 만들었고, 대만은 1953년부터 제1차 4개년 경제 건설 계획을 수립하여 경제기획(발전)위원회가 경제계획과 추진을 주도하도록 만들었다. 한국도 경제기획원을 만들어 1962년부터 목표를 세우고 달성하는 제1차 5개년계획을 통한 계획경제를 시작하였다. 중국도 1953년부터 제1차 경제개발5개년 계획을 세워 사회주의적 계획경제를 실시하였으나 1980년부터는 개혁개방을 통한 시장경제적 계획경제를 실시하였다. 중국은 1992년 소집된 제14차 전국 대표 대회에서 사회주의 시장 경제 체제를 공식적으로 확정시켰다. 동아시아 국가들은 국가가 주도하여 경제계획을 세우고 수출과 경제성장율 목표를 설정하여 각 분야별로 이를 달성할 수 있도록 배분하여 각각의 제도를 개선하고 지원하고 감독하며 목표달성을 독려하였다.

진전되면서 서구의 자본, 기술, 제도, 학문, 사상, 문화의 도입으로 빠르게 전통이 붕괴되었지만 또한 많은 전통이 중심부(서구)적인 것과 융합 또는 공존하면서 현재까지 많은 영향력을 미치고 있다.

다섯째, 동아시아에서 국가가 경제를 계획하고 주도하는 과정에서 정치인, 관료, 재계 간의 강력한 유착관계가 형성되어 정경유착이 지금까지 지속되고 있다. 즉, 미국 주도의 세계체제의 영향을 받고 있지만 동아시아의 독특한 압축성장은 동아시아의 여러 가지 사회적 특징들을 만들어냈다.

동아시아가 미국 주도의 세계체제에 편입되면서 미국의 전략들에 심각한 영향을 미쳤다. 앞에서 말한 바와 같이 제2차 세계대전이 끝난 후 미국이 주도하는 세계체제는 소련중심의 공산주의 세계체제를 봉쇄하고 세계의 주도권을 장악하기 위해 적극 노력하면서 미국과 소련의 대립적인 양극체제가 형성되었고 이에 따라 극심한 동서냉전과 경쟁이 진행되었다. 이에 대응하여 미국은 동아시아에서 일본, 한국, 대만에 대한 적극적인 경제원조와 군사원조를 제공하였고 이들 지역에 미군을 주둔시켰다. 또한 이 지역의 경제적 안정을 위해 일본, 한국, 대만에 적극적으로 미국시장을 개방하였다.[9] 이를 바탕으로 동아시아 국가들은 미국의존적인 경제성장을 실현하였다.

일본은 2차 세계대전 이전부터 축적한 기술과 자본과 미국의 지원으

---

9) 이 시기 저발전국에 대한 미국원조의 64%가 한국, 대만, 필리핀에 주어졌다. 1953년에서 1960년까지 남한의 수입에서 미국의 원조가 차지하는 비중이 75%에 달하였다. 한국은 81억 달러의 원조를 받았고 크루거(Kreuger)는 1960~1970년 사이 4%의 한국경제성장은 원조에 의해 가능했다고 평가했다. 또한 미국의 영향권에 있는 세계은행 등으로부터 대규모의 대부나 차관을 받았다. 대만에서도 비슷한 일이 벌어졌다. 50년대 후반 미국의 지원이 점차 줄어들자 이들은 외화를 마련하기 위한 수출주도형 산업화를 강조하게 되었다. 이를 지원하기 위해 미국은 대만과 한국 그리고 나중에는 중국에 일반호혜관세(General System of Preference, GSP)를 제공하였다(신광영, 1999: 57-58).

로 빠르게 동아시아의 경제적 주도권을 장악하였다. 일본은 1950~60년대 일본이 생긴 이래 최대의 경제호황을 맞이하여 1955~1973년 사이 연 9.8%의 경제성장을 달성하며(이종훈, 1990: 19) 1970년대 말 서구의 경제수준을 따라잡은 것으로 평가되었다. 1950년대 일본수출의 약 50%가 섬유였지만 1975년에는 5%로 비중이 줄어들고 미국과의 기술제휴를 거쳐 선박, 자동차, 기계, 운송기, 화학, 전자 수출의 주력으로 성장하였다. 국가의 적극 개입으로 경공업경제가 중화학공업 중심 경제로 빠르게 이동하였다(이종훈, 1990: 49-65). 이러한 상황에 맞추어 일본은 경공업에서는 한국과 대만을 하청공장으로 적극 활용하고자 하였다. 한국과 대만은 일본경제를 추격하기 위해 일본의 자본과 기술을 적극 도입하여 미국과 일본으로의 수출을 적극 도모하였다. 이를 통해 필요한 외자를 확보하여 수입대체 그리고 수출을 위한 제조업을 적극 확충하고자 하였다.

대만은 1940년대 후반과 1950년대 토지개혁과 선농촌개발로 상대적으로 농촌의 발전을 빨리 이룩하였고, 고율의 재산세 및 증여세를 부과하여 국가적 투자자본을 마련하였고 경제적 불평등을 최소화하였다. 국내자본이 충분하지 못한 한국은 적극적인 외자도입과 해외직접투자 유치하고 내국인들의 적극적인 저축을 유인하여 부족한 자본을 보충했다. 또한 대만과 한국은 적극적인 수출 지원체계(수출제일주의, 수출목표제, 수출우대금융, 수출용 중간재에 대한 면세나 세금 감면, 국내에서는 비싸게 팔고 해외에는 싸게 파는 이중가격제, 국내시장 보호를 위한 높은 수입품 관세 등)를 갖춰 적극적인 수출확대정책을 수행하였다. 한국은 대만보다 훨씬 높은 강도로 대규모 기업에 의존하여 전략산업을 육성하는 데 지원하고 개입하였다. 한국에서는 이들 분야에서 세계적인 규모의 기업들이 빠르게 나타났지만 동시에 중소기업들이 대기업에 빠르게 종속되는 경향이 나타나고 있다. 또한 국가가 대규모 지원을 통해 대기업을 키우면서 정경유착이 극심해져 부패가 널리 확산되었고, 경제적 불평등이 크게 악화되고 있다.

중국은 문화대혁명을 거치면서 소련과 서로의 공산주의가 잘못되었다고 비판하면서 갈등이 심화되었고 1969년 우수리강에 있는 전바오섬에서 중소군대가 영토문제로 충돌하면서 서로 극심한 적대관계가 되었다. 소련은 중국과 국경을 접한 사회주의 국가들인 몽골, 북한, 월맹에 영향을 미쳐 이들과 중국의 갈등이 커지고 있는 상황이었다. 당시 미국은 소련 중심의 공산주의에 대한 봉쇄정책을 적극 수행하고 있었다. 미국은 월맹과 계속되는 전쟁에 퍼붓던 막대한 국방비를 경감시키고, 사회주의 진영을 분열시키고 미국 내에서 고조되고 있던 반전운동에 대응하고자 1971년 중국과 접촉을 시작하였고 대만에 부여되었던 유엔 상임이사국의 지위를 중국에 선사하였다. 중국은 1978년 12월 개혁개방을 선언하여 사회주의경제를 포기하고 시장경제를 받아들였다. 미국의 카터대통령은 1979년 중국과 국교를 맺으면서 소련의 영향력을 축소시키고 중국을 미국편으로 편입시키기 위해 중국에게 그동안 일본, 한국, 대만에 제공하였던 경제지원과 시장우대조치를 중국에 제공하기 시작했다. 중국은 이를 통해 시장경제화와 수출주도형 산업화전략에 몰두하는 '개혁개방' 정책을 본격적으로 추진하였다. 중국도 일본, 한국, 대만이 추구했던 미국시장을 매개로 한 수출지향형 경제개발정책을 채택하고 내부자본이 부족하기 때문에 적극적으로 해외자본의 유치를 시도하였다. 화교자본을 시작으로 미국, 일본, 한국자본이 대거 하청공장을 세우거나 공장을 이전하면서 중국은 1978년 이후 세계사적인 압축성장을 실현하였다.

1980년에는 선전(深圳) 등 4개 도시를 경제특구로 지정하고 계속 그 수를 늘리면서 한국의 수출자유지역보다 더 강력한 외국자본과 공장의 유치장소로서의 역할을 수행하였다. 이들 지역에서는 법인소득세, 관세, 부가가치세에서 면세를 하거나 세율을 크게 낮췄다. 그리고 개방 이후의 높은 경제성장률을 유지하여 1978년에서 2007년 사이에 연평균 9.8%의 성장을 이룩했다. 2007년 말 중국에 진출한 외자기업이 63만 5,000개에 이르렀다. 대외교역은 1978년 206억 달러에서 2007년 2조 1,738억 달러로 105배나 증가했다(Zhu and Kotz, 2010). 중국은 한국과 유사한 수출주도형 정책을 펼치면서 권력과 금융배분과 자원배분의 통제력을 통해 산업화를 적극 주도하고 있다. 적극적으로 사기업들의 확충뿐만 아니라 국가 소유의 대기업을 중심으로 전략산업을 키우면서 이들 분야에서 세계적인 규모의 기업들이 빠르게 나타나고 있다.[10] 사기업들도 크게 확충된 내수시장과 수출로 세계적인 기업으로 성장하고 있다. 하지만 국가가 전략적으로 자원을 배분하고 대규모 지원을 통해 대기업을 키우면서 정경유착이 극심해져 부패가 널리 확산되었고, 도농격차와 경제적 불평등이 크게 악화되고 있다.

압축성장을 통해 제조업의 비중이 커지면서 상대적으로 소득향상이 떨어지는 농촌에서 대거 도시로의 이주민들이 발생하였고 농업의 비중은 지속적으로 감축되고 있다. GDP에서 농업이 20% 아래로 떨어진 시점은 일본이 1956년, 한국이 1978년, 중국이 1992년으로 압축성장을 시작한 10여 년 뒤에 나타난다. 이러한 급속한 농업비중의 감소는 농업의 잉여와 농민을 적극적으로 제조업 부분으로 이전시켜 제조업에 필요한

---

10) 포춘지가 2014년 7월 발표한 세계 500대 기업의 수. 중국+대만+홍콩 100개, 일본 57개, 한국 17개.

자원이나 자본, 인력으로 활용하여 급격한 수출확대를 도모하였기 때문에 나타났다. 정부가 은행을 통제하며 기업에 자금을 할당하는 관치금융으로 극심한 정경유착이 나타났다. 대신 저렴한 금융지원을 받은 기업들은 빠른 속도로 기업을 팽창시킬 수 있었다.

5. 동아시아의 압축근대

IMF(2014)의 경제동향보고서에 따르면 지난 30여 년간 세계사적인 경제성장을 실현한 중국의 2014년 국내총생산(GDP)이 시장 환율로는 10조 4,000억 달러로, 미국의 17조 4,000억 달러에 뒤지지만 물가를 반영한 실질구매력 기준(PPP)으로 환산하면 중국은 17조 6,000억 달러로, 미국에 2,000억 달러 앞섰다. 중국은 2005년에는 미국GDP의 절반에 불과하였지만 9년 만에 미국을 추월한 것이다. 미국은 1872년 영국을 추월하여 국민총생산 세계 1위가 된 지 140여 년 만에 1위의 지위를 상실하는 것이고, 중국은 1820년에서 1850년 사이에 영국에 세계 1위를 내준 지(Frank, 2003) 약 200년 만에 다시 세계 1위를 회복하는 것이다.[11] 동아시아는 산업보호, 육성, 수출을 통한 추격(Catch-up) 전략으로 서구에 근접하는 경제를 이룩하는 데 성공하였다. 핵심전략은 세계적인 수출지향형 국가를 만들어 제조업 수출을 주도하는 것으로 대외교역 비중이

---

11) 중국이 언제 영국에 세계 1위를 내주었는지는 자료가 불확실하기 때문에 연구에 따라 다르지만 대체로 1800~1850년 사이에 영국GDP가 중국GDP를 추월한 것으로 추정하고 있다. 물론 국민총생산은 인구수의 차이를 고려하지 않아 개인의 경제수준을 보여주는 것은 아니지만 국력을 어느 정도 보여주는 것이기 때문에 상당한 의미가 있다. 중국의 국민총생산이 실질구매력으로 추월했지만 개인소득은 실질구매력을 감안해도 미국의 5분의1에 불과하다. 경제의 생산성이나 질이 아직 미국보다 크게 낮은 상태이다.

빠르게 증가하였다.

〈표 1〉 국민총생산 대비 무역비중

	1965	1980	1997
한국	19.7%	61.8%	95.4%
대만	35.7%	95.4%	83.3%
중국			45.8%(2013년도)

출처: 안충환, 2002: 42.

　2012년 중국은 미국을 넘어서 세계최대의 무역국이 되었다. 중국은 넘치는 달러와 무역을 바탕으로 전 세계의 국가들과 다양한 협조관계를 구축하고 있다. 동아시아에서도 지속적으로 중국의 영향력이 커지고 있다. 2003년부터 중국이 미국을 제치고 한국의 최대 수출국이 되었고 2007년에는 일본을 제치고 한국의 최대수입국이 되었다. 한국은 미국(10%), 일본(6%)과의 교역비중은 축소되고 중국과의 비중은 지속적으로 상승하고 있다(2012년 수출의 25%, 중화권을 모두 합하면 약 40%). 2012년 일본은 수출의 20%가 중국으로 향하고 있고, 대만은 40%가 중국(+홍콩)으로 향하고 있다. 한국은 중국으로부터 흑자를 내서 일본의 적자를 메우고 있다. 2012년 중국은 일본(10%), 한국(9%), 미국(7%), 대만(7%)의 순으로 수입하고 있다. 같은 해에 미국(17%), 홍콩(16%), 일본(7%), 한국(4%) 등으로 수출하고 있다. 동북아의 경제적 교역이 서로 큰 비중을 차지하고 있어 동북아의 경제적 통합이 조금씩 진전되고 있다. 이에 비해 정치적으로는 미국의 중국봉쇄에 편을 들고 있는 일본과 중국 사이에, 그리고 역사문제로 한국과 일본 사이에 갈등이 형성되어 있고, 경제적으로나 정치적으로 미국과 중국의 눈치를 살피면서 각국이 서로 다른 전략을 사용하고 있다.

2014년을 기준으로 볼 때, 중국, 대만, 한국, 일본의 GDP 합과 미국의 GDP가 비슷하다. 세계통화기금 자료에 따르면 명목 국민총생산의 순위에 있어서도 2014년 미국 1위(17.4조 달러), 중국 2위(10.3조 달러), 일본 3위(4.8조 달러), 한국 13위(1.4조 달러), 타이완 27위(0.5조 달러)로 지난 50년간 동아시아의 순위가 빠르게 상승했다.[12]

동아시아의 세계사적인 압축성장은 동아시아의 사회적 성격을 크게 바꾸어 놓았다. 시간과 공간이 빠른 속도로 압축되어 압축근대성을 형성하게 되었다. 압축근대성이란 시간과 공간의 문명적 응축을 통해 시공간적으로 이질적인 요소들이 공존하며 매우 복합적인 문명으로 재구성되는 상태이다(장경섭, 2009: 15). 국가중심의 공격적인 경제성장정책으로 업무, 건설, 사업에서 물질적이거나 수량적인 목표를 정하고 이를 빠르게 달성하는 속도전이 중시되고 절차보다 물질주의적 성과가 중시되는 사회로 변하였다. 이에 따라 물질주의가 만연하고, 부실, 불법, 탈법, 정경유착이 빠른 성과달성을 위해 어쩔 수 없이 나타날 수 있는 것으로 받아들이는 사람들도 많아졌다. 농업사회의 연줄관계와 선물관계[13]가 압축성장을 촉진하는 관계로 광범위하게 재생되어 활용되면서 동아시아의 압축근대의 독특한 정경유착과 서로 봐주기로 나타나고 있다. 일본의 연

---

12) 1960년대 동아시아의 생산성은 라틴아메리카의 절반에 불과하였다. 1970년대 남미의 경제는 침체되었지만 동아시아는 초고속성장을 하였다(신광영, 1999: 26).

13) 마르셀 모스(2011)는 『증여론』에서 고대사회에서 호혜적 증여가 사회를 묶어주는 역할을 한다고 주장했다. 권혁(2009)은 이러한 관점을 조선에 적용하여 왕, 관리, 백성 사이에 다양한 선물을 매개로 위로부터 아래로 "시혜-보은 관계의 정서적 연쇄망"이 끊임없이 재생산되어 유교적 가족국가를 유지하는 데 기여하고 있음을 밝혔다. 압축성장과정에서도 뇌물에서 선물에 이르는 다양한 증여를 통해 작동하는 "시혜-보은 관계의 정서적 연쇄망"이 정경유착과 연줄관계를 활성화시키는 데 기여했다.

(緣), 한국의 연줄, 중국의 관시(關係) 등이 그러한 모습의 하나이다. 전통문화가 약화되고 파편화되어 서구에서 도입된 제도, 기술, 지식, 학문, 문화와 응축적으로 공존하거나 혼성되는 상황이 광범위하게 나타난다. 이에 따라 서구적인 색채를 띠면서도 전통적인 색채도 포함된 현상이 일반적으로 나타나고 있다. 급속한 서구화에 대한 반작용으로 전통의 부활과 보존에 노력하는 사람들이 증가하였고, 이는 선별적인 전통의 부활과 조작(manipulation)으로 이어지고 있다.

김명수(2010: 316)는 급격한 사회변동의 다양한 국면에서 이러한 "조선의 파편화된 전통유교문화, 일제의 식민통치 및 미군정이라는 외삽적 근대화의 교섭 결과로서 식민지근대성과 탈식민 문화, 민간과 군부 권위주의 정치문화, 그리고 탈권위주의 문화의 요소들이" 중첩되어 저장되어 있는 상황을 '복잡문화'로 부르고 있다. 이러한 복합적인 문화요소들은 국가가 주도하는 압축성장의 과정에서 편의적으로 선택되고 혼성되고 동원되었다.

일본은 천황제를 복위하여 메이지유신을 통해 국가와 관료가 주도하는 경제체제를 만들었으며 군국주의가 끝난 후인 제2차 세계대전 후에 관료가 더욱 적극적으로 수출주도형 경제개발계획을 세우고 국민과 기업을 동원하여 이를 추진하여 발전에 몰두하는 국가체제를 강화하였다. 국가주도적 계획과 동원을 통한 경제성장을 도모하기 위하여 전통적인 문화요소에서 충효사상이 선별적으로 동원되어 전통적으로 이어온 사회적 가치의 핵심으로서 적극 부각되었다. '충'은 신민적 충성을 자아내면서 시민적 권리주장을 봉쇄하기 위해, 그리고 '효'는 가부장적 권위에 고분고분한 행위를 이끌어 내면서 자유를 억압하기 위해 강조되었다(김명수, 2010: 335)." 이를 통하여 국가는 절대적 가치를 지닌 것으로 만들어지고 개인의 희생을 요구하고 개인은 국민으로서 국가의 부름에 응답하여야할 의무를 지닌 사람으로 만들어졌다. 산업전사로서의 국민동원체제와 규율체제가 만들어졌다.

한국에서 쿠데타로 집권한 박정희 대통령은 '조국근대화'를 슬로건으로 국민들의 미래 열망을 통해 정권탈취의 정당성을 만들어내고자 하였다. 이를 위하여 선진국 경제를 빠르게 추격하는 목표를 세우고, 분야별로 계획, 정책입안, 추진, 목표달성을 체계화하고 관료와 국민의 동원체제를 활용해 목표를 최대한 빠르게 달성하는 수출주도형 경제체계를 만들었다. 이러한 과정에서 박정희 정부는 압축성장 과정에서 "전통 유교 문화, 식민지적 근대, 서구 자유민주주의와 자본주의 시장경제, 그리고 근대적 군사문화의 요소들을 편의적으로 취사선택하고 조합하여 동원할 수 있었다(김명수, 2010: 335)." 일본, 대만, 중국을 포함한 동아시아 국가들은 목표달성을 위하여 서구적 자본주의, 제도, 기술, 지식, 사상, 문화를 빠르게 외삽시켰으며, 또한 선별적으로 전통적인 요소들을 부각시키고 혼성하였다. 이에 따라 다양한 문화요소들의 복잡한 관계와 혼성도 압축적으로 진행되었다.

인구는 대거 도시로 몰려들었고, 농민은 급격하게 감소하며 농촌의 주민수가 크게 줄어들어 농촌공동체들이 크게 약화되고 농촌전통도 소수를 제외하고는 거의 사라지거나 혼성되는 현상이 나타났다. 중고등교육 입학자가 크게 증가하였으며 TV, 세탁기, 냉장고, 자동차 등의 제품이 급속하게 가정에 보급되어 가족생활에 커다란 변화를 일으켰다. 압축성장에 대응하면서 가족도 형식적으로는 빠르게 핵가족화되었지만, 가족의 물적 기반이 급격하게 변하였고, 유교적 가족이념이 약화되어도 대안적 이념 형성이 제대로 안 된 상태로 핵가족화되어 가족의 혼돈과 이념적 불안을 야기하는 부정합성이 나타나고 있다(장경섭, 2009: 29). 도시에 중산층이라고 생각하는 주민이 70%를 넘을 정도로(일본, 대만, 한국) 증가하였지만 21세기에 들어와서 경제성장률이 크게 낮아지고 경제적 불평등과 실업률이 악화되자 스스로 하층이라고 생각하는 사람의 비율이 많아지면서 사회적 격차가 커지며(김진숙, 2007: 174-175), 계층 간에 서로 이질적 문화도 생성되고 있다. 급속한 변화와 혼성으로 인한 세대적 격차가 계층적 격차와 혼합되면서 더욱 복잡한 문화지형을 형성하고 있다.

더구나 압축성장 기간에는 앞에 있는 국가를 추격하기 위해 앞서 발전한 일본이나 한국의 모델들을 채용할 수 있었지만 압축성장을 이룩한 다음에는 거의 앞의 국가들을 따라잡았기 때문에 이를 넘어서는 독자적인 선도모델을 구축하여 사회를 발전시켜야 하는데 그러한 경험이 없기 때문에 국가나 기업이나 집단들도 세계의 선도모델을 스스로 구축하고 실행하기에 많은 어려움을 겪고 있다. 따라서 다양한 과거가 최첨단 현대와 그리고 보이지 않는 미래와 겹쳐 매우 복합적인 사회와 문화적 현상들을 만들어내고 있다. 이러한 결과 동아시아는 서구와 상당히 다를 뿐만 아니라 더욱 다양한 시간과 공간의 문화요소들이 압축적으로 혼합되어 있는 압축근대의 모습을 보여주고 있다. 장경섭(2009: 26)이 외신기자들의 평가를 인용한 바와 같이 너무 동적이고 너무 복합적이다. 이는 한국에만 적용되는 것이 아니라 동아시아 전체에도 적용된다.

이러한 과정에서 세계체제에서 차지하는 동아시아의 위치와 성격도 크게 변하였다. 제2차 세계대전 전에 중심부의 하나였던 일본은 계속 중심부에 남아 있지만, 동맹대상이 미국으로 바뀌었다. 이제는 동아시아와 동남아 전체를 일본의 하위분업체계로 포괄하고 있다. 주변부였던 한국과 대만은 반주변부를 넘어 중심부에 진입하고 있다. 그리고 중국이나 동남아 등을 하청이나 저임금 제조업 기지로 하는 분업체계를 형성하였다. 중국은 정치적으로 중심부에 진입하였지만 경제적으로나 세계분업 체계에서 반주변부의 위치에 있다. 하지만 경제규모면에서는 실질구매력 GNP는 미국을 추월하였고 알리바바와 같은 세계적 기업들이 계속 탄생하고 있다. 중국은 세계체제에서 미국에 대응할 수 있는 유일한 G2가 되었다. 동아시아 국가들에게는 중심부가 미국과 중국의 두 개가 나타난 셈이다. 그 결과 동아시아는 미국과 중국이 가장 치열하게 경쟁하는 지역이 되었다. 정치, 경제, 문화에서 안정된 세계체제로 진전될 때까지 많은 경쟁과 혼란을 겪을 수밖에 없는 상황이다.

6. 나가는 말

제2차 세계대전 직후부터 미국이 소련과 세계패권을 두고 싸우면서 동아시아를 안정적으로 미국의 편으로 만들기 위해 동아시아에 다양한 원조, 교역특혜, 시장개방, 군사주둔을 실시하였다. 70년대 후반에는 소련과 갈등을 하고 있던 중국에 교역특혜, 시장개방을 제공하면서 소련의 세계체제에서 미국의 세계체제로 편입시키는 데 성공하였다. 이러한 변화에 힘입어 사회주의 세계체제는 몰락하였다.

1950년대부터 1980년까지 연 10%에 가까운 성장을 하며 일본은 독일을 넘어서 세계 2위의 경제강국이 되었고 미국을 추격하는 듯했으나 1990년대 이후 경제침체로 세계 2위의 경제대국의 자리도 중국에 내주었다. 중국은 1980년부터 연 10%에 가까운 압축적인 성장을 실현하며

GDP에서 독일과 일본을 추월하였고 2014년에는 실질구매력 GDP에서 미국을 넘어서며 확실한 G2로서의 위치를 확보하였다. 중국은 노골적이지는 않지만 독자적인 세계 리더십을 모색하고 있고 미국은 중국을 최대의 위협으로 간주하고 있다. 미국은 도전을 받고는 있지만 아직도 패권을 장악하고 있기 때문에 전쟁이 발생하지 않을 정도로 중국에 대한 군사적, 외교적, 금융적, 봉쇄정책을 시행하고 있다. 추격자가 추월자로 성장하지 못하도록 만들기 위한 노력이다. 미국과 중국의 저강도 패권경쟁이 진행되면서 일본은 적극적으로 미국편의 입장을 지지하고 있고, 한국은 중국과 미국의 눈치를 보는 상황이 되었다.

동아시아는 패권국 미국이 지닌 경제, 정치, 학문, 사상, 문화를 받아들여 빠르게 경제성장하고 문화도 서구화되면서도 사라지지 않고 남아 있는 각국의 전통들과 여러 방식으로 혼성되고 있다. 서구경제에 대한 상당한 추격에 성공하여 동아시아 각국들이 이전보다 자신들의 전통에 대한 자부심이 증가하였고 자신의 정체성을 부각시킬 수 있는 전통의 복구와 활용에도 많은 관심을 쏟고 있다. 압축성장으로 과거와 현재와 미래, 그리고 서구와 동아시아적 요소가 융합되고 재구성되면서 동아시아적인 압축근대를 형성하고 있다. 압축성장의 영향으로 복잡한 상호관계와 공존 그리고 여러 가지 독특한 특징이 결합한 형태로 사회가 나타나고 있다. 동아시아는 이제 어느 정도 서양의 것을 추격하였고 따라서 이를 넘어서서 가기 위한 선도적인 길을 아직 찾지 못하고 있다. 동아시아가 서구의 빠른 추격자로서 최종 단계에 도달하고 있어, 이제 세계를 선도할 수 있는 새로운 길을 개척해야 하는 상황에 처해있다.

참고문헌

김대환 · 조희연 편. 2003. 『동아시아 경제변화와 국가의 역할전환』, 한울아카데미.

강만길. 2005. 『한국자본주의의 역사』, 역사비평사.

김명수. 2010. "한국의 추격적 경제성장과 문화적 복잡성," 『문화경제연구』 13(2): 307-342.

김일수 · 이동희. 2011. "미중관계의 변화와 동아시아 질서," 『한국정치외교사논총』 32(2): 257-283.

김정렬. 1998. "동아시아 발전이론의 비판적 재구성을 위하여," 『한국정치학회보』 32(3): 117-137.

김진숙. 2007. "일본의 고도성장 이후 사회의식 변화," 『일본근대학연구』 18: 173-186.

김혁. 2009. "조선시대 지방관의 선물정치와 부채," 『영남학』 15: 97-142.

모스, 마르셀. 2011. 『증여론』, 이상률 역, 한길사.

신광영. 1999. 『동아시아의 산업화와 민주화』, 문학과지성사.

안충영. 2002. 『현대 한국 · 동아시아 경제론』, 박영사.

오닐, 짐. 2012. 『그로스 맵』, 고영태 역, RHK.

월러스틴, 이마뉴엘. 2005. 『세계체제분석』, 이광근 역, 당대.

_____. 2013a 『근대세계체제 1』, 나종일, 박상익, 김명환 역, 까치.

_____. 2013b 『근대세계체제 2』, 유재건, 서영건, 현재열 역, 까치.

_____. 2013c 『근대세계체제 3』, 김인중, 이동기 역, 까치.

유석춘. 1997. "'유교 자본주의'의 가능성과 한계," 『전통과 현대』 1: 74-93.

이근 · 주경철 · 이준협 · 우경봉 · 옥우석. 2014. 『국가의 추격, 추월, 추락』, 서울대 출판문화원.

이정덕 · 소순열 · 남춘호 · 문만용 · 안승택. 2014. 『압축근대와 농촌사회』, 전북대 출판부.

이종훈. 1990. "고도성장의 일본경제," 『아세아연구』 84: 19-106.

프랑크, 군더. 2003. 『리오리엔트』, 이희재 역, 이산.

자크, 마틴. 2010. 『중국이 세계를 지배하면』, 안세민 역, 부키.

장겹섭. 2009. 『가족 · 생애 · 정치경제-압축적 근대성의 미시적 기초』, 부키.

주겸지. 2010. 『중국이 만든 유럽의 근대』, 전홍석 역, 청계.

한중일3국 공동역사편찬위원회. 2012. 『한중일이 함께 쓴 동아시아 근현대사 1』, 휴
    머니스트.

함재봉. 2000. 『유교, 자본주의, 민주주의』, 전통과 현대.

황태연. 2011. 『공자와 세계(1-5권)』, 청계.

홉슨, M. 존. 2005. 『서구 문명은 동양에서 시작되었다』, 에코리브르.

Amsden, A. H. 1989. *Asia's Next Giant: South Korea and Late Industrialization*,
    NY: Oxford University Press.

_____. 2001. *The Rise of "the Rest": Challenges to the West from Late
    Industrializing Economies*, Oxford: Oxford University Press.

Balassa, B. 1981. *The Newly Industrializing Countries in the World Economy*,
    NY: Pergamon.

Frank, A. G. 1966. *The Development of Underdevelopment*, New York: Monthly
    Review Press.

_____. 1990 "A Theoretical Introduction to 5,000 Years of World System
    History," *Review* 13(2): 155-248.

Gerschenkron, Alexander. 1968. *Economic Backwardness in Historical
    Perspectives*, Cambridge, MA: Belknap Press of Harvard University Press.

IMF. 2014. "World Economic Outlook Database" 세계통화기금 보고서, http://
    www.imf.org/external/pubs/ft/weo/2014/02/weodata/index.aspx

Maddison, Angus (인터넷 자료) http://www.ggdc.net/maddison/maddison-
    project/home.htm (홈페이지)

_____. http://www.theworldeconomy.org/MaddisonTables/MaddisonTable1-3.
    pdf(인용한 자료)

Rostow, W. W. 1962. *The Stages of Economic Growth*, New York: Cambridge Univ. Press.

Wade, R. 1990. *Governing the Market: Economic Theory and the Role of Government in East Asian Industrialization*, Princeton, NJ: Princeton Univ. Press.

World Bank. 1993. *Report on the East Asia Miracle*, Oxford: Oxford Univ. Press.

Zhu, Andong and D. M. Kotz. 2010. "The Dependence of China's Economic Growth on Exports and Investment," http://people.umass.edu/dmkotz/China_Growth_Model_%2010_09.pdf

2장
한국의 압축성장과 사회변화*

이정덕 · 소순열

1. 서론

1700년대 후반부터 영국에서 시작된 산업혁명 이후 서구경제는 농업국가들에 비하여 빠르게 성장하였다. 이에 따라 1800년대 초반 동아시아를 추월하여 동아시아와의 격차가 나타나기 시작하면서, 1840년 영국군이 중국을, 1853년 미국군이 일본을, 1866년 프랑스군이 조선을 침략하였다. 아편전쟁 등에서 동아시아가 패배하면서 동아시아는 개항을 해야 하였고 기존질서도 빠르게 와해되었다. 동아시아의 사회질서가 와해되면서 많은 혼란이 나타났으며, 사회질서를 회복하고 서구의 산업혁명을 따라잡기 위한 지난한 노력이 계속되었다. 이를 극복하기 위하여 동아시아에서 문명화, 근대화, 현대화가 추진되었으나(이정덕, 2014: 6장), 1950년대까지 일본을 제외하고는 성공하지 못했다.

일본은 1868년 메이지 유신을 거쳐 질서 있는 근대화를 도모하면서 빠른 경제성장을 이룩하였고, 제2차 세계대전에서 패배한 이후, 국가주도로 경제개발계획을 세워 계획적으로 추진하여 제2차 세계대전 후부터

---

* 이 글은 이정덕(이정덕 외, 2014: 5-29)의 글에서 일부를 빼고 일부를 보충한 것이다.

1970년대 초까지 경제적 압축성장을 이룩하였다. 대만은 1953년부터, 한국은 1962년부터 국가의 주도 하에 경제개발계획을 세우고 실천에 옮겼다. 수출을 중심으로 한 국가주도형 산업화 개발계획을 세워 적극 추진하면서 대만과 한국은 1990년대까지 지속적인 고도성장을 이룩할 수 있었다. 중국은 1953년부터 경제개발계획을 추진하였지만, 선진국 시장에 대한 수출주도형 경제개발정책의 추진을 통한 고도성장은 1978년 개혁개방을 시작한 다음 이루어졌다.

제2차 세계대전 후 미국은 냉전시기 적대국가인 소련과 중국에 대응하여 미국 편이던 일본, 대만, 한국에 각종 원조를 하였다. 한국의 경우 해방 후 점령지에 대한 구호물자를 제공하는 원조를 하였고 부분적으로 산업시설 건설을 위한 원조를 하였다. 한국전쟁 기간 동안에는 구호원조와 군사원조가 주를 이루었고, 전쟁 후에는 군사원조 및 부흥을 위한 원조를 하였는데, 잉여농산물을 원조해주고 이를 팔아 국방비로 충당하도록 하였다(박종철, 2008: 101-108). 미국은 1950년대 후반부터 원조를 줄이면서 이들 국가의 수출주도형 경제발전을 적극 지원하였다. 미국은 이를 위하여 동아시아에 미국의 시장을 적극 개방하였고, 선진국들은 일반특혜관세를 통하여 저율의 관세를 부과하여 손쉽게 선진국 시장에 접근할 수 있도록 만들었다. 미국은 동아시아 국가들의 수출주도형 산업화를 성공시켜 공산주의를 막는 국가로 발전시키고자 하였다(이정덕 외, 2014: 12-13). 동아시아 국가들은 수출로 얻은 달러로 기술과 자본재를 수입하여 산업화를 더욱 가속화시켰다.

이러한 국제적 환경에서 박정희 대통령은 경제개발계획을 강력하게 입안하고 추진하여 역대 대통령 중 한국경제변화에 가장 커다란 영향을 미친 대통령이 되었다. 박정희 대통령은 지금까지 이어지는 현대 한국

경제의 골격을 형성하였고, 지금까지 나타나고 있는 독재의 영향, 정경유착, 그리고 지역갈등을 강고하게 뿌리를 내리게 만들었다. 급속한 산업화와 강력한 독재는 한국사회에 지금까지 다양한 영향을 미치고 있다. 박정희 대통령은 일본과 대만에서 시행되고 있었던 경제개발계획을 강력하게 시행하였으며, 이를 통해 경제발전과 이를 위한 수출증대를 절대적인 정책 기조로 유지하였다. 조국근대화, 수출입국 등의 슬로건과 국민동원을 통하여 국민들을 경제성장이라는 목표로 결집시켰으며, 국가주도의 금융과 자원의 배분을 통하여 국가가 원하는 산업을 전략적으로 육성하여 수출을 독려하였고, 여기에서 나타나는 불만과 저항을 억압하기 위하여 독재를 하였다.

경제기획원을 통한 경제개발 5개년계획과 이에 대한 강력한 추진은 1963년부터 30년간 연 9%의 경제성장이라는 놀라운 경제성장을 이룩하는 토대를 만들었으며, 후진국이었던 한국을 중진국으로 더 나아가 선두 제조업국가의 하나로 만들었다. 이 글에서는 이러한 경제적 변화가 어떻게 나타났는지 그리고 이러한 압축성장에 따라 어떠한 사회적 변화들이 나타났는지를 살펴보고자 한다.

2. 한국의 압축성장

한국에서는 6·25 이후 인구증가로 식량조달 및 에너지조달이 국가적 과제가 되었고 기계와 시설의 수입이 필요했는데, 이승만 정부는 텅스텐과 같은 자원의 판매와 미국의 원조와 차관을 통해 외화를 조달하였다. 쿠데타로 집권한 박정희는 경제기획원을 만들어 국가가 경제를 주도하도록 하였고, 부패청산 등을 이유로 초기부터 기업과 금융을 장악하였다. 초기에 외국으로 달러가 유출되는 것을 막기 위해 수입대체산업을 발전시키려 했지만, 외화가 부족하여 선진국의 생산설비와 기술을 도입하기 어려웠다. 그래서 외화를 벌기 위하여 섬유 · 신발 · 의류와 같은 수출지향형 경공업을 적극 시도하면서 매달 대통령이 참석하는 수출진흥확대회의를 열어 수출을 독려하였다.[1] 2차 세계대전 후 유럽의 경제가 점차 회복되고 1960년대 초 세계무역이 확장되면서 한국의 수출주도형 경공업 발전은 성공적으로 이루어졌다.

대만에서는 중기업을 위주로 수출산업을 키웠지만, 한국은 수출산업을 확대하면서 대기업으로 키우는 데 집중했다. 규모의 경제를 통해 더욱 빠른 성장을 달성하려 했기 때문이다. 이는 일본의 재벌활용방식을 따랐다. 또한 선진국의 기계 등 생산설비를 확보하고 기술을 도입하기 위해 달러가 많이 필요하였으나 국내자본이 부족하였기 때문에 외국차관과 자본을 적극 활용하였다. 60, 70년대는 대부분 정부보증 차관이었고 경제가 어느 정도 성장한 80년대 이후 외화채권과 직접투자가 늘어났다. 1962년부터 1992년까지 도입한 외자는 총 802억 달러였다. 차관이 368억 달러, 외국인 투자가 78억 달러, 외화채권이 145억 달러였다(재무부 · 한국산업은행, 1993). 점차 다양한 방식으로 국내저축률을 빠르게 높여 국내자본이 총투자의 50% 이상을 기여하게 되었다.[2] 이렇게 확보

---

1) 1965년부터 1979년까지 거의 매달 개최되었는데(78번 개최) 박정희 대통령은 5번을 제외하고 참석하였다. 대통령, 총리, 각 장관, 고위공무원, 입법부와 사법부 고위직, 경제학자, 언론계와 금융계 고위직, 경제단체장, 수출기업대표 등 범정부적 행사였다. 이를 통해 수출이 정부의 최우선순위라는 것을 전 국민에게 각인시켰다(최상오, 2008).

2) 저축에 특별이자를 지급해 저축률을 높였지만, 인플레이션을 통한 강제저축도 적극 활용했다. 박정희 정권 내내 적극적으로 한국은행이 돈을 찍어 시중은행에 대출하여 기업에 자금을 공급하도록 하였다. 이렇게 통화공급을 확대하는 것은 인플레이션을 일으켜 민간의 돈 가치를 줄이고 이를 정부가 화폐로 공급하는 일종의 강제저축이다. 1962

된 자본을 현실금리보다 낮은 금리로 대기업에 대규모로 빌려주고 이들이 기업을 빠르게 성장시켜 수출경쟁력을 갖추도록 지원하였다.[3] 그리고 대기업을 중심으로 합작이나 기술도입을 통해 빠르게 일본이나 미국의 기술을 배우고 모방하도록 하였다. 또한 내수시장이 부족하기 때문에 보호무역장벽으로 내수시장을 한국기업들에게 독점적으로 제공하고 수출을 통해 해외시장을 외국, 특히 미국과 일본에서 찾도록 하였다.[4] 내수시장에서는 비싼 가격으로 상품을 팔아 독점이윤을 챙기고 수출지원금이 있기 때문에 외국에는 헐값에 파는 이중가격제가 널리 활용되었다. 박정희 정권 하에서 개발은 동시에 기계와 원자재 수입을 증대시켜 무역수지가 항시 적자가 되었기 때문에 어떻게든 외화를 획득하는 것이 지속적으로 정부의 지상과제가 되었다.[5]

한국경제에서 수출확대와 생산확대는 긴밀하게 연결되어 작동해왔다. 1차 경제 5개년 계획(1962~1967)으로 섬유, 신발, 가발의 경공업과 비료, 시멘트, 정유의 기간산업을 어느 정도 발전시켰다. 1968년 시작한 제2차 경제개발 5개년 계획 기간 동안에는 정부가 제철, 종합기계, 석유화학, 조선업을 4대 국책 사업으로 설정하고 중점적으로 지원하였

년부터 1982년까지 1973년을 제외하고 두 자리 숫자의 인플레이션이 지속되었다(이승훈, 2010: 71).

3) 박정희 정부는 1961년 부정축재 환수조치를 통해 민간 은행주식을 대부분 국유화하여 완벽한 관치금융체제를 만들었다(이승훈, 2010: 71). 차관배분과 기업대출 과정에서 로비와 리베이트가 일상화되었다.

4) 대미수출의존도는 1962년 21.9%, 1968년에는 51.7%, 1970년 47.3%, 1980년 26.3%, 1990년 29.8%, 2000년 21.8%, 2010년 10.7%로 압축성장 기간에 미국시장이 한국의 수출에서 핵심적인 역할을 하였다. 미국에는 무역흑자를 기록하여 일본에 대한 무역적자를 메꾸는 방식이었다(한국무역협회 무역통계자료).

5) 1960년대 베트남 파병이나 간호사와 광부의 독일 송출 등도 이러한 맥락에서 나타났다. 무역수지가 흑자로 돌아선 것은 1980년대 중반부터였다. 그 이전에는 지속적으로 무역수지가 적자여서 해외자본의 국내투자나 해외차관 등을 통해 달러를 추가로 획득해야 했다. 1980년대 초까지 한국은 대외부채가 가장 많은 나라에 속했다.

다. 1973년에 시작한 제3차 경제개발 5개년 계획은 중화학공업 건설, 수출증대, 농촌소득증가를 주목표로 하였다. 신발과 섬유 같은 노동집약적 경공업은 후발개발도상국에 잠식당할 것이므로 중화학공업으로 가야 한다고 생각했다. 또한, 자주국방을 위해 방위산업을 발전시키고자 하였는데 이들도 중화학공업에 해당하는 것이었다. 결국, 1982년부터는 중화학공업 제품 수출이 경공업 수출을 앞지르게 되었다(남덕우, 2009: 135). 제4차 경제개발 5개년 계획은 공업화의 내실화 및 불균형성장의 개선을 목표로 하였고, 1988년에 시작하는 제6차 경제개발 5개년 계획에서는 경제선진화, 개방화, 국제화가 강조되면서 근대화라는 담론으로부터 벗어나기 시작했다.

일본과 미국은 한국의 압축적 산업화에 절대적인 기여를 했다. 한국은 초기 미국과 더불어 일본의 자본과 기술을 도입하여 수출주도형 발전을 도모하였다. 특히 한국은 일본의 산업발전의 단계를 모방하여 한국에 적용했다. 일본이 섬유, 의류, 장난감 등을 1950년대까지 발전시켜 수출산업으로 키웠는데 한국은 1960년대와 70년대 경공업 수출을 적극 키워 증산, 수출에 나섰다. 이를 위해 선진국 기계와 기술이 필요했는데, 일본과 미국의 기술, 특히 합작이나 라이센싱을 통해 일본기술을 많이 도입하였다. 또한, 일본이 발전시킨 중화학공업도 한국이 바로 추격하여 중화학공장을 설립하기 시작했다. 일본은 1950년대와 60년대 철강산업을 키웠는데 한국은 1960년대 후반부터 일본기술을 도입하여 이를 키웠고(1968년 포항제철 완공), 일본은 1960년대 화학산업을 키웠는데 한국은 1970년대 시작하였고(1972년 울산화학단지 완공), 일본이 1960년대 키운 조선산업을 한국은 1970년대 키우기 시작했고(1972년 현대조선소 시작), 일본이 1970년대 본격적으로 키운 전자산업을 한국은 1970년대 후반부터 가전제품을 적극 키우기 시작했고 DRAM 반도체를 미국 일본에 이어 1983년부터 만들어내기 시작했다. 일본이 1970년대 키운 자동차산 업을 한국은 1980년대부터 본격적으로 키웠다. 이들은 지역별로 산업단 지를 구축하여 배분되었다. 국가의 적극적인 지원과 한국 시장보호를 통해 그리고 수출독려 및 수출지원을 통해 이들을 대기업으로 키웠다.[6]

이들 대기업은 다양한 업종에 진출하며 재벌로 성장하여 한국경제의 핵심주체로 성장하였다. 한국의 재벌들은 압축성장 기간 정경유착을 통하여 세계적인 기업으로 성장해왔다. 자유당 정권 당시에는 미국의 원조로 제당, 제분 등을 기업에 배분하였는데 배분받은 기업들은 물자가 부족하였기 때문에 시장이 충분히 있어서 큰돈을 벌었고 이를 바탕으로 삼성, LG, 삼양사 등이 대기업으로 성장하였다. 60년대 이후에도 대기업들은 정부에 의해 차관과 은행대출을 배분받아 커다란 금리이익을 볼 수 있었다. 시중의 금리에 비해 엄청난 특혜를 받았다.[7] 이들은 박정희 정부가 수출기업에 한해 수입을 허용하는 수출 장려책을 실시하였을 때 수출에 앞장서며 수입도 독점하였다. 이 당시에는 물자가 부족하여 수입물품을 몇 배의 이익을 붙여 팔 수 있었다. 60년대 크게 규모를 키운 재벌들에게 70년대 중화학공업을 육성하면서 기업들에게 중화학공업에 진출하도록 유도하였고 또는 국가가 직접 투자하여 공사를 만들거나 재벌에 불

---

6) 안충영(2002: 36)의 표 "동아시아 주요 국가에서 주요산업의 도입과 성장시기 및 순서"를 참고하고 관련 산업자료를 검색하여 추가하였음.

7) 박정희 정권은 수출지원금융, 수출산업설비자금, 특별설비자금, 산업합리화자금 등 각종 정책금융을 통해 재벌들을 적극적으로 지원하였다. 6~70년대 국내물가상승률은 연간 10~20%였고 은행이자는 16~26%였고 민간인들의 사채이자는 40~50%였지만, 정책금융이자는 6%에서 10여%였다. 정책금융을 위한 각종 로비와 정경유착이 극심해졌다. 정책금융으로 1953년부터 1984년까지 국내 재벌들이 얻은 이익이 70억 달러 이상이다(박수길, 1991).

하하였다.[8] 포항공업단지, 울산공업단지, 창원기계공업단지, 구미전자공업단지, 여천석유화학단지 등이 재벌 공장의 근거지가 되었다.[9] 72년 8.3조치를 취해 채권, 채무관계를 월 1.35%, 3년 거치 5년 분할 상환 조건으로 조정하여 대기업들이 엄청난 이익을 얻도록 하였다. 정부는 75년 종합무역상사제도를 도입하여 이들에게 수출액에 따라 여러 특혜를 주었다. 재벌들이 대거 종합상사를 만들어 수출에 적극 나서면서 수출이 크게 늘어났다. 이들이 각종 수출기업들을 인수하여 수출에 나서서 문어발 확장이 이루어졌다. 그리고 사업이 전 영역으로 계열사가 확대되는 한국적 재벌들이 형성되었다. 80년대에는 재벌들이 금융권에 진출하며 이들이 재벌의 돈줄 역할을 하게 되었다. 증권시장을 통해 마련한 자금으로 반도체, 신소재, 정밀기계, 메카트로닉스, 화학, 유전공학, 컴퓨터, 항공우주산업, 통신 분야로 투자가 확대되었다(이한구, 2005).

재벌중심의 수출정책을 통해 한국은 빠르게 상품수출을 확대시켰고,[10] 이를 통하여 한국은 1960, 70년대의 경공업국가를 거쳐 1980년대 중

---

8) 포항제철, 현대, 삼성, LG(낙희, 금성), 대우, 한화, 쌍용, 선경, 효성, 기아, 삼미 등이 있다.

9) 공업단지가 주로 경상도에 배치되면서 이후 경상도와 전라도의 경제격차 및 인구격차의 원인이 되었다.

10) 1964년 무역의 날이 생긴 다음 50번째 무역의 날인 2013년 12월 5일 연합뉴스는 다음과 같이 보도하였다. "우리나라 수출 실적은 반세기 사이에 무려 5천600배 성장했다. 특히 올해에는 우리나라가 일본을 제치고 사상 처음으로 대(對) 중국 수출 1위 국가로 부상하게 된다. 우리 수출은 1977년 100억 달러 고지를 점했고 1995년 1천억 달러, 2006년 3천억 달러, 2011년 5천억 달러를 돌파했다. 반세기 동안 연평균 수출 증가율은 19.2%로 전 세계 평균(10.2%)을 크게 웃돌았다. 베트남(18.9%), 중국(15.3%), 대만(14.6%), 싱가포르(13.6%) 등 주요 신흥국·경쟁국을 죄다 앞지르는 수치다. 1964년 90위(비중 0.07%)에 머물렀던 세계 수출 순위는 2010년부터 4년 연속 7위로 껑충 뛰어올랐다. 세계 전체 수출에서 차지하는 비중은 3.0%로 늘었다. 자동차·전자 등 주력산업의 해외투자 확대로 국내 생산기반이 흔들리고 중간재 수입의존도 증가로 수출의 투자유발효과도 떨어지고 있다. 수출 10억원이 추가로 만들어내는 고용 인원인 고용유발계수도 2000년 10.9명에서 2010년 5.9명으로 떨어졌다. 새로운 수출 먹거리와 저변 확대가 요구되는 상황이다"(『연합뉴스』, 2013/12/05).

반 이후 중화학공업국가로 발전하였다.[11] 제조업비중은 1953년 5.9%, 1961년 13.6%, 1966년 18.6%, 1971년 21.1%, 1976년 27.4%, 1981년 28.1%, 1986년 30.8%로 커지다가 1988년 32.5%를 정점으로 1991년 28.5%, 1994년 26.9%로 조금씩 축소되고 있다. 압축성장이 끝나고 산업이 고도화되면서 1988년을 정점으로 제조업비중이 조금씩 하락하고 있다.[12] 1979년 10대 재벌 매출액이 GDP의 33%를 차지했으나, 2010년에는 10대 재벌의 매출액은 GDP 대비 60.3%를 차지하였고, 2013년 삼성전자와 현대차의 매출액이 GDP의 35%(삼성전자 23%, 현대차 12%)를 차지할 정도로 커졌다(김현아, 2014).

〈표 1〉 압축성장기 한국경제 주요지표

	1961	1966	1971	1976	1981	1986	1991	1994
GNP(억$)	21	30	37	95	671	1,054	2,910	3,769
1인GNP($)	83	125	289	802	1,741	2,568	6,757	8,483
총인구	25,766	29,127	31,435	34,679	37,419	40,448	43,411	44,453
수출(억$)	0.38	2.5	11.3	78.1	206.7	339.1	695.8	936.8

출처: 이만기(1996: 97)에서 해당 부분 발췌.

---

11) "대한민국 수출의 상품별 구조를 보면 1960년대 이후에 진행된 공업화의 영향을 받아 농산물 및 광산물 등 제1차산품의 비중이 현저히 감소하였다. 이에 반해 공산품의 비중이 급속히 증가하여 수출 구조가 개선되었다. 총수출에서 농산물이 차지하는 비중은 1962년의 28.6%에서 계속 감소하여 84년에는 불과 1.7%였으며 수산물의 경우도 총수출에서 차지하는 비중이 62년의 19.2%에서 84년에는 3.0%가 되어 동기간 중 16.2%나 감소하였다. 광산물의 경우에도 총수출에서 차지하는 비중이 62년의 24.5%에서 84년에는 0.3%로 크게 줄었다. 반면 공산품의 경우에는 1962년의 27.7%에서 77년에는 87.5%로, 84년에는 95.0%로 급격히 증가하였으며, 이후 공산품이 수출 상품의 주류를 이루고 있다. 한편 공산품의 수출구조를 중화학공업과 경공업제품으로 구분하여 보면 1960년대에는 경공업제품의 증가율이 현저하였으나 1971년을 전환점으로 하여 중화학제품의 비중이 점차 확대되었다. 즉 총수출에서 경공업제품 수출이 차지하는 비중은 1962년의 22.1%에서 1971년에는 72.0%까지 계속 확대되었으나, 그 후 점차 축소되어 1991년 35.5%, 1995년에는 22.5%로 대폭 감소했으며, 중화학제품은 1971년 14.1%, 1985년 57.0%로 점차 확대되어 1995년에는 72.6%를 기록했다"(위키백과, "대한민국의 무역수지").

12) 이만기(1996: 97)의 한국경제 33년 주요지표 참조.

박정희 대통령은 국가를 성장지향형 발전국가로 전환시키면서 정권의 정당성과 지지를 경제성장을 매개로 확보하려는 경향이 나타났다. 1960년대 정부의 구호는 '조국근대화'였다. '조국근대화'는 삶의 모든 측면의 변화를 의미하지만 가장 중요하게 부각된 것은 경제성장이었다. 증산, 수출, 건설, 근검, 절약, 저축을 강조하면서 열심히 일하고 저축하고 이를 투자하여 수출을 많이 하는 것이 한국이 살 길로 제시되었다. 따라서 '조국근대화'로 명명되어 국민 모두가 동참해야 하는 '조국에 대한 사명'으로 강조되었다. 여기에 종사하면 산업전사로서 또는 수출역군으로서 '조국근대화'에 국민의 일원으로서 봉사하는 것이고, 여기에 일탈하거나 저항하면 '조국근대화'의 사명을 저버린 사람으로 간주되어 강력한 제재가 뒤따랐다. '조국근대화'가 대기업 중심의 수출에 의한 경제성장으로 표현되면서 중소기업이나 농업은 상대적으로 소외되었다.

박정희 대통령은 수출이 살길이고 수출이 근대화를 달성하는 것이라고 했다. 1965년 신년사에서는 "본격적인 근대화 작업을 꼭 성취할 수 있는 결정적인 전환점"이라고 주장하며, "증산을 하고 수출을 증가"시켜야 가능하다고 강조했다. 1972년 1월 수출진흥확대회의에서는 "우리의 살길은 수출하는 길밖에 없다"고 강조했다. 그래서 정부의 가장 중요한 목표는 계획된 수출액수를 초과 달성하는 것이었다. 그래서 1972년 12월에는 "100억 불 수출 목표 달성에 모든 역량을 집중"하자고 했다(최상오, 2008: 8). '조국근대화'나 '경제성장'의 가시적인 목표가 수출액으로 제시된 셈이다. 공무원은 수출목표를 달성하면 승진과 표창이 주어지고 그렇지 못하면 인사에서 불이익을 당하였다. 그 결과 1961년 3,800만 달러였던 수출이 1979년 150억5,500만 달러로 박정희 재임기간인 18년 동안 400배 이상 증가하였다.

이러한 과정은 '민족중흥'이라는 시대적 사명에 의해 이루어진다고 선전되었다. 국민들은 민족의 일원으로서 국가가 노력하고 있는 '민족중흥'에 열심히 동참하여 근대화혁명을 이룩해야 하며 이는 민족중흥 창업의 마지막 기회라고 선언되었다. 이러한 근대화혁명은 또한 '민족사 5천 년의 혁명'이라고 강조되었다. 개인을 초월하는 민족 또는 국가를 위해 열심히 노력해야 했다. 또한, 민족을 초월적인 존재로 구축하기 위해서 '5천 년의 민족사', '성웅 이순신', '영광된 전통' 등이 호명되었다. 이러한 민족주의는 개인을 초월하는 민족에 대해 헌신으로서 국가를 통일되고 단합된 방향으로 나가도록 유도하는 기제였다. 남북대립에서 끊임없이 북한의 침략위협을 부각하여 개개인이 지속적인 위기의식을 가지도록 유도하였다. 산업전사, 속도전, 총화단결과 같은 군사적인 용어가 산업화를 촉진하는 데 동원되었다(박명림, 1996: 332–333).

1970년대 중화학공업 건설 과정이 한국의 재벌체제가 본격적으로 형성된 시기임을 보여주는 다른 증거들도 있다. 우선, 재벌의 국민경제적 위상의 변화를 보면, 10대 재벌의 부가가치 생산이 GDP에서 차지하는 비중이 1973년 5.1%에서 1978년 10.9%, 그리고 1983년에는 13.0%로 두 배 이상으로 급증하였고, 1980년대 이후에는 경기변동 상황에 따라 약간씩 등락할 뿐이다. 그리고 30대 재벌의 계열사 숫자도 1970년 126개사에서 1979년 429개사로 급증한 이후 한동안 정체상태였다가 1990년대 후반에 다시 크게 증가하였다(김기원, 2003: 54–56).

재벌의 국민경제에 대한 지배력 정도를 나타내는 지표로는 흔히 재벌의 자산 · 매출액 · 부가가치 등의 GDP 대비 비중을 측정한 경제력 집중도가 사용된다. 그러나 규모가 크다는 것만으로는 독점자본이라고 규정하기 어렵다. 재벌 자체의 규모 확대만이 아니라, 재벌이 국민경제의 순환과 재생산 과정을 통제할 수 있을 때 독점자본으로서의 지배 체제가 완성되었다고 할 수 있을 것이다.

그러한 의미에서 볼 때, 박정희 시대의 재벌은 정부의 재정·금융상의 특혜에 크게 의존하고 있었다는 점에서 본래적 의미의 독점자본이라고 하기는 어렵다. 하지만, 재벌은 1980년대 초반의 축적위기 국면에서 구조조정을 강제당하면서 일정 정도 합리화 과정을 거쳤고, 또한 1980년대 후반 3저 호황 국면을 이용하여 그 독점적 지배력을 크게 강화해나가기 시작하였다. 특히 기술개발 능력을 크게 제고하였고, 은행부문에 비견될 정도로 급성장한 제2금융권의 계열사를 통해 자금흐름에 대한 통제력도 강화하였다. 나아가 노사관계 및 하도급구조 개편을 통해 노동 및 중소기업의 재생산 과정을 직접 장악하기 시작하였다. 따라서 1980년대는 한국의 재벌이 정부의 보호·육성 체계를 벗어나 스스로 독점자본으로서의 지배력을 확립하기 시작한 시기라고 할 수 있다.

3. 압축성장과 사회변화

박정희, 전두환으로 이어지는 압축성장기는 경제적으로 세계사적인 성장을 보여주었지만 동시에 여러 가지 변화와 모순을 잉태하고 있었다. 가장 대표적인 변화가 문어발식으로 다양한 사회적 영역을 장악한 재벌 중심의 공화국이 형성되었다는 점이고, 산업화를 매개로 농촌인구가 급격하게 줄어들고 도시의 인구가 급격하게 늘어나면서 한국이 농업인구 중심의 국가에서 도시인구가 중심이 되는 국가로 빠르게 재편되었다는 점이다. 이러한 변화를 통하여 재벌 등과 유착된 권력이 지속되어 왔으며, 정경유착을 통해 한국사회가 작동하게 되었다. 도시화에 따라 기존의 농촌전통도 빠르게 약화되었고, 도시사회에서 새로운 형태의 인간관계와 관행들이 전통과 맞물려 확산되기 시작하였다. 또한, 독재를 유지하기 위하여 나타났던 정치적 억압기구가 계속 되고 있으며, 박정희 대통령이 경상도 표를 확보하기 위하여 강화시킨 지역차별과 갈등이 지금까지 지속되고 있다.

1) 농촌의 변화

압축성장은 도시와 산업의 급속한 팽창을 의미하고 이에 따른 농촌의 급속한 변화를 의미한다. 압축성장이 일어난 제조업에 비하여 농업의 상대적인 비중이 계속 감소하였다. 압축성장 과정에서 농촌은 도시에 값싼 농산물을 공급하고, 저렴한 노동력을 계속 도시로 공급하는 저수지로서의 역할을 하고, 가능하면 농산물을 수출하여 외화를 벌어들이는 역할도 해야 하며, 제조업이 만든 상품을 소비하는 곳으로서의 역할도 한다. 특히 값싼 농산물의 공급과 노동자의 공급은 한국경제의 압축성장에 커다란 기여를 했다.

1960년대 한국의 농촌은 소농 자영농으로 주로 구성되었다. 1949년 이승만 정권은 가구당 3정보 이상의 땅을 소유하는 것을 금지하고 초과된 농지를 정부가 사들여서 유상으로 분배하는 농지개혁을 실시하였다. 지주보상액은 시세의 절반 이하였고, 인플레이션과 한국전쟁으로 지가증권의 가격도 크게 하락하여 농지가격의 20분의 1도 못되는 보상을 받은 셈이 되었다(박종철, 2008: 87). 이에 따라 어느 정도 지주는 사라지고 자영농 위주의 구조로 농촌이 재편되었다. 50~60년대에는 미국 농산물이 저렴하게 수입되어 국내농업발전에 적극적인 노력을 하지 않았다. 도시주민들에게 값싼 곡물을 공급하기 위하여 밀, 콩의 수입이 크게 증가하였고, 육류의 공급을 위해 가축사육에 필요한 옥수수의 수입도 급증하였다.

1968년부터 저렴하게 도시에 농산물을 공급하기 위해 농민에게서 비싸게 수매해서 싸게 도시민에게 판매하는 이중곡가제를 도입하였고 쌀의 자급을 위해 품질은 떨어지지만, 생산량이 많은 통일벼를 적극적으로 재배하도록 하기 위해 일반벼와 차별 없이 수매하도록 하였다. 이를 통해 74~77년에는 농가소득이 도시가구의 소득을 넘어서기도 했지만, 다시 도시가구의 소득을 밑돌게 되었다. 이중곡가제에 의한 가격 차이는 정부가 한국은행 차입으로 지불하였다. 한국은행은 이를 위해 발권을 늘려 인플레이션이 계속 높은 수준을 유지하였다. 1978년에는 가뭄으로 쌀생산이 크게 감소하여 농가경제에 위기가 나타났다. 농외소득을 확대하는 방향으로 나갔으나 일본이나 대만에 비해 크게 낮았다. 1983년 비교우위론에 의거해 농축산물 수입개방을 확대한 다음 해인 1984~85년에는 농산물 가격이 폭락하였다.

미국의 압력으로 농산물 개방을 더욱 확대하면서 대체작물 재배농가도 과잉생산으로 피해를 보게 되었다. 이를 극복하기 위해 정부는 기업농과 복합영농을 제안하면서 특화작물생산을 병행하는 상업농으로의 전환을 촉진시켰다. 상업적 농산물 생산은 특정 생산물의 과잉생산을 부추겨 극심한 가격변동을 유발하였다. 이 과정에서 1985년을 전후하여 '소값파동', '고추파동' 등이 나타나게 되었다. 또한 농민감소와 복합영농을 대비해 비료와 농약사용의 증가 그리고 농업기계화를 촉진하면서 농기계 외상구매를 장려하여 1980년 339억 원이던 농가부채가 1989년 3,899억 원으로 증가하였다(김진업, 2001: 186-187). 상대적으로 낮은 성장률[13]과 값싼 농산물가격으로 농림어업의 비중은 갈수록 감소하여 1965년까지도 농업이 가장 중요한 경제였으나 1970년 중반부터 농업이 제조업보다 비중이 더 작아지기 시작하여 현재는 2%대에 불과하다. 2013년 농림어업조사결과에 따르면 농가 중 3분의 2가 연 매출이 1,000만 원 미만이다.

〈표 2〉 산업별 생산구조

	1955	1965	1975	1980	1985	1990
농림어업	44.0	37.6	25.0	14.9	12.8	9.1
제조업	11.4	18.0	26.1	29.7	30.3	29.0

출처: 한국은행 국민계정 1990, 1991. (신용수, 2003: 133)

농촌은 60~80년대까지 과잉인구 상태였기 때문에 값싼 노동력을 배출하여 도시에 공급하였다. 수출을 위한 제조업을 적극 발전시키기 위해서는 저임금노동자가 필요하였기 때문에 농산물 가격을 낮게 유지할 필요가 있었다. 이 당시 도시주민의 생활비에서 식품비가 60% 가까이 차지하고 있어서 농산물 가격이 낮아야 기업도 저임금을 주고 고용할 수 있는 상황이었다. 낮은 농산물가격에 따라 60년대 농가의 평균소득은 도시가정의 60~70%에 불과하였다. 또한, 도시에 비하여 교육시설과 문화시설이 부족하여 젊을수록 더욱더 도시에서 직장을 구하여 이농하고자 하였다. 1960~70년대 대략 연 50만 명씩 농촌을 떠나 도시로 이주했다. 농촌인구비율은 1960년 72%에서 2000년 20%로 감소하였으며, 1960년부터 2000년 사이에 도시인구는 연 4.2%씩 증가하였으나 농촌인

---

13) 1960, 70년대 GNP 성장률은 연평균 9.6%였지만, 농업부분 성장률은 3.5%에 불과했다(문팔용, 2005: 443).

구는 연 1.6%씩 감소하였다. 농촌인구수는 1960년 1,799만 명, 1970년 1,850만 명, 1980년 1,599만 명, 1990년 1,110만 명, 2000년 934만 명으로 감소하였다(박대식 · 박경철, 2003: 20-21). 2011년에는 285만 명으로 감소하였다.[14] 농촌의 인구가 계속 감소하면서 농촌마을에는 주로 노년층이 거주하는 곳으로 변하면서 2013년 농림어업조사결과에 따르면 65세 이상의 고령인구가 농가인구의 37.3%였다. 혼자 사는 노인인구로 추정되는 1인 가구는 농가의 15.9%에 이른다.

1961년 전국적인 조직으로 농협이 만들어졌다. 농협중앙회 회장이나 단위농협조합장은 정부가 임명하였다. 80년대에서야 단위조합장을 농민들이 선출하게 되었다. 농협은 신용사업과 물품공급 및 농산물 수매의 역할을 하였다. 농협은 신용사업을 통해 당시 연 60%에 이르는 고리사채로부터 벗어나도록 했다. 1970년에는 농가부채의 20%를 농협이 담당했는데, 2000년에는 85%를 담당하였다. 또한, 비료 · 농약 · 가축사료 · 농기구 · 일용품을 쉽게 구매할 수 있게 했고, 농산물을 수매하였다. 1970년대 이후에는 농기계화가 급속하게 진행되었다. 1970년대에 경운기, 동력방제기, 동력탈곡기가 급속하게 보급되었다. 트랙터, 이앙기, 바인더, 콤바인 등의 중형농기계는 1980년대 중반부터 급속하게 증가하여 노동력 절감효과가 크게 나타나기 시작했다. 이에 따라 다른 사람의 논밭을 임대해 기계로 농사짓는 사람들이 늘어났다(장시원, 2005: 275-281).

1970년대에는 소득증대를 위한 신품종도입과 새마을운동이 도입되었

---

14) 통계청, 2013, 농림어업조사결과. 한국의 이러한 농민감소는 세계사적인 사례다. 농업취업자가 인구 40%인 시점에서 인구 16%인 시점까지 걸린 시간을 보면 영국은 70년 이상 걸렸고, 미국 95년, 독일 42년, 일본 31년이 걸렸는데 한국은 14년밖에 안 걸렸다(이정환, 1997: 26). 그만큼 급속하게 산업화가 진행되었다.

다. 1970년 재고과잉 시멘트를 농어촌 마을가꾸기 공동사업에 지원해주었다. 1971년도에 전국 33,267개 마을에 마을당 시멘트 335포를 공급하였다. 이후 시멘트, 철근 등 건축자재를 대량으로 농민들에게 공급하면서 농촌의 도로, 가옥, 교량, 농로, 용수개발, 초가지붕 없애기, 전기보급, 간이급수시설, 주택개량, 마을안길 넓히기 등의 환경개선사업을 시작하였는데 시멘트와 철근을 주로 사용하는 사업이었다. 이러한 농촌개발사업의 추진주체로서 새마을운동 중앙협의회, 시도협의회, 시군협의회, 읍면추진위원회, 리·동개발위원회가 만들어져 전국을 내무부장관이 지휘하도록 되어 있었다. 이를 통해 전국을 국민총동원 체계로 엮어 낙후된 농어촌의 혁신적 개발을 위한 새마을운동을 체계적으로 추진하도록 만들었다. 마을에서 스스로 달성하도록 하기 위해 어느 정도 목표를 달성하면 자조마을과 자립마을이라는 명칭을 붙여줬다. 모든 마을이 자립마을이 될 수 있도록 장기적인 목표를 세우고 매년 이러한 목표를 달성하기 위한 연차별 개발계획을 수립하여 시행하였다. 새마을운동 구호인 「근면·자조·협동」도 스스로 주도하도록 만들고 실패해도 스스로 일을 제대로 하지 못했기 때문으로 생각하게 만들었다. 이를 통해 농민들을 새마을운동에 동원하였다. '우리도 잘 살 수 있다', '우리도 하면 된다', '못사는 것도 바로 내 책임' 등의 표어가 나타났다(한국산업사회연구회, 1988: 307-310). 뒤이어 농어촌 새마을운동, 도시 새마을운동, 공장 새마을운동, 학교 새마을운동 등 다양한 새마을운동이 상층주도형으로 확산되었으나 1979년 박정희의 사망과 함께 사회운동으로서의 활력을 잃었다.

이러한 과정에서 농촌의 조직은 과거의 계에서 벗어난 회나 주민총회 등으로 명칭과 역할이 변화되었다. 마을에 따라서 2000년대에도 계를 하는 경우도 많지만 많은 모임들이 현대적인 명칭을 가지고 보다 전국적으로 조직된 체계를 통해서 일을 하게 된다. 마을의 행정체계도 더욱 발달하여 이장, 새마을지도자, 개발위원회, 부녀회, 당 모임 등이 형성되었으며 이러한 모임의 등장은 정기적으로 군, 면 등의 회의에 나가서 군수나 고위직을 만나 마을 일을 청탁하기도 한다. 특히 공화당은 압축성장시기 마을단위까지 깊숙이 침투하여 있었고 중요한 정치권력이기 때문에 청탁하기에 좋은 대상이다. 압축근대화를 거치면서 국가의 권력이 당뿐만 아니라 행정조직 등의 개입을 통해 마을 그리고 개개인에 대해 깊숙이 침투하게 되었다.

압축성장시기의 농촌은 다양한 방식으로 농민들을 동원하는 시기이기도 하였다. 저수지와 하천의 물관리, 농로, 교량, 조림사업, 마을개량사업, 풀베기사업, 퇴비증산, 식량증산 등을 위해 마을사람들이 적극적으로 동참해야 다른 마을과의 경쟁에서 이길 수 있다. 국가에서 다양한 물자를 마을에 내려 보내면, 마을주민들이 스스로의 노력으로 실행하도록 하였다. 또한, 일정한 양잠이나 퇴비의 양이나 통일벼의 재배를 할당하면 마을사람들은 대체로 이의 없이 이를 실행한다. 각종 사업에서 면이나 군 단위에 국가나 도나 군에 의해 할당량이나 목표치가 제시되는 경우가 많아 공무원들은 이를 달성하였는지 파악하고 달성하지 못했으면 추가로 목표를 달성하게 하거나 혹은 불이익을 줄 수 있었다. 따라서 마을주민들은 전반적으로 정부시책에 협조한다. 국가가 각종 사업을 통해 세세한 내용까지 사업을 할당하고 가르치고 달성하도록 만든다. 이러한 농민의 동원은 일제 강점기부터 점차적으로 강화되어 왔지만, 특히 압축성장시기에 국가에 의한 농민의 동원과 관리가 더욱 적극적으로 이루어졌다.

농촌에 신문과 라디오, TV, 전화가 들어오고, 농민들이 외부를 이전보다 빈번하게 방문하면서 외부에 대한 다양한 정보가 증가하였다. 학교와 다양한 행정 팸플릿을 통해 이제까지 마을에서 배우지 않았던 여러 지식들을 흡수하면서 국민들의 하나로서의 의식을 점차 발전시켜 나갔다. 민족을 하나의 역사를 승계한 것으로 이해하게 만들고 국가가 다양한 상황을 경험하고 헤쳐 나간다는 의식을 매개로 마을사람들도 스스로를 국민의 하나로 인식하게 만들었다.

도시로 대부분의 사람들이 이주해가면서 농촌에서의 초자연적인 상상이나 인간관계에도 많은 변화들이 나타났다. 일부 마을에서 있었던 동제, 당산제, 해신제, 산신제, 신당 등이 많은 곳에서 방치되거나 또는 젊은이들이 이를 부숴버리는 경우도 나타났다. 마을에서 행해지는 다양한 민간신앙을 전근대적인 미신으로 학교에서 가르쳤고 행정에서도 미신으로 간주하였다. 전근대적인 것이기 때문에 조국근대화에 장애물로 간주되었다. 문중과 시제도 60, 70년대를 통하여 점차 약화되기 시작하였다. 참여자의 수가 점차 줄어들면서 활력도 조금씩 떨어지기 시작했다. 일부 문중에서는 새로운 재실을 만들기도 했지만, 점차 혈족의식이 약화되는 경향이 나타났다. 유교와 관련된 조상숭배나 시제도 조금씩 약화되기 시작했다. 많은 농어촌에서 1960~1980년 사이에 교회가 새로이 설립되었다.[15] 가족관계에서도 변화가 일어나 대가족들이 점차 줄어들고 핵가족이 크게 늘어났다. 유교적인 조상숭배와 가계계승 의식이 계속 강하게 남아 있지만, 혈족이나 먼 친척들에 대한 유대의식은 계속 약화되었다.

---

15) 1960년에 5천 개이던 교회가 1970년에는 1만 3천 개로 1980년에는 2만 천 개로 1990년에는 3만 개로 증가하였으며, 개신교인수는 1960년에 60만 명, 1970년에는 300만 명, 1980년에는 700만 명, 1990년에는 1,000만 명을 헤아릴 정도로 폭발적으로 성장하였다(박정신 · 박규환, 2005).

중매결혼, 삼종지도, 여성의 재혼금지, 정절, 축첩제 등의 전통가족관계
도 크게 약화되었다.

2) 정치사회적 변화

1960년대부터 시작한 압축성장은 도시로의 인구집중을 가속화시
켰다. 도시화 비율이 1960년 39.1%, 70년 50.1%, 80년 68.7%, 90년
79.6%, 2000년 88.3%, 그 이후 90% 수준이 지속되고 있다.[16] 1960년대
후반 농촌인구의 유입은 도시인구 증가의 3/4 가량을 차지하였고, 1980
년대까지 이농 인구는 도시인구 증가의 40% 안팎을 차지하였으나, 1990
년대 이농 인구가 도시인구 증가에 차지하는 비중이 10%로 감소하였
고(박대식 · 박경철, 2003: 28), 현재는 이농인구가 도시인구증가에 영
향을 미치지 못하고 있다. 농촌에서 도시로의 압축적 인구이동을 통하
여 한국은 세계 최고수준의 도시화율을 달성하였다. 특히 1960년대 이
후 수도권에의 집중이 가장 빠르게 일어나 1960년대 369만 명, 1970년
대 442만 명, 1980년대 529만 명, 1990년대 277만 명이 증가하였다.[17]
그 결과 1960년 20.8%였던 수도권 인구집중률이 현재 51%로 증가해 세
계 최고의 수도권 인구집중률을 보여주고 있다. 압축성장기간 동안 서울
의 높은 인구증가, 높은 인플레이션에 따라 서울의 땅값은 1963년에서
2007년 사이에 1,176배 올랐다. 같은 기간 물가는 43배 상승하였다. 땅
값이 물가보다 약 30배 정도 더 상승하였다. 한국 전체의 땅값은 약 5천
조 원, 집값은 약 3천조 원으로 상승하였고, 이는 남한 면적의 100배인

---

16) 국토교통부, 2011, 『도시계획현황 통계』
17) 통계청, 2005, 『한국의 인구 · 주택』

캐나다를 6번 살 수 있고, 5배인 프랑스를 9번 살 수 있고, 100배인 미국 땅의 반절을 살 수 있다고 한다(손낙구, 2008). 부동산에 의한 불로소득이 기업이익이나 근로소득보다 대부분 더 많았기 때문에 압축성장 기간 동안 그리고 그 이후에도 지속적인 부동산 투기가 있었다.

박정희는 1961년 군사쿠데타로 정권을 장악하면서 부정부패 일소, 공산주의 척결, 경제발전을 목표로 제시하였다. 박정희 대통령을 포함한 친일파들이 득세하고 반공적인 미국의 체제에 편입되면서 동서냉전에서의 생존이 국가주의와 반공에 의해 가능한 것으로 제시되면서 국가주의와 반공 또한 국민에게 신성한 목표처럼 제시되었다. 한편에서는 압축적 경제성장 그리고 다른 편에서는 반공국가를 통하여 국가의 풍요와 질서가 이루어진다고 선전되었다. 이중 지속적으로 대부분의 국민에게 영향을 미치는 것이 경제발전이었기 때문에 경제성장을 제1의 목표로 만들고 수출과 경제성장률이라는 수치에 의해 이를 정당화시키려 하였다. 국가가 주도권을 가지고 수출을 매개로 경제성장을 올리는 데 전력 투구하였고, 이 과정에서 수출지상주의를 사회적 목표로 만드는 데 성공하였다. 이러한 목표들은 '조국근대화'라는 구호로 표출되었다. 따라서 전근대적인 것으로 간주되었던 미신이나 허례허식들도 타파의 대상이 되었다.

수출과 경제성장률에 의해 군사쿠데타와 유신독재가 정당화될 수 있는 것처럼 담론화되면서, 수출액수와 경제성장률이 먹고사는 문제를 해결해줄 수 있는 신성한 목표처럼 제시되고 구호화되어 사회 전반에 퍼져 나갔다. 3선 개헌과 김대중과의 대통령 선거 후 저항이 심해지고 '조국근대화' 담론의 정당성이 약화되자 유신에 이은 '국민총화'와 '총력안보'라는 구호로 독재체제를 더욱 강화하였다(이병천, 2003: 41-44).

이 시기는 또한 국가가 주도하여 중화학공업에 대한 총력투자를 강화한 시기였고 재벌이 공고화되는 시기였다. 1960년대까지만 해도 재벌의 규모가 크지 않아 쉽게 변동이 나타났지만 1973년(5.1%)에서 1983년(13.0%)까지 재벌의 부가가치생산이 GDP에서 차지하는 비중이 크게 증가하면서 재벌의 규모가 커져 10대 재벌사들의 위치는 1997년까지 별다른 변동이 나타나지 않았다. 중화학공업이라는 거대자본을 형성하면서 안정적인 위치를 확보한 것이다(김기원, 2003: 54-56).

이러한 관점에서 권위주의적 정권은 인권과 민주를 시급하지 않은 것으로 보고 억압과 정경유착은 고도성장을 위한 희생이라면서 이를 정당화시키려 노력하였다. 국가가 경제성장을 주도하고, 국가가 사회질서를 세우고 이를 위반하는 사람들을 처벌하며, 국가가 국민들을 동원하여 목표한 경제성장률을 달성하는 것이 최고의 목표가 된다. 이를 위하여 한쪽에서는 경제기획원과 경제성장을 위한 다양한 기구들을 만들어 은행과 기업을 줄 세우고, 다른 쪽에서는 억압과 동원을 위한 중앙정보부, 권위주의적 사법체계, 독재에의 저항, 노동쟁의 · 야당 · 언론을 억압하고 길들이는 체제를 구축하였다.

따라서 반대세력에 대하여서는 경제발전과 안보에 지장을 준다면서 적극적으로 탄압했다. 학생운동이나 진보세력을 북한에 동조하거나 국론을 분열시키는 세력이라고 비난하면서 고문을 통해 간첩으로 조작하여 발표하였다. 또한, 노동운동도 '빨갱이'들이 하는 것이라며 적극 탄압하였고 국회도 유신회를 만들어 대통령이 3분의 1의 국회의원을 지명함으로서 대통령을 옹호하는 세력이 어떻게든 과반수가 되게 만들고 효율성을 높인다면서 법률을 통과시키는 역할에 주력하도록 만들었다. 이러한 탄압구조에서 임금비중은 감소하고 기업소득은 증가하며 양극화가 나타났다. 생활조건의 열악화와 높은 인플레에 학생을 넘어 노동자들이 여기저기서 시위를 하는 경우가 증가하였고 이를 더욱 폭력적으로 억압하고 정치활동도 엄격하게 규제하였다. 정치는 사라지고 어용노조와 관변단체들은 늘어나며 관변활동만 증가하였다.

1960년대 이후 지금까지 한국은 대기업·재벌 중심의 수출주도형 성장전략을 이어오고 있고, 사회조직과 가치전반이 여기에 심각한 영향을 받고 있다. 성장지상주의가 가장 중요한 사회적 가치로 고착되었고, 과정은 무시되고 목표달성이 강조되는 사회분위기가 형성되었으며, '빨리, 빨리'가 강조되었다. 이러한 과정은 현재에도 다양한 꼼수나 편법을 동원하여 목표를 달성하려고 하는 기업, 국가, 사업들에서 광범위하게 나타나고 있다. 또한, 절차를 무시하고 정상적인 시간보다 빠른 시간에 또는 다른 사람보다 빨리 무엇인가를 달성하려고 하는 경쟁적인 의식도 지속되고 있다. 편법과 불법으로 증축·개축되어 나타난 세월호 사고나 성과보다는 문제가 더 많이 나타나는 4대강 사업 등도 이러한 맥락에서 발생하고 있다.

경제성장과 반공을 전면에 세우고 독재체제를 구축한 것이 10월 유신이다. 대통령이 국회의원선거(2명 선출하는 중선거제)의 결과와 무관하게 여당과 유정회를 통하여 계속 국회를 장악할 수 있는 체계를 만들었고, 대통령을 국민이 아닌 통일주체 대의원이 선출하도록 만들었으며, 대통령이 긴급조치로 초법적인 조치를 할 수 있도록 만들었다. 물론 불황기도 있었지만 경제성장률이 가장 높았던 시기의 하나이던 유신정권과 전두환 정권의 시기는 가장 억압적인 시기이기도 하였다. 국가권력과 공권력이 폭력을 사용해 국민들의 저항을 억압하거나 분쇄하고 폭력을 사용해 질서를 유지하려 했던 시기이다. 그만큼 폭력이 없으면 질서가 유지될 수 없는, 저항이 강했던 시기라고도 할 수 있다. 그만큼 정권의 정당성이 없고 국민의 동의가 없었기 때문이다.

대기업을 중심으로 한 성장지상주의는 지속적으로 대기업·재벌 중심의 압축성장이 나타나 이들의 경제적 권력을 강화시켰고 그 결과 한국에서 재벌중심의 경제사회체제가 형성되었다. 심지어 한국을 삼성공화국으로 칭하는 경우도 나타나고 있다. 이러한 발언은 그만큼 삼성이 다양한 영역에 심대한 영향력을 미치고 있음을 상징한다. 삼성전자나 현대자동차와 같은 세계적인 대기업들이 출현하여 한국경제의 발전에 지대한 공헌을 하고 있지만 동시에 재벌의 특권적 경제력에 의해 새로운 산업과 중소기업의 활력이 제약당하는 현상도 나타나고 있다. 또한, 재벌과 중소기업의 격차가 더욱 커지고 있고, 기업과 노동의 소득분배가 노동에 불리하게 진행되면서[18] 재벌들은 천문학적인 사내유보금을 쌓아놓고 있지만 노동자들의 생활조건은 악화되고 양극화가 심화되는 현상이 나타나면서 사회적 불만도 높아지고 있다. 외자배분, 은행대출, 국가지원, 세금 등에서 재벌이 유리한 위치를 차지하기 위하여 적극적인 로비와 정경유착을 강화했고, 그 결과 국가와 재벌의 강고한 연합이 형성되어 있다 (이병천, 2014: 91-99). 따라서 재벌이 불법을 범해도 제대로 처벌되지 않으며, 다양한 편법·불법을 통하여 자녀들에게 자산을 상속하는 일이 빈번하게 나타나고 있다.

1987년 한국은 민주화 국면에 진입하면서 국가가 계획하고, 배분하고, 동원하고, 지휘하는 권위주의적 국가도 약화되었다. 권위주의적 독

---

18) 홍장표(2012)는 "한국사회의 양극화와 경제민주화"에서 일본과 비교하여 한국의 중소기업 생산성격차가 갈수록 대기업에 비하여 열악해지고 있으며, 한국의 중소기업의 임금은 대기업의 임금에 비하여 갈수록 더욱 열악해지고 있음을 보여주고 있다.

재국가가 약화되면서, 경제개방과 함께 재벌들의 자율성이 높아지고, 해외로 쉽게 진출할 수 있게 되어, 국가가 경제에 개입하는 것이 갈수록 어려워지고 있다. 따라서 국가가 국내공장에 투자하도록 재벌들을 강제하는 것이 거의 불가능해졌다. 이에 따라 재벌들이 국내투자보다 해외투자 그리고 서비스산업 등에 투자하는 경향이 커지고 있다(Minns, 2001). 이러한 변화는 국가가 재벌을 통제하며 공장을 짓도록 하여 각종 지원금을 통해 수출증대를 도모하여 성장을 이룩하는 시기가 끝났음을 보여준다. 즉, 수출지상주의를 위한 단결과 돌진을 끌어낼 수 있는 이념의 동원도 점차 어려워지고 있고, 또한 국가가 사회세력을 조직화하고 통제하기에는 시민사회와 재벌의 힘이 이미 커지고 다양화되었다.

4. 결론

박정희, 전두환, 노태우 대통령에 이르는 기간은 한국이 압축성장을 성공적으로 진행하였던 시기이면서도, 동시에 장군 출신들이 대통령직을 부당하게 차지하면서 정치적 정당성의 문제가 계속 제기되었던 시기이기도 한다. 박정희 대통령은 군사쿠데타 후 이를 정당화시키기 위하여 반공과 경제발전을 최고의 목표로 제시하고 경제발전을 위한 다양한 조직, 제도, 정책을 만들었다. 효율적인 정부를 통하여 한국은 일본, 대만에 이어 미국에 의존하는 수출주도형 경제개발로 압축성장을 성공적으로 성취하였다. 대기업중심의 수출주도형 성장전략은 지금까지도 한국 정부의 경제정책으로 이어져 오고 있다.

제조업을 통한 압축성장은 공업단지가 있는 도시로의 인구집중을 유발하였다. 농촌인구는 노령화되고 젊은층은 대부분 도시로 진출하면서 농촌에서의 여러 전통들이 빠르게 약화되었다. 농촌에서 나타나는 각종 민간신앙이나 절기나 의례도 빠르게 약화되었으며 농촌의 각종 조직이나 명절이나 계 등도 빠르게 약화되거나 변하고 있다. 인구이동도 빈번하고, 새로운 인구가 계속 집중하는 도시에서도, 전통은 매우 빨리 약화되거나 사라졌다. 또한, 도시로 이주하면서 가족형태는 핵가족이 되어 대가족이나 직계가족도 점차 줄어들어 이제는 찾아보기 어렵게 되었다. 농촌에서 나타나는 문중과 친족들 사이의 다양한 잔치나 제사의 참여, 긴밀한 친족관계도 도시로 이주한 다음에는 계속 약화되고 있다.

군사쿠데타 등으로 정당성이 약한 장군출신 대통령들은 국가와 국가의 기관과 공무원을 억압체계로 만들어 권위주의적 독재를 실시하였다. 또한 각종 정치자금과 통치자금을 위하여 대기업·재벌과 국가의 밀접한 정경유착과 부패를 야기하였고 갈수록 재벌에 경제력이 집중되는 현상이 나타나고 있다. 정당성이 약하기 때문에 또한 지역갈등을 조장하고 강화시켜 자신에 유리한 지역의 표를 획득할 수 있도록 사회분열을 조장했다. 1987년 6월의 민주화항쟁을 통해 대통령 직선제를 쟁취하였고 민주화를 이룩할 수 있었지만, 압축성장 과정에서 우리의 몸에 밴 성장지상주의, 정경유착, 불법·편법을 통한 문제해결, 빨리빨리 등의 관행은 조금씩 변하기도 하지만 아직도 우리에게서 지속되고 있다.

참고문헌

국토교통부 . 2011. 『도시계획현황 통계』, 국토교통부.

김기원. 2003. "재벌체제의 모순과 발전," 유철규 편, 『한국자본주의 발전모델의 역사와 위기』, 함께하는책.

김진업(편). 2001. 『한국자본주의 발전모델의 형성과 해체』, 나눔의집.

김현아. 2014. "삼성-현대차, 한국경제 3분의 1 이상 차지," 『이데일리』, 2014년 1월 13일 기사

남덕우. 2009. 『경제개발의 길목에서』, 삼성경제연구소.

문소정. 2001. "한국가족의 근대성에 대한 성찰," 역사문제소엮음, 『전통과 서구의 충돌』 역사비평사, pp. 33-52.

문팔용. 2005. "농촌근대화와 새마을운동," 조이제 · 에커트 편저, 『한국근대화 기적의 과정』 조선일보사, pp. 443-467.

박경로 · 김낙년 · 이상철 · 박기주 · 김두얼 · 박이택 · 임동민. 2014. 『한국의 무역성장과 경제 · 사회변화』, 대한민국역사박물관.

박명림. 1996. "근대화프로젝트와 한국민족주의," 역사문제연구소 편, 『한국 '근대'와 '근대성' 비판』역사비평사, pp. 311-348.

박세길. 1991. 『한국경제의 뿌리와 열매』, 돌베개.

박정신 · 박규환. 2005. "'뒤틀린 기독교' 굳히기-박정희시대 한국개신교의 자취," 『현상과 인식』 116: 41-60.

박종철. 2008. 『한국의 발전전략: 농지개혁, 수입대체산업화, 수출주도산업화, 중화학공업화』, 한국학술정보.

손낙구. 2008. 『부동산계급사회』, 후마니타스.

신광영. 1999. 『동아시아의 산업화와 민주화』, 문학과지성사.

신용수. 2003. 『경제발전론』, 답게.

안충영. 2002. 『현대 한국 동아시아 경제론』, 박영사.

이만기. 1996. 『최신한국경제론』, 일신사.

이병천(편). 2003. 『개발독재와 박정희 시대』, 창비.

이승훈. 2010. 『시장발전과 경제개발』, 서울대출판부.

이정덕. 2014. 『근대라는 괴물』, 신아출판사.

이정덕 · 소순열 · 남춘호 · 문만용 · 안승택. 2014. 『압축근대와 농촌사회』, 전북대
    출판문화원.

이정환. 1997. 『농업의 구조전환: 그 시작과 끝』, 한국농촌경제원.

이한구. 2005. 『한국재벌형성사』, 비봉출판사.

장상환. 2000. "박정희식 경제성장의 부정적 유산," 『시사정보』 2000년 9월호.

장시원. 2005. "근현대 농업의 성장과 구조변동," 이대근 외, 『새로운 한국경제발전
    사』 나남출판, pp. 253-282.

재무부 · 한국산업은행. 1993. 『한국외자도입30년사』, 한국산업은행.

최상오. 2008. "한국의 수출지향공업화와 정부의 역할, 1961-1979 – 수출진흥확대
    회의를 사례로," 제4회 세계한국학대회 발표문, 2008년9월11일 워커힐호텔.

통계청. 2005. 『한국의 인구 · 주택』, 통계청 · 통계개발원.

프랑크, 군더. 2003. 『리오리엔트』, 이산.

한도현. 1988. "1970년대 농업농촌 정책의 전개과정을 통해서 본 국가의 성격," 한
    국산업사회연구회 편, 『오늘의 한국자본주의와 국가』 한길사, pp. 294-317.

홍장표. 2012. "한국사회의 양극화와 경제민주화," 성서부산 연속토론회 3 강연문,
    2012.09.20., 부산 좋은날풍경.

Minns, John. 2001. "Of miracles and models: the rise and dcline of the
    developmental state in South Korea," *Third World Quarterly*, 22(6): 1025-
    1043.

World Bank. 1993. *The East Asian Miracle: Economic Growth and Public Policy*.
    Oxford: Oxford Univ. Press.

〈자료〉

『연합뉴스』, "수출 5천600배 성장…對中수출 세계 1위국 부상", 2013년 12월 5
  일자.

위키백과, "대한민국의 무역수지", https://ko.wikipedia.org.

한국무역협회 각종 무역통계자료, http://stat.kita.net/

3장
한국 과학기술의 압축적 성장과 공공연구기관[*]

문만용

한 나라의 과학기술 수준이나 경쟁력을 평가하는 지표 중 가장 많이 언급되는 것은 스위스 IMD(International Institute for Management Development)로, 이는 전 세계 60여 개 국가를 대상으로 국가경쟁력을 평가하여 매년 발간하는 The World Competitiveness Yearbook에 들어 있는 과학경쟁력과 기술경쟁력이다. 이에 의하면 2014년 한국의 과학경쟁력은 세계 6위이고, 기술경쟁력은 8위이다. 과학경쟁력은 2004년 17위에서 계속 상승하여 2009년에는 3위를 기록한 이후 몇 걸음 뒤로 물러섰다 다시 오르는 중이다. 기술경쟁력은 2005년 2위를 기록하여 역대 최고 순위를 보였지만 이후 뒷걸음질해 2010년 18위까지 떨어졌다가 역시 다시 올라오는 중이다. 이러한 순위는 2014년 한국 국가경쟁력 26위에 비하면 훨씬 앞선 수준이다. 이는 오히려 떨어지고 있는 국가경쟁력을 과학·기술경쟁력이 지탱하고 있음을 말해준다. 특히 한국의 과학경쟁력은 연구개발투자, 연구개발인력, 특허 등 정량적 지표에서 좋은 모습을 보여 전체 순위를 높이고 있다. 이같은 결과는 반세기 전 1인당 GNP

* 이 글은 The Korean Journal for the History of Science 37(2)에 수록된 "Understanding Compressed Growth of Science and Technology in South Korea: Focusing on Public Research Institutes"를 번역하고 일부를 이 책의 취지에 맞추어 수정한 것이다.

가 100달러 남짓한 가난한 농업국가 한국의 과학기술이 처했던 상황과 비교하면 상상하기 어려운 변화다.

한국 경제의 성장 과정에 대해서는 다양한 논의가 존재하지만, 상대적으로 과학기술의 발전 과정에 대한 논의는 드문 편이다. 이 글은 과학기술 분야 공공연구기관에 주목하여 한국 과학기술의 압축적 성장의 비결을 찾는 것을 목적으로 한다. 한국에서 연구소는 과학기술 정책의 출발점이자, 정부가 과학기술 투자를 늘리는 주된 수단이었고, 또한 과학기술발전을 위한 정책적 노력의 성과가 드러나는 곳이었다. 한국 과학기술은 정부주도의 성장을 이루었다고 얘기되는데, 그 과정에서 정부출연연구기관이라는 한국의 독특한 연구소 제도가 큰 역할을 했다. 한국이 과학기술 인프라를 구축하고, 필요한 인력을 양성하면서 빠른 과학기술 성장을 도모했던 과정에서 정부출연연구기관이 중요한 출발점이자 가장 효과적인 도구로 작동했던 것이다. 따라서 과학기술연구소는 한국 과학기술의 압축적 성장을 이해하는 데 중요한 열쇠가 된다.

이 글은 1945년 해방 이후부터 1980년대에 이르기까지 정부출연연구기관을 중심으로 한국의 공공연구기관 형성 및 발전을 추적하고자 한다. 해방 직후 과학기술자들이 국가 재건을 위해 과학기술연구소 설립을 주장했던 것을 시작으로, 현재까지 유지되고 있는 과학기술체제가 형성된 1980년대를 대상으로 각 시기를 대표하는 공공연구기관의 등장과 변화를 추적할 것이다. 이를 통해 한국 과학기술의 압축적 성장의 한 단면을 풀어보면서 동시에 압축성장이 가져온 그림자에 대해서도 고찰해보고자 한다. 최근 여러 후발국가가 빠른 과학기술 발전을 이끌어내기 위해 한국의 경험에 많은 관심을 보이고 있는데, 이 연구는 그들에게 하나의 모델이 될 수 있을 것이다.

1. 한국과학자들의 '탈식민주의 갈망'

일제강점기 조선총독부는 고급 과학기술의 교육과 연구를 제한하는 정책을 폈기 때문에 과학기술 관련 기관 역시 매우 적었으며, 소수의 관립 시험연구기관들은 일본인들이 주도했기 때문에 조선인들이 과학연구자가 되기 위해서는 일부 박물학자를 제외하고는 매우 좁은 문을 통과해야 했다. 기본적으로 식민지의 관립기관에서 이루어지는 활동은 일본제국의 이해라는 틀을 벗어날 수 없었기 때문에 조선인을 위한 과학활동은 제한적일 수밖에 없었다(김근배, 2005: 500–522).

1945년 8월 해방을 맞은 한국인들은 정치적·사회적 혼란과 일제 말 전시총동원체제가 남긴 피폐한 경제 상황 속에서 새로운 국가건설이라는 난제를 풀어야 했다. 한국사회는 각 분야에서 국가재건을 위해 지혜와 힘을 모았으며, 과학기술자들은 '과학조선'을 목표로 과학기술진흥이 중요함을 강조하고 나섰다. 하지만 남북분단과 좌우 대립, 뒤이은 한국전쟁의 시련 등 사회 전반의 혼란과 경제적 불안정으로 인해 과학기술에 대한 우선순위는 현저히 낮을 수밖에 없었고, 과학기술자들의 목소리는 반향을 얻기 어려웠다.

해방이 되자 한국인 연구자들은 일본인이 물러난 시험연구기관을 접수했다. 1912년 설립된 총독부 중앙시험소는 1946년 중앙공업연구소로 개편되었으며, 광업개발을 위해 설립되었던 지질조사소와 연료선광연구소도 같은 해 중앙지질광산연구소로 통합되었다. 그렇지만 연구소의 이름을 달고 있는 기관들일지라도 당시의 불안정한 여건으로 인해 연구에 집중할 수 있는 상황은 아니었다. 사실 해방 직후 한국의 산업이나 과학기술은 연구를 논하기 힘든 단계였다. 전력, 자원, 중공업 시설이 북쪽에 편재된 상태에서 분단을 맞게 되어 남쪽은 미약한 경공업과 농림수산업이 산업의 거의 전부일 정도로 산업화와 경제발전의 수준이 낮았다. 연구를 수행할만한 경험을 쌓은 과학기술자도 소수였으며, 그나마 남북분단과 월북으로 인해 그 수는 더욱 줄었다. 수도와 전기의 공급도 원활하지 않은 상황에서 상당한 재원과 고급인력이 요구되는, 게다가 단기간에 가시적 효과를 확인하기 쉽지 않은 과학기술진흥에 대한 정책적 관심이 커지기를 기대하기는 어려웠다.

비록 현실 여건은 열악했지만, 과학기술자들은 국가재건을 위해서는 과학기술이 무엇보다 중요하다는 믿음을 갖고 있었다. 과학기술의 위력에 일본이 패망하는 것을 지켜본 그들에게 과학은 조국의 완전한 독립과 부강에 필수 요소가 되었다. 과학기술의 뒷받침이 이루어지지 않는다면 외견상 독립을 했더라도 실질적으로 식민지와 같은 처지로 내몰리게 된다는 우려였으며, 이는 과학기술자들의 '탈식민주의 갈망'(post-colonial desires)이라 부를 만 했다(문만용, 2015). 해방된 조국의 재건을 위해 필요한 것이 한두 가지가 아니었지만, 과학기술자들은 과학기술력이 갖추어지지 못하면 국가의 미래가 위협받을 수 있다고 믿었기 때문에 과학기술진흥을 그 무엇보다 강조했다. 비록 그들의 주장은 조금씩 다른 이름 아래 다른 구상을 담고 있었지만 공통적으로 과학교육을 강화하고, 국가가 과학기술정책을 조직적으로 펼칠 수 있는 행정기구를 세우며, 그 아래 적절한 시설을 갖추고 연구개발을 추진할 수 있는 연구소를 설치해달라는 것으로 요약할 수 있었다.

예를 들어, 서울대 문리대 초대학장이었던 이태규는 미군정청 교육심의회에서 과학진흥을 위한 강력한 기능을 가진 과학기술부를 정부기구로 설치하고, 과학기술부의 중핵기관으로 종합연구소를 창설할 것을 주장했다. 또한, 중앙공업연구소 소장이었던 안동혁도 국가 전체의 과학발전을 꾀하는 동시에 관련된 행정부문과 긴밀한 연계를 취하여 과학의 발전을 촉진시킬 수 있는 '과학기술참모본부'를 구성하여 그 아래 과학기술 관련 행정부문과 각종 전문연구기관을 직속기관으로 갖출 것을 요구한 바 있다. 물론 그같은 과학기술자들의 요구는 국가재건의 필수 요소로서 과학기술을 강조하기 위한 것이었지만 동시에 전문직업인으로서 자신들의 직업적 이해를 강화시키려는 목적도 담겨있었다. 자신들이 몸담고 있는 기관을 확대 개편하거나 자신이 연구하는 분야의 연구소 설립을 통해 과학계 내에서 영향력을 확대시키려는 구상과도 무관하지 않았던 것이다(홍성주, 2010: 26-31). 비록 국가가 연구를 포함하여 과학기술행정을 조직적으로 관리하는 것과 과학기술자들의 자유로운 연구라는 구상이 항상 자연스럽게 조화되는 것은 아니었지만, 그들은 국가재건에서 과학기술의 역할을 강조하면서 자신들의 힘과 영역을 키우고자 했다.

하지만 현실적으로 과학기술 문제는 정부의 정책적 관심사에서 우선순위가 그리 높지 못했다. 과학기술진흥을 위한 과학자들의 구상이 다분히 상아탑적이고, 이상적인 성격을 지니고 있었기 때문에 사회적 혼란과 경제난 속에서 시급한 현안과 씨름해야 하는 정부의 관심사와의 거리가 있었다. 이후 상공부 장관에 임명된 안동혁도 짧은 재임기간 동안 자신의 과학기술참모본부 구상을 구체화할 엄두도 내지 못했다. 무엇보다도 일제강점기 동안 고급과학기술인력의 양성이 매우 제한적이었기 때문에 과학기술자가 크게 부족해서 연구소를 세워도 필요한 연구자 확보가 쉽지 않았고, 그 때문에 과학기술자들도 과학교육의 강화를 강조했던 것이다. 실제 미군정과 한국정부는 연구소 설립이라는 과학기술자의 요구에는 반응을 하지 않았지만, 이공계 대학을 통해 과학기술인력을 양성하는 문제에는 관심을 두었다. 1946년 경성대학교와 기존 관립 전문학교를 통합한 서울대학교가 설립되었고, 연희대학, 한양대학 등 일제강점기에 이공계 분야가 있던 전문학교들이 대학으로 승격되어 자연과학과 공학 분야 대학 교육을 시작했다. 비록 '국대안 파동'으로 정상적인 교육이 어려웠지만, 서울대학교는 자연과학, 공학, 농학, 의치약학 등 전체 과학기술 분야의 단과대학을 갖추게 되었으며, 이는 과학기술진흥을 위한 인력양성이 시작되는 출발점이었다.

2. 한국전쟁과 냉전: 국방부 과학연구소와 원자력연구소

1950년 발발한 한국전쟁은 한국사회 전반에 돌이킬 수 없는 타격을 주었고, 과학계도 그 파고를 피하지 못했다. 하지만 전쟁은 과학기술자들에게 또 다른 기회를 열어주었다. 전쟁을 배경으로 국방부 산하에 새로운 연구소가 부상하게 된 것이다. 한국전쟁이 발발하기 열흘 전인 1950년 6월 15일, 국방부는 병기 생산과 연구 능력을 높이기 위해 병기행정본부 아래 두 곳의 조병창을 두고, 동시에 병기와 탄약에 대한 연구를 목적으로 과학기술연구소를 창설했다. 막 설립된 과학기술연구소는 한국전쟁의 발발로 부산으로 피난을 떠나 연구업무도 중단될 수밖에 없었지만, 전쟁은 연구소가 많은 고급 인력을 확보하는 계기가 되었다. 연구소는 9·28 수복 후 서울로 올라갔다. 1·4후퇴 때 다시 서울을 떠나면서 여러 과학기술자들을 기술장교, 문관, 촉탁으로 긴급 채용하여 부산으로 함께 이동하게 했다. 당시 급하게 발령받아 부산으로 피난했던 과학기술계 인사들은 중앙공업연구소장 안동혁을 비롯하여 서울대 교수였던 최상업, 김순경, 조순탁 등 30여 명에 이르렀다. 곧이어 이태녕, 박태원 등 유능한 과학기술자들이 공군 및 육군기술장교로 입대해 연구소로 옮겨 와 핵심연구인력이 되었다. 이에 따라 당시 과학기술연구소는 화학, 기계, 금속, 전기, 식품 등 전 기술 분야를 망라해 최고의 고급 인력을 확보하게 되었다. 물론 이같은 조처에는 고급 인력의 월북이나 납북을 막겠다는 의도가 크게 작용했다. 전시였기 때문에 사회 전체가 어려움을 겪어야 했지만, 다른 한편으로 전시였기에 군 관련 기관이 큰 역할을 할 수 있었다. 결과적으로 전쟁으로 터전을 잃었던 과학기술자들에게 국방부 과학기술연구소는 뛰어난 여건은 아니었지만, 연구를 논할 수 있는 장이 되었고, 국가적으로 고급 인력을 보호하는 수단이 되었던 것이다. 또한, 1952년 연구소는 등사판이었지만 『과연휘보』라는 제목 아래 연구결과를 모은 잡지를 펴냈는데, 과학기술 분야에서 드문 학술지인 셈이었다. 연구소의 연구활동에 대한 체계적인 기획이나 충분한 지원은 없었지만, 연구자들은 과학기술 연구를 통해 국가재건에 기여한다는 자부심을 키워 갔다.[1]

몇 차례 기구 개편을 겪던 조병창과 과학기술연구소는 1954년 4월 단일체제로 개편되어 국방부 과학연구소로 새롭게 발족했으며, 노량진의 지질광물연구소의 부지 및 건물을 인수받아 훨씬 안정된 공간과 시설을 확보했다. 또한, 군에 입대한 젊은 과학 인재들을 연구원으로 수용하여 총이 아닌 실험기구를 잡게 하는, 일종의 병역 혜택의 기회를 제공했다. 비록 큰 규모는 아니었지만 이후 국방부 과학연구소는 1950년대 가장 나은 연구환경을 갖추고 우수 연구인력을 확보하여 국가 대표연구소

---

1) 국방부 과학연구소에 대한 자료로는 이 연구소 출신 연구자들의 모임인 과연회가 2003년 펴낸 『국방부과학연구소』가 거의 유일하다.

로의 도약을 준비하였다. 하지만 1961년 5 · 16군사쿠데타 후 국방부 장관이 된 송요찬이 기자회견에서 예산지출 절감을 위해 국방부 직할부대의 연합참모본부와 국방부 과학연구소를 해체한다고 발표하여 연구소는 갑작스레 문을 닫게 되었다.

국방부 과학연구소는 연구진 구성이나 연구의 수준으로 볼 때 이공학 분야에서 1950년대를 대표하는 연구소라 할 수 있다. 무엇보다 연구소가 받아들여 키워냈던 연구인력의 측면에서 큰 의의를 지닌다. 전시에 많은 과학기술자에게 연구기회를 제공했으며, 이공계 졸업생에게 병역 혜택을 주고 연구 경험을 쌓게 했던 것은 연구소의 중요한 기능이자 성과였다. 비록 국방부 과학연구소는 문을 닫았지만, 이 연구소를 거친 많은 과학기술자가 이후 학계와 산업계에서 핵심인물로 활약하게 되었다는 점은 분명 중요하게 평가되어야 한다. 또한, 연구소의 연구성과들이 실제로 군에 활용된 사례는 많지 않았지만, 자국의 국방을 위한 연구기관을 세우고 운영했다는 사실은 식민지시기에는 상상할 수 없었던 일로, 독립된 국가였기 때문에 가능한 일이었다. 하지만 국방부 과학연구소의 갑작스러운 해체는 이 연구소가 많은 우수인력의 확보에도 불구하고 해방 이후부터 과학기술자들이 기대했던 "제대로 된 연구소"의 위상을 갖추지는 못했음을 보여주었다. 또한, 단순히 예산절감을 이유로 폐쇄되었다는 것은 연구소의 기능과 역할에 대해 군사정부의 이해나 동의가 없었음을 반증한다.

국방부 과학연구소가 대표연구소로서 자리를 잡아가고 있던 1959년 원자력연구소가 새롭게 설립되어 과학기술자들의 기대를 받았다. 일본에 투하된 원자폭탄으로 인해 해방을 맞이하게 된 한국인들에게 원자력은 각별한 의미를 지니고 있었다. 과학이 진정한 독립의 바탕이 된다고 주장했던 과학자들에게 원자력은 과학의 힘을 가시적으로 보여주는 유용한 증거이자 강한 국력의 지표였다. 한국전쟁이 멈추고 국가재건이 본격화되던 1953년 12월 미국의 아이젠하워 대통령이 국제연합 총회에서 '원자력의 평화적 이용'을 주창했을 때 한국은 곧바로 관심을 보였다. 대통령 이승만을 비롯해 정부가 원자력을 바라보는 관점은 군사무기나 전력생산이라는 실용적 목적이 강했지만, 연구자들은 연구의 활용과 함께 전반적인 과학기술진흥을 이끄는 계기로 삼고자 했다. 젊은 연구자들은 자체적으로 원자력 '스터디 그룹'을 만들어 원자력을 함께 공부하게 되었다.

1955년 12월 한미 간 '원자력의 비군사적 이용에 관한 한미 정부 간의 협력을 위한 협정'이 체결되었고, 곧이어 문교부에 원자력대책위원회가 구성되어 기술교육국장 박철재가 구체적인 실무를 이끌었다. 1956년 3월 문교부 기술교육국에 원자력의 연구개발 및 이용을 위한 행정부서로 원자력과가 신설되어 원자력 연수 등의 사업을 추진했다. 원자력 연수는 국내 젊은 연구자들을 선발하여 국비나 외국의 원조 자금으로 미국, 영국 등 선진국에 보내 원자력에 대한 지식과 실무 교육을 받게 하는 프로그램으로, 당시의 빠듯한 외환 사정에서 260여 명을 국비로 연수를 보냈다는 사실은 정부가 원자력에 거는 기대가 상당했음을 말해준다.

1959년 1월 원자력을 전담할 행정기구로 원자력원이 공식 출범했으며, 2월 서울 공릉동의 서울대 공대 안에 원자력연구소가 설립되어 문교부 기술교육국장이자 원자력 '스터디 그룹'을 주도했던 박철재가 초대소장으로 임명되었다. 원자력에 대한 정부의 관심과 투자가 높아지자 국방부 과학연구소의 일부 연구자들이 원자력연구소로 옮겨왔으며, 국방부 과학연구소의 갑작스런 해체 이후 원자력연구소는 국가 대표연구소의 자리를 이어받았다. 더구나 당시 과학활동을 뒷받침할만한 기관과 제도가 없었기 때문에 종합과학이었던 원자력과 관련된 학술활동은 당시 과학계를 망라하는 대표적 학술행사가 되었다. 1959년 7월 원자력원이 주관한 제1차 원자력학술회의는 한국 과학계가 총동원되어 546명이 참가한 대규모 학술대회로 열렸고, 참가자들은 "건의문"이라는 이름 아래 과학기술진흥을 위해 중요한 몇 가지를 정부에게 공개적으로 요청했다. 이 건의문의 핵심은 과학기술진흥법 제정으로, 여기에는 과학기술교육 문제, 과학기술자에 대한 처우 개선과 함께 '과학기술센터' 설립이 중요한 요소로 담겨 있었다. 과학기술센터는 과학기술에 관한 행정과 연구를 포괄하고 있는 중추 기관을 의미했다. 하지만 그들의 구상은 3·15부정선거와 4·19혁명, 그리고 5·16군사쿠데타라는 정치적 격변 속에서 별다른 반향을 얻지 못했다.

국방부 과학연구소와 원자력연구소는 한국전쟁과 냉전이라는 환경 속에서 등장하여 각각 1950년대와 1960년대 전반 한국 과학기술을 대표하는 연구소로 기능했다. 과학기술자들은 연구소를 지렛대 삼아 과학기술을 진흥시키려는 구상을 했지만 그들의 구상은 정부의 정책에 완전히 녹아들지 못했다. 연구와 과학기술행정이 결합된 모델인 과학기술센터의 설립을 한목소리로 주장했지만, 현실화까지는 갈 길이 멀었다.

3. 베트남전쟁과 정부출연연구기관의 탄생: 한국과학기술연구소

1960년대는 수출을 위한 공업화 중심의 산업발전에 힘입어 한국 경제가 본격적인 성장을 시작한 시기였다. 경공업 생산이 확대되고 점차 수입대체 중화학공업 육성으로 정책이 움직이면서 이를 위한 기술도입의 필요성, 도입할 기술의 선별과 도입한 기술의 소화 개량에 대한 요구가 커지게 되었다. 이에 해방 직후부터 과학기술자들이 희망했던 "제대로 된 연구소" 설립이라는 문제가 다시 주목을 끌게 되었다.

5·16쿠데타로 등장한 군사정부는 경제번영을 첫 번째 목표로 내걸고, 이를 위해 필요한 기술을 확보해야 한다고 밝혔으나 과학기술문제에 대해서는 특별한 구상이 없었다. 하지만 군사정부는 과학기술자들의 목소리에 귀를 기울이면서 점차 과학기술진흥에 관심을 두게 되었다. 비록 성과를 거두지는 못했지만 새로운 연구소 설립·개편을 추진했으며, 국가의 전체적인 과학기술 연구활동을 종합 조정하는 행정기구를 만들려 시도했다. 1962년 최초의 과학기술진흥을 위한 중장기 계획인 '기술진흥 5개년계획'이 수립되었고, 경제기획원에 과학기술 문제를 다룰 기술관리국이 설치되었다.

기술관리국은 국립연구소가 지닌 관료적 제약과 비효율을 줄이기 위한 새로운 연구소 설치를 추진했으나 재정확보 등의 문제로 빠른 진전을 보지는 못했다. 하지만 이 구상은 1965년 5월 한미정상회담을 계기로 급진전되었다. 2차 정상회담 후 발표된 14개 항의 공동성명에는 공업기술 및 응용과학연구소의 설치를 위해 미국 대통령의 과학고문을 한국에 파견한다는 내용이 포함되었다. 이 합의에 따라 1965년 7월 미국 대통령 과학기술특별고문 호닉(Donald F. Hornig)이 연구소 설립의 가능성을 타진하기 위해 한국을 방문했고, 호닉의 방문을 계기로 과학기술에 대한 한국 사회의 관심이 크게 높아졌다. 언론들은 연일 한국 과학기술의 열악한 사정을 조명했으며, 한국의 두뇌유출에 대한 문제를 제기했다. 이런 상황에서 한국 정부도 새로운 연구소 설립뿐 아니라 과학기술진흥에 대한 포괄적 방안을 마련하게 되었다.

　연구소 설치를 지원하겠다는 미국 존슨 대통령의 제안은 한국 박정희 대통령의 미국방문을 앞두고 그에게 줄 선물을 준비하라는 존슨의 지시에 따라 호닉이 생각해낸 것이었다. 미국이 한국에 제공할 기술 원조방안을 마련한 것은 무엇보다도 베트남전쟁에 한국이 전투부대 파병을 결정한 것에 대한 대가의 측면이 있었다. 동시에 "두뇌유출에 대한 반대 사례 만들기", "기술지원을 통한 박정희 정권에 대한 정치적 지원"이라는 의도와 함께 당시 막바지에 달한 한일국교정상화의 타결을 뒷받침하기 위한 배경도 담겨 있었다(문만용, 2010: 42-48).

　1966년 2월 한미 양국정부가 '과학기술연구소 설립에 관한 사업계획 합의서'를 조인하여 연구소 설립에 합의함에 따라 공식적으로 재단법인 한국과학기술연구소(KIST, Korea Institute of Science and Technology) 설립이 공포되었다. 홍릉의 임업시험장터에 자리 잡은 KIST는 3년간의 1단계 공사를 마치고 1969년 10월 준공식을 하고 본격적인 운영에 들어갔다. KIST는 한국과 미국 정부의 재정지원으로 설립되었지만, 국립이 아닌 재단법인 형태를 택했으며, 이는 원자력연구소 등에서 경험한 국립 연구소의 관료적 제약과 비효율을 피하기 위해서였다. 재단법인이라는 법적 지위에도 불구하고 한국 정부는 '한국과학기술연구소육성법'을 제정하여 연구소에 대한 정부의 출연금 지원 등을 명문화했다. 이에 따라 정부출연연구기관이라는 새로운 형태의 연구소가 탄생하게 되었다.

　KIST는 산업기술연구를 통해 한국경제발전에 기여함을 목적으로 표방했는데, 이는 과학기술 연구가 정부의 경제발전계획과 밀접한 관계를 맺게 되었음을 의미했다. 당시 대부분의 한국기업들은 해외에서 도입한 기술에 크게 의존하고 있었고, 기술이전 과정에서 실질적 도움을 필요로

했다. 이에 KIST는 적절한 기술정보나 기술이전이 가능한 기업을 소개해주거나 기술이전협상에 대한 경제적 · 기술적 지원을 제공하고 도입한 기술의 소화 · 흡수를 뒷받침하는 등 기술이전센터의 역할을 수행했다. 동양 최대의 연구소를 표방하면서 최고의 시설과 최고의 두뇌를 갖추어나간 연구소였지만, 도입기술의 소화 · 개량을 포함해서 산업기술 연구를 통해 경제발전에 기여한다는 목적을 내세웠고, 이는 "과학기술의 경제적 번역"이 이루어진 것이라 설명된다(김근배, 2008). 결국, KIST 설립 이후 과학기술이 경제발전을 뒷받침한다는 실용적 · 도구적 관점이 한국에서 과학기술에 기대하는 가장 기본적이고 핵심적인 역할로 자리 잡았다. 이러한 믿음은 현재까지 지속되고 있으며, 한국 정부의 과학기술정책에서 산업발전, 경제성장은 가장 중요한 가치로 여겨지고 있다.

정부의 적극적 지원을 등에 업고 KIST는 순조롭게 출발했고, 원자력연구소 설립 이후 국방부 과학연구소의 상당수 연구자들이 신설연구소로 옮겨간 것처럼, 원자력연구소의 연구인력 중 일부가 KIST로 이전했다. 이후 KIST는 대통령의 각별한 관심 속에서 한국 과학기술발전을 이끄는 대표연구소로 성장했다. 비록 학문적 성격의 연구와는 거리가 있는 산업기술 연구를 해야 했지만, 최고의 조건을 구비한 연구소는 과학기술자들의 오랜 기대를 어느 정도 채워주었다. 이에 과학자들의 관심은 과학기술정책을 총괄할 수 있는 종합적 행정기구 설치로 옮겨졌다. KIST 설립으로부터 석 달 뒤인 1966년 5월 19일 발명의 날을 기해 '제1회 전국과학기술자대회'가 열렸고, 이 자리에서 과학기술자들은 과학기술진흥을 위한 대정부 건의안을 채택했다. 이 건의안은, ① 과학기술진흥법을 조속히 제정할 것, ② 과학기술자의 처우를 개선할 것, ③ 과학기술회관을 건립할 것, ④ 국무위원을 행정책임자로 하는 과학기술 전담부처를 설치할 것 등 4가지 요구를 담고 있었다. 이 대회를 준비하는 과정에서 과학기술단체들 사이의 유대를 강화하고 과학기술진흥을 위한 방안의 체계적 계획 및 실천을 통하여 국가 발전에 기여하며, 과학기술인의 지위향상을 목적으로 과학기술인을 총망라한 전국적 조직체를 건설해야 한다는 의견이 모아졌다. 이에 따라 과학기술자대회는 '한국과학기술단체총연합회'(이후 과총)의 발기총회를 겸하게 되었고, 그해 9월 과총이 공식 출범했다. 과총도 출범 이후 종합적인 과학기술 행정기구의 설치를 비롯한 4가지를 공식적으로 건의했다.

결국, 1967년 1월 '과학기술진흥법'이 국회를 통과함으로써 과학기술진흥을 위한 기본적인 법적 장치가 마련되었고, 그해 4월 종합적인 과학기술 전담부처로 과학기술처가 설치되었다. 5월 대통령선거를 앞두고 과학기술계의 계속된 요구를 정부가 수용한 것이었다. 비록 과학기술계의 기대처럼 부총리급 기구가 되지는 못했지만, 과학기술처 장관이 국무위원으로 임명됨으로써 과학기술행정을 전담하는 독립적인 기구 설치라는 과학기술계의 계속된 건의가 드디어 결실을 맺었다. 비록 정부 내에서 차지하는 위상은 그리 높지 않았지만, 과학기술처의 설립은 과학기술 정책의 형성과정에서 한 획을 긋는 전환점이 되었다. 해방 직후부터 과학기술자들이 요구했던 오랜 기대가 KIST와 과학기술처의 설립으로 실현된 셈이었다.

과학기술처의 설립은 과학기술정책의 폭과 깊이를 더욱 넓고 깊게 만들었다. 설립 이후 과학기술처는 행정 제도와 법령을 포함한 체제의 정비와 함께 종합조정제도의 확립, 과학기술진흥 장기계획의 수립 등에 착수했다. 과학기술처의 설립 이후 과학기술 분야 학회들의 활동도 활발해졌다. 1950년대까지 과학기술학회는 그 수도 적었을 뿐 아니라 재원과 인력부족으로 인해 학회지 발행이나 연구발표회 등의 학술활동을 제대로 수행하지 못했다. 그러나 1960년대에 접어들어 해외유학이나 연수를 떠났던 연구자들이 귀국하면서 학회활동에 대한 의욕이 커져갔으며, 적은 금액이었지만 일부 연구자들에게 연구비를 지원하면서 연구활동이 조금씩 활성화되어갔다. 과학기술처가 설립되고 몇 달이 지난 1967년 12월 원로 과학기술자들의 후생복지를 목적으로 내세운 재단법인 한국과학기술후원회(현 한국과학창의재단)가 대통령을 설립자로 하여 발족하였다. 또한 과학기술처가 설립하면서 소관 부처를 문교부에서 과학기술처로 바꾸고 재단법인체로 새롭게 출발한 한국과학기술정보센터도 새로운 변화를 맞게 되었다.

이처럼 1967년 과학기술처 설립을 전후로 과학기술 관련 기관·제도의 구축 및 정비가 줄지어 진행되었는데, 이러한 상황에 대해 당시 한 신문은 1967년을 우리나라에서 '과학기술 붐'이 일어난 해라고 높이 평가했다(『중앙일보』, 1967/12/12). 결국, 이러한 '과학기술 붐'은 과학기술 전담부처가 등장하여 과학기술에 대한 국가적 지원 체계가 만들어졌고, 과학기술 관련 연구기관의 설립과 전문 학회들의 본격적 활동으로 과학기술 연구가 체계적이고 조직적으로 추구되었으며, 과학기술을 직간접으로 뒷받침하는 여러 기관과 제도가 등장했음을 의미했다. 이러한 점에서 볼 때 1966~67년은 한국의 현대적 과학기술체제가 형성된 시기이며, 다른 말로 한국에서 현대적인 과학기술이 시작되었음을 뜻한다고 해석할 수 있다(문만용, 2007). KIST가 한국의 현대적인 과학기술을 형성한 초석이 되었던 셈이다.

4. 국가안보와 국방연구: 국방과학연구소

KIST를 통해 연구소의 가치를 확인한 한국 정부는 KIST가 본궤도에 미처 오르기도 전에 KIST를 모델로 하여 새로운 연구소를 설립하게 되었다. 1970년 KIST 옆에 국방과학 분야 연구를 담당할 국방과학연구소(ADD, Agency for Defense Development)가 설립되었고, 이듬해 경제 분야 연구소인 한국개발연구원(KDI, Korea Development Institute)와 새로운 이공계 대학원인 한국과학원(KAIS, Korea Advanced Institute of Science)이 KIST와 같은 방식으로 세워졌다. 이에 따라 이들 기관이 자리 잡은 서울의 홍릉은 한국의 첫 번째 연구단지가 되었다.

한국 정부가 국방과학을 담당할 연구소를 세우게 된 것은 일련의 안보 문제가 직접적 계기가 되었다. 1968년 남한 대통령을 암살하기 위해 북한이 파견한 특수부대가 서울까지 진입했던 소위 1·21사태, 미군 정보함 푸에블로호가 북한에 나포된 사건, 그리고 '닉슨 독트린'의 발표와 그에 따른 주한미군의 감축 문제 등으로 남한은 국가안보에 위협을 느끼게 되었다. 1961년 쿠데타로 정권을 잡은 박정희는 부족한 정권의 정당성을 국가안보와 경제개발에서 찾았기 때문에 안보 문제에는 민감할 수밖에 없었다. 특히 국방력의 상당 부분을 미군에 의존하고 있는 상황에서 주한미군의 감축은 더욱 심각하게 다가왔다. 이에 정부는 국방연구를 위한 연구소 설립을 추진하게 되었다.

국방연구는 연구결과가 주로 군에서 사용되고 연구 내용의 철저한 보안이 필수적이라는 특수성이 있음에도 불구하고 ADD는 국립으로 설치된 뒤 몇 달 뒤 정부출연연구기관으로 개편되었다. 이는 KIST를 통해 정부출연연구기관 형태가 해외의 우수 과학두뇌를 유치하고 정부의 관료적 간섭을 피할 수 있다는 판단을 했기 때문이었다. 실제 ADD의 초대 소장과 2대 소장은 KIST 현직 부소장이 임명되었으며, 그와 함께 상당수 KIST 연구자들이 ADD로 이전하여 KIST의 경험을 전수했다. ADD의 연구원들은 기본적으로 민간인 신분이었지만 한편으로 상당수 연구원들은 현역군인 신분으로 연구소에 파견되어 근무했다.

ADD는 설립 직후 대통령의 긴급 병기 개발 지시에 따라 소총, 박격포 등 6개 기본 병기를 신속히 개발하는 사업을 추진했다. 뒤이어 군장비의 보강 및 현대화사업을 주도하면서 연구소는 방위산업 연구의 총본산으로 기능했다. 비록 미국의 기술자료와 기술도입에 의존한 모방개발에서부터 시작했지만 연구소가 확보한 국방기술은 중화학공업 분야에 이전되어 민수산업발전에 상당한 기여를 했다. 특히 방위산업의 기술특성인 신뢰성, 정밀성, 내구성을 유지하는데 필요한 기술과 과학적인 품질관리 및 시험평가기법을 활용하고 이를 민수산업에 이전하였다. 그 결과 1970년대 방위산업은 기계공업 분야를 중심으로 한국 제조기술의 전반적인 수준 향상에 큰 역할을 담당했다.

설립 당시 169명으로 출발한 ADD는 꾸준히 인원을 늘려갔으며, 특히 박정희가 핵무기 개발을 결정함에 따라 연구소는 빠르게 성장했다. 프로젝트의 성격상 관련된 사료가 충분히 공개되지 않았지만 1971년 말부터 1972년 초 사이에 핵무기 개발이 결정된 것으로 알려졌다. 핵무기 운반수단이 될 수 있는 유도탄 개발과 핵탄두의 설계는 ADD에서 추진했으며, 핵물질 확보를 위한 재처리시설 확보 등의 연구는 원자력연구소에서 추진했다(조철호, 2000). 그러나 1974년 인도가 핵실험을 실시한 이후 미국이 한국 정부에게 핵개발을 포기할 것을 강력히 요구했고, 군사 및 경제적으로 미국에 대한 의존도가 높았던 한국 정부는 공식적으로 핵개발을 포기할 수밖에 없었다. 그럼에도 불구하고 ADD는 1970년대 중반을 거치면서 국내외에서 고급 과학 두뇌들을 대거 불러들여 '70년대 젊은 해외 우수 과학두뇌들의 집합소'였다는 평가를 받았다. 1979년에는 부설기관을 제외하고도 2,500명이 훨씬 넘는 인원을 보유한 거대 조직이 되었고, 이는 첫 번째 GRI이자 ADD의 모델이 되었던 KIST를 크게 뛰어넘는 규모였다. 이에 따라 ADD는 자연스럽게 KIST와 함께 1970년대를 대표하는 연구기관으로 자리매김했다.

5. 연구단지 건설과 KIST 모델의 재생산

KIST가 자리 잡았던 서울의 홍릉연구단지는 한국의 첫 번째 연구단지로 주목을 받았지만, 처음부터 연구단지로 구성되어 건설된 것이 아니었기 때문에 단지의 확장 등에서 문제를 지니고 있었다. 이에 과학기술처는 새로운 연구단지 건설을 모색했고, KIST 초대소장이자 2대 과학기술처 장관이 된 최형섭의 주도 하에 구체화되었다. 1973년 초 대통령의 과학기술처 연두순시 때 최형섭은 '제2 연구단지' 건설의 필요성을 보고했고, 대통령의 관심을 끌어 구체적인 건설계획의 수립으로 이어졌다. 결국, 국토의 중심지인 충청남도 대덕군이 제2 연구단지 부지로 결정되었고, 그해 말 확정된 대덕연구학원도시 건설계획안에 따라 5만 명의 인구가 생활할 수 있는 자족적인 도시기능을 갖춘 새로운 연구단지 건설이 추진되었다. 이 계획은 연구소뿐 아니라 도시 자체를 기초부터 새로 건설하는 것으로, 대학, 연구소, 또는 기업을 중심으로 자연적으로 형성된 선진국의 연구단지와는 달리 정부가 창조한 과학도시

('invented science city')인 셈이었다. 이처럼 정부가 과학을 위해 새롭게 건설한 계획도시는 일본의 쓰쿠바연구학원도시나 러시아의 노보시비르스크(Akademgorodok of Novosibirsk) 정도에 불과했다(Dearing, 1995; Couderc, 1997).

처음 건설계획안에 의하면 대덕에는 KIST의 5개 연구실에서 확장된 5개의 전문 연구소가 설치되고, 이 연구소들은 KIST의 설립 과정을 따르게 될 예정이었기 때문에 KIST는 대덕연구단지에 들어서는 연구소들의 전범이자 모태가 되었다. 하지만 KIST의 조직과 인력을 분리해 새 연구소를 만드는 것이 KIST에게 좋은 것만은 아니었다. KIST 이사회에서는 아직 KIST가 충분히 성장하지도 못한 상태에서 부설연구소를 세우거나 조직을 분리시키는 것에 대해 우려했지만, KIST의 초기성공에 고무된 정부는 각 분야별 전문 연구소 신설을 통해 과학기술 연구를 위한 기반을 구축해나간다는 정책을 추진했고, 사실상 준정부기관('quasi-government organization')이었던 KIST는 이에 따를 수밖에 없었다. 이에 따라 '연구소 인큐베이터'는 1970년대 중반 KIST가 정부로부터 부여받은 새로운 임무가 되었다.

대덕연구학원도시는 1974년부터 건설이 시작되었지만 1차 오일쇼크의 여파로 계획된 투자가 어려워지면서 몇 차례 건설계획의 수정이 이루어졌다. 도심지 건설계획이 보류되어 당초의 '연구학원도시'가 '연구단지'로 축소되었고, 연구소 설립도 단계별로 예산범위 내에서 추진하기로 해 몇몇 연구소 설립계획이 조정되었다. 연구단지에 새롭게 설립되는 정부출연연구기관을 위해 정부는 1973년 특정연구기관육성법을 제정했는데, 1976년의 개정으로 연구학원도시 이외의 지역에도 정부출연연구기관이 들어설 수 있게 되었다. 이는 연구기관과 관련 산업과의 유기적

협조를 증진시키기 위해서라고 설명되었는데, 실제로 이후 각 부처가 경쟁적으로 연구소를 설립하게 되는 계기가 되었다. 1976년 한 해에만 대덕에 4개 연구소가 설립되었고, 창원기계공업단지에 2곳, 마산전자산업단지에 1곳, 서울에 KIST 부설로 1곳이 등장했다. 그에 따라 홍릉에 처음으로 뿌리를 내린 정부출연연구기관은 대덕에서 큰 몸통을 형성했으며, 창원과 구미에도 가지를 뻗침으로써 국가 전역으로 확산되었다.

대덕연구단지 건설과 정부출연연구기관의 증가는 1970년대 정부 과학기술정책의 핵심이었고, 이 시기 과학기술정책의 역사는 "기관 설립의 역사"라고 해도 지나치지 않다(송성수, 2002). 대덕연구단지 건설은 과학기술 연구개발을 위한 하부구조 구축이라는 의미를 지니고 있었지만, 단기간에 여러 부처들이 경쟁적으로 연구소 설립에 나서게 되면서 몇 가지 문제를 드러내게 되었다. 무엇보다도 단기간에 연구소의 설립이 이어지다 보니 연구소 운영에 필요한 재원 확보가 어려웠다. 정부는 연구소 건설에만 해도 막대한 자금을 쏟아 부어야 했기 때문에 충분한 연구비까지 감당하기에는 무리가 있었다. 또한, 충분한 논의와 준비 없이 짧은 시간에 연구소 설립을 추진하다 보니 이후의 운영에 대한 고려가 부족했고, 연구소의 연구 분야나 과제에 적합한 운영방식을 찾기보다 KIST의 운영방식을 그대로 받아들였다는 것도 문제였다. 단기간에 각 부처들이 경쟁적으로 연구소 설립을 서두르다 보니 연구소를 관장하는 주무부처가 분산되어 연구소 설립이나 이후의 운영에서 전체적인 종합조정이 충분하지 못했다는, 보다 근본적이고 포괄적인 문제도 있었다. 이 때문에 연구소 사이에 분명한 역할정립이 이루어지지 못해 설립 초기부터 기능의 중복 논란이 일어나 연구소 건설이 끝나기도 전에 통합 문제가 제기되기도 했다.

사실 대덕연구단지의 건설과 그에 따른 연구소의 설립은 정부 차원의 장기적이고 포괄적인 계획 아래 추진되지 못했다. 정부출연연구소는 전체적인 설계도와 종합적인 정책조정 시스템 없이 단기간에 확대됨으로써 연구소 설립, 연구단지 건설이라는 화려한 외양과 양적 성장 이면에 크고 작은 문제를 안고 있었다. 단일기관의 설립이라는 나무 심기에만 매달리다가 전체 숲을 가꾸는 데는 제대로 신경을 쓰지 못한 것이다. KIST 부설로 시작한 연구소들이 KIST와 아무런 관계를 맺지 않은 별개 기관으로 독립하게 되면서 국가 전체적으로는 연구소 역할에 대한 종합 조정이 어려워졌다. 즉, 각각의 연구소가 개별 이사회를 갖는 독립적인 존재였기 때문에 서로 경쟁이 불가피했다. 이는 단기간의 압축적 성장이 가져온 부작용이라 할 수 있다.[2] 흔히 한국 과학기술은 정부주도로 성장했다고 얘기된다. 하지만 정부주도가 잘 조직화된 하향식의 발전 과정을 보이는 것은 아니었다. 사실 대덕 건설 정책 자체가 부처 간의 조율을 통해 만들어진 정책이 아니라 과학기술처가 대통령의 승인을 먼저 받아 추진된 정책이었기 때문에 실제 연구의 수요 부처와의 조정이 충분하지 않았다. 이처럼 정부출연연구기관의 경쟁적 설립에서 알 수 있듯이, 부처 간의 경쟁은 한국 과학기술의 압축적 성장의 한 요인으로 작용했다.[3]

---

2) 1999년 이후 몇 차례 개편을 통해 현재는 2014년 출범한 국가과학기술연구회가 과학기술 분야 정부출연연구기관 25곳을 관장하는 연합이사회로 운영되고 있다.

3) 과학기술정책의 전개 과정에서 과학기술처와 상공부의 경쟁에 대해서는 Campbell(2009) 참고.

6. 정부출연연구기관 재편성과 첨단산업 육성: 한국전자통신연구소

1970년대 정부출연연구기관의 빠른 확산은 당시 과학기술정책의 핵심이었고, 대통령 박정희는 대부분의 신설 정부출연연구기관의 설립자로 이름을 올리며 과학기술의 적극적 후원자로서의 이미지를 과시했다. 그러나 단기간에 늘어난 정부출연연구기관은 앞 절에서 언급했듯이 운영상에서 몇 가지 문제를 안고 있었다. 이런 상황에서 1979년 말 박정희가 죽고 신군부가 들어서면서 연구기관에 대한 구조조정이 가능성이 높아졌다. 1970년대 후반의 2차 오일쇼크와 그에 따른 경제위기로 인해 새 정부는 경제정책을 기존 성장 위주에서 안정화 정책으로 전환하게 되었고, 중화학공업 분야의 구조조정을 추진했다. 노동, 교육, 언론 분야에 대한 대대적인 구조조정을 실시한 정부는 정부출연연구기관에도 통폐합의 칼날을 들이댔다. 정부는 적정 규모에 미치지 못하는 연구소들이 너무 많아 중복 연구와 지나친 경쟁을 가져오며, 주무부처가 분산되어 종합적인 관리가 되지 못한다고 진단했다. 이에 따라 1980년 10월 16개 정부출연연구기관을 통폐합을 통해 9개로 줄이는 정책을 수립했다. 연구소 구성원의 의사와 관계없이 일방적으로 추진한 통폐합 정책은 이후 정부출연연구기관과 정부와의 관계에서 부정적 선례가 되었다.

연구기관 통폐합 정책으로 인해 첫 번째 정부출연연구기관인 KIST는 이공계 대학원인 한국과학원(KAIS)와 통합되어 한국과학기술원(KAIST, Korea Advanced Institute of Science and Technology)이 되었다. 이는 연구와 교육을 연계하여 시너지효과를 내기 위한 것이라고 설명되었지만, KIST는 그 이름과 함께 그동안 쌓아온 명성을 잃게 되었다.[4] 또한,

---

4) 1989년 KIST는 다시 분리되어 한국과학기술연구원(KIST)으로 새롭게 출발했다.

한국원자력연구소는 한국핵연료개발공단과 통합되어 한국에너지연구소가 되면서 원자력이라는 이름을 잃었다.[5] 그리고 1970년대 최대 규모의 정부출연연구기관이었던 ADD는 미사일 개발팀이 해체되는 등 연구인력의 1/3이 연구소를 떠나야 했다. 이는 새 정부가 미국에 핵무기 개발 포기를 공개적으로 확인시킨 조치였다. 이러한 상황은 관료적 통제를 피하고 자율적 운영을 위해 국립연구소가 아닌 정부출연연구기관이라는 새로운 제도를 만들었던 취지와 철학에 어울리지 않는 조처였다.

한편으로 연구소 통폐합은 일부 연구소에 새로운 도약의 계기가 되었다. 정부는 통폐합의 일환으로 한국통신기술연구소, 한국전기기기시험연구소, 한국전자기술연구소를 통합하여 한국전자통신연구소를 세우고자 했다. 한국전자기술연구소 설립에 필요한 차관을 제공했던 IBRD의 반대로 일단 두 기관이 합해서 한국전기통신기술연구소가 되었으며, 1985년에야 한국전자기술연구소도 합류하여 한국전자통신연구소(ETRI, Electronics and Telecommunications Research Institute)가 탄생하게 되었다. ETRI의 모체가 된 한국통신기술연구소와 한국전자기술연구소는 각각 KIST 부설기관으로 설립되거나 KIST 조직이 떨어져 나가 세워진 기관이었다. 하지만 ETRI는 1980년대 KIST를 뛰어넘어 가장 왕성한 연구활동을 벌인 정부출연연구기관이 되었다. 무엇보다 1980년대 가장 성공적인 연구개발성과로 꼽히는 한국형 전전자교환기(TDX, Time Division Exchange) 개발은 ETRI의 대표작이었다. 당시로써는 사상 최대 규모였던 240억 원이 투입될 초대형 프로젝트에 대한 반대가 심하자 연구진들은 "연구원 일동은 전전자교환기 개발에 실패할 경우 어떤

---

5) 1989년 한국에너지연구소가 한국원자력연구소로 개칭하면서 원자력이라는 이름을 다시 되찾았다.

처벌이라도 달게 받을 것을 서약한다"라는 소위 "TDX 혈서"로 불리는 각서를 써야 했다. 결국 최초의 국산 전전자교환기인 TDX-1의 개발로 한국은 세계에서 10번째로 전전자교환기술 보유국이 되었다. 또한, 한국의 대표 수출품목으로 떠오른 반도체산업의 발판이 된 4M DRAM 공동개발도 ETRI가 주도했다. 이 과제는 ETRI가 총괄기관이 되고, 삼성, 금성, 현대가 참여해 조직한 반도체연구조합과 학계가 공동 참여하는 특정연구개발사업으로 수행되었다. 국산 컴퓨터 시대를 연 교육용 컴퓨터 개발 사업이나 1989년부터 시작된 디지털 이동통신 시스템 개발 사업 등 ETRI는 이 시기에 새로운 대표 산업으로 떠오른 전자·정보통신산업 분야의 핵심 연구기관으로 큰 몫을 담당했다. ETRI의 연구성과를 바탕으로 한국은 IT 강국이라는 명성을 얻게 되었다. ETRI는 현재까지 가장 큰 규모의 정부출연연구기관으로 기능하고 있으며, 2012년부터 3년 연속 미국특허 종합평가에서 1위 자리를 지키고 있다.

　1980년대는 기업의 연구소가 본격적으로 설립되기 시작하면서 현재와 같은 민간이 양적 우위를 점하고 있는 연구체제가 만들어졌다. 정부의 기업연구소 설립 촉진 및 지원책에 힘입어 1983년 7월 기업연구소는 100개를 돌파했고, 1988년 4월에는 500개를 돌파할 정도로 빠르게 증가했다. 단순히 연구소 숫자만 늘어난 것이 아니라 그룹 차원의 중앙연구소를 세우거나 여러 계열사의 연구소를 한곳에 모은 민간연구단지를 만들고, 해외에 연구소를 세우는 등 민간연구소체제도 다양화되었다. 1980년대 후반에는 연구인력이 전체 정부출연연구기관 연구원의 절반 정도에 달하는 초대형 기업연구소도 등장했다. 이에 따라 1980년대를 거치면서 민간의 연구개발투자와 연구개발 인력 규모가 정부의 연구개발비나 공공연구기관의 연구원 수를 넘어서게 되었다.

이같은 변화된 환경 속에서 그동안 국가의 연구개발을 주도했던 정부출연연구기관은 기업이나 대학과는 구별되는 새로운 역할을 정립해야 했고, 그러한 새로운 길찾기 노력은 지금도 계속되고 있다. 비록 국가 전체적인 연구개발활동에서 상대적 비중이 축소되었지만, 여전히 정부출연연구기관은 정부의 연구개발예산을 가장 많이 사용하고 있는 중요한 연구개발주체이다. 정부출연연구기관은 한국 과학기술의 압축적 성장을 이끌어낸 열쇠로서, 한국의 산업화를 위한 산업기술개발을 목표로 했다. 하지만 이제는 한국의 미래 수요를 위한 '과학기술 허브'(science and technology hub) 역할을 지향하고 있으며(OECD, 2011: 61), 공공연구기관으로서 '공공성'이 높은 연구를 이끌어내야 하는 과제를 안고 있다.

7. 맺음말

연구소는 '근대의 아이콘'이라 불린다(Kumar, 2011: 3). 중세의 퇴장과 함께 등장한 근대과학이 점차 개인적 탐구에서 조직적 활동으로 변모하면서 연구 기자재를 구비하고 연구자들이 함께 모여 협력하는 공간인 연구소의 가치가 부각되기 시작했다. 새로운 인식의 지평을 연 근대과학이 이루어지는 현장으로서 연구소는 근대를 상징하는 징표의 하나가 된 것이다. 세상을 바꾸는 전략적 장소가 중세에는 성당이었고, 근대는 공장이었지만, 현대는 실험실(laboratory)이 되었다. 물론 현대의 공장은 실험실 혹은 연구소의 뒷받침을 필요로 한다. 즉, 연구소는 현대사회의 변화를 이끌어 낸 중심공간으로 기능을 하고 있는 것이다.

한국의 과학기술연구소는 일제강점기 조선총독부에 의해 설치된 시험소들로부터 시작되었지만, 그 기관 자체의 제한된 역할과 피식민지에 고급 과학기술을 억제했던 총독부의 정책으로 인해 한국인들이 연구소를 통해 근대를 경험하기는 쉽지 않았다. 해방을 맞이한 과학기술자들은 국가 재건의 흐름 속에서 정부가 "제대로 된" 과학기술연구소를 세울 것을 요구했고, 이는 새로운 근대국가, '과학조선' 만들기의 중심 사업이 되어야 한다고 믿었다. 새로운 시대와 국가의 아이콘으로 연구소가 존재해야 한다는 믿음이었다.

일반적으로 한국의 과학기술은 1960년대 중반부터 본격적인 성장을 시작했다고 얘기되지만, 그 이전부터 과학기술자들의 과학기술진흥을 요구하는 목소리가 존재했고, 이같은 과학기술자들의 '탈식민주의 갈망'은 정부가 과학기술정책을 수립하고 추진하는 토양이 되었다. 비록 과학기술자들의 기대에는 미치지 못했지만 1950년대부터 각 시기를 대표하는 연구소들이 등장하고, 또 교체되면서 한국 과학기술을 이끌어왔다. 물론 대표적 연구소를 선정하는 절대적 기준이나 인증절차가 있는 것은 아니지만, 연구소의 규모, 시설, 연구활동에서 타 연구소를 능가하는 기관들이 분명 존재했다. 대표 연구소의 그같은 주기적 변화는 연구체제의 불안정으로 해석될 수 있지만, 한편으로 다음 단계로의 발전이나 도약을 이루는 계기가 되기도 했다.

1950년대 한국전쟁 과정에서 과학자의 피난처 역할을 했고 당시 가장 나은 연구여건과 인력을 갖추고 있던 기관은 국방부 과학연구소였다. 이 연구소는 1959년 원자력 유학생 등 미리 양성된 인력과 구상 아래 원자력연구소(AERI)가 설립되자 상당수 연구인력과 함께 최고 연구소 자리를 내어주어야 했다. 원자력연구소는 1966년 인사와 회계에서 자율적 운영을 표방하며 KIST가 첫 번째 정부출연연구기관으로 등장하자 역시 일부 인력과 대표 연구소의 위상을 넘겨주어야 했다. 정부의 집중적 지원에 힘입은 KIST는 연구개발의 중심지이자 정부의 과학기술 싱크탱크로 활약했으며, 1970년대 자신을 모델로 한 전문 분야별 정부출연연구기관이 연이어 설립되면서 '모(母)' 연구소가 되었다. 하지만 조직과 인력을 떼어내어 새 연구소로 넘겨주면서 KIST 자체의 발전은 더뎌졌다. 이에 따라 1970년대 중반부터 KIST는 최대 연구소의 자리를, 역시 KIST를 모델로 삼아 설립된 ADD에 넘겨주어야 했다. ADD는 방위산업과 관련된 특수한 목표를 부여받아 단기간에 최대 규모의 연구소로 성장해 '1970년대 과학두뇌의 집결지'라는 명성을 얻었다. 그러나 1980년 연구기관 통폐합으로 KIST는 연구소 이름뿐 아니라 그간 쌓은 명성을 잃어버렸고, ADD는 조직이 1/3 이상 축소되는 타격을 받았다. 대신 1980년대는 전자통신 분야의 정책적 지원에 힘입어 관련 국가연구개발사업의 핵심기관으로 활약한 ETRI가 규모와 연구실적에서 단연 두각을 나타냈다. 물론 언급된 연구소 중에서 국방부 과학연구소를 제외하고는 모두 다른 연구소에 최고 연구소의 위상을 넘겨준 다음에도 꾸준히 성장하여 한국 연구체제의 전반적 발전을 이끌어오고 있다. 새로운 분야나 기관에 대한 집중적 투자 해당 기관을 빠르게 성장시키고 일정한 시기를 지나 다른 대상으로 그같은 집중 투자가 옮겨감으로써 전체적인 양적인 성장을 이끌어낸 것이다. 일정 시기마다 변화를 가져온 계기는 일차적으로 정권의 변동 등 국내적 여건이 중요하게 작용했다.

각 시기의 대표적 연구소뿐 아니라 각 시기를 대표하는 특징적인 연구체제도 변화해왔고, 연구의 의미도 달라졌다. 해방 이후 1960년대 전반까지 국립연구소가 과학기술자가 모여 연구활동을 진행하는 거의 유일한 공간이었지만, 1960년대 중반 이후 새로 등장한 연구체제인 정부출연연구기관이 연구개발을 주도해나갔다. KIST에서 시작된 새 제도는 1970년대 홍릉과 대덕연구단지를 거치며 한국을 대표하는 연구소 제도로 자리 잡았다. 정부출연연구기관을 통해 연구개발의 가치가 인식되고 정부의 지원정책에 영향을 받아 1980년대부터 기업연구기관의 설립이 크게 증가했으며, 곧이어 민간의 연구개발이 공공부문의 연구활동을 양적으로 압도하는 상황이 되었다. 1990년대 들어 그같은 경향은 더욱 강화되었지만, 한편으로 대학이 가장 빠른 성장세를 보이면서 의미 있는 연구개발 주체로 부상하게 되었다.

선진국의 연구체제는 대체로 대학에서 연구활동이 먼저 시작되고 정부가 주도하는 연구소가 상대적으로 뒤늦게 나타나는 경향을 보였다. 이에 반해 한국의 경우 대학이나 기업의 연구개발에 대한 의지와 능력이 갖추어지기 전에 정부가 주도하는 연구체제가 먼저 등장하여 기업의 활동을 이끌어내는 모습을 보였다. 이는 후발국가의 연구개발활동이 기초연구부터 시작하는 선진국의 과정과 달리 완성된 기술을 도입하여 소화·개량 이후 점차 유동성과 불확실성이 큰 기술과 기초연구로 옮겨가는 역방향의 궤적을 보이는 것처럼, 연구체제에서도 선진국과는 대체로 반대되는 방향의 길을 걸었다고 볼 수 있다.

한국의 연구개발 체제가 일정 시기마다 변화를 보인 양상은 한국 과학기술의 압축적 성장 과정이 계단식의 불연속적 발전을 보인다는 최근의 연구와도 맥이 닿아 있다. 김근배는 일제강점기 이후 한국과학기술이 네 번에 걸친 불연속적 발전을 기록했음을 지적하면서 이를 '단속상승형 성장'이라고 설명했다(김근배, 근간). 물론 그가 지적하는 네 번의 불연속과 이 글에서 설명한 각 시기를 대표하는 특징적 연구체제나 대표 연구소의 변화가 완전히 일치하는 양상은 아니지만, 특정 기관이나 제도가 장기간의 누적적이고 연속적인 발전을 보이기보다 새로운 기관이나 제도로 교체되면서 빠른 성장을 이끌어냈다는 측면에서 공통점을 지니고 있다.

1990년대 이후에는 새로운 연구소가 급부상하는 양상이 나타나지 않고 있으며, 이는 한국 연구체제가 안정된 구조를 이루고 있다고 해석할 수 있다. 하지만 이러한 양상은 동시에 단기간의 빠른 양적 성장보다 정부출연연구기관, 대학, 기업연구소들이 각각의 고유한 역할을 세우고 서로 협력을 통해 '따로 또 같이' 가는 모습을 보여야 할 때임을 시사한다. 압축 성장의 결과를 바탕으로 질적 성장을 도모하는 과정은 압축 성장을 달성하기까지 걸린 시간과 노력보다 더 많은 시간과 노력이 필요할지 모른다. 하지만 그같은 전환은 새로운 단계로의 도약이 필요한 한국 과학기술에서 선택이 아닌 필수가 되었으며, 그 과정을 효과적으로 이끌어내기 위해서는 그간 밟아온 과정에 대한 이해가 선행되어야 한다. 이것이 우리가 한국 과학기술의 압축적 성장과 연구개발체제의 궤적에 주목해야 하는 이유이다.

참고문헌

김근배. 2005. 『한국과학기술인력의 출현』, 문학과지성사.

_____. 2008. "과학기술입국의 해부도: 1960년대 과학기술 지형," 『역사비평』85: 236-261.

_____. 근간. 『한국 과학기술혁명의 구조』

문만용. 2007. "1960년대 '과학기술 붐': 한국의 현대적 과학기술체제의 형성," 『한국과학사학회지』29(1): 67-96.

_____. 2010. 『한국의 현대적 연구체제의 형성』, 선인.

_____. 2015. "한국과학기술자들의 '탈식민주의 갈망': 한국의 현대적 과학기술체제의 기원," 『역사와 담론』75: 179-222.

송성수. 2002. "한국 과학기술정책의 특성에 관한 시론적 고찰," 『과학기술학연구』 2(1): 63-83.

조철호. 2000. "1970년대 초반 박정희의 독자적 핵무기 개발과 한미관계," 『평화연구』9: 189-207.

홍성주. 2010. "한국 과학기술정책의 형성과 과학기술 행정체계의 등장, 1945-1967," 서울대학교 박사학위논문.

Campbell, Joel R. 2009. *The Technology Policy of the Korean State Since 1961*, New York: The Edwin Mellen Press.

Couderc, Marie-Laure. 1997. "The role of former scientific and technological facilities in Russian industrial restructuration: the case of Akademgorodok-Novosibirsk," CERNA paper, http://www.cerna.mines-paristech.fr/Documents/MLC-Splitconf.pdf, 2015년 4월 접속.

Dearing, James W. 1995. *Growing a Japanese Science City: Communication in Scientific Research*, Routledge.

Kumar, Deepak. 2011. "Scientific Surveys in British India: A Suvey, 1760-

1900," Uma Das Gupta ed., *Science and Modern India: An Institutional History*, c.1784–1947, Center for Studies in Civilizations.

OECD. 2011. *Public Research Institutions*, https://www.oecd.org/sti/sci-tech/48795219.pdf

⟨잡지 및 신문기사⟩

『중앙일보』, "어디까지 왔나? 67 한국의 과학기술 ① 고개 든 '붐'," 1967년 12월 12일자.

4장

압축성장기 이후 한국의 사회구조변화와 세대내 계급이동[*]

남춘호

1. 서론

압축성장기 이후의 한국사회는 극심한 사회불평등을 노정하고 있다. 특히 1998년 외환위기 이후 지속된 신자유주의적 정책기조 하에서 상시화된 기업구조조정, 실업 및 노동빈곤층의 급증, 비정규직의 양산과 노동시장 유연화, 중간층의 붕괴와 사회양극화 등의 현상에 직면한 사회학계에서는 불평등과 사회갈등을 해명하기 위한 계급·계층연구가 2000년대 이후 활발하게 진행되어 오고 있다. 그러나 대부분의 연구는 계급이나 계층을 독립변수로 하여 다양한 사회현상을 설명하는데 치중하고 있을 뿐 정작 생산체제의 변화, 노동시장의 구조변동, 교육이나 복지체제의 변화 등 압축성장기 이후 한국사회가 경험해 온 거시적인 사회구조의 변화에 따른 계급구조의 변화와 세대내 사회이동을 규명하려는 연구는 많지 않다(신광영, 2013).

---

[*] 이 글은 『지역사회연구』 제24집 2호에 수록된 "노동경력 배열분석을 통해본 코호트별 계급궤적 비교"를 이 책의 취지에 맞도록 수정, 보완한 것이다.

압축성장기 이후 한국사회는 산업사회를 지나 서비스사회로 진입해 왔으며, 제조업과 생산직 중심으로부터 서비스산업과 비생산직 중심으로 산업 및 직업구조가 변화해왔다. 또한 지구화와 정보기술의 발전에 따른 국제경쟁의 심화와 노동시장의 유연화와 같은 사회구조적 변화는 개인의 삶의 기회에 구조적 제약을 가한다. 이런 구조적 제약에 대한 개인들의 대응이 잘 나타나는 것이 노동경력이라고 할 수 있다. 노동경력은 특정시점에서의 노동자의 직업이나 노동시장 지위가 아니라 시간의 흐름에 따른 노동지위의 변화를 반영한다. 개인들의 노동경력은 광의의 노동시장 속에서의 사회적 제도와 개인의 상호작용을 통하여 전개되므로, 이는 사회구조와 노동시장구조의 변화를 반영한다(김병관, 1997; 한준, 2002). 그런 점에서 본 연구에서는 압축성장기 이후 노동경력 내지 직업경력의 배열분석을 통하여 사회적 기회구조의 영향과 이에 대한 개인들의 대응이 이루어낸 유형화된 집합적 사회이동의 패턴을 찾아보고자 한다. 사회이동 연구는 그동안 세대간의 불평등 세습여부 혹은 사회의 개방성 여부에 초점을 맞춘 나머지 세대간 사회이동분석에 주력해왔으며, 세대내의 노동경력이나 직업경력을 이용한 세대내 사회이동 연구는 상대적으로 간과해왔다. 사회구조적 변화가 세대내 경력이동에 미친 영향을 분석하기 위해서는 동일한 생애단계에 있는 사람들의 노동경력이 코호트별로 어떤 차이를 보이는지 비교해 보아야한다. 그런데 압축성장기가 끝난 1990년대 중반 이후 변화된 사회구조가 개인들의 직업경력에 미친 영향을 분석하기 위해서는 90년대 중반이후 노동시장에 진입한 1970년 전후 출생코호트들의 직업경력을 분석할 필요가 있다. 그런데 이들의 직업경력이 노동시장진입초기의 탐색기를 지나 안정화 단계에 이르는 것은 30대 후반이므로 70년 전후 출생코호트가 40세에 이르는 2010년 이후에나 이들 코호트의 직업경력 자료를 확보할 수 있다. 그 동안 노동시장구조변화나 탈산업화와 같은 압축성장기 이후의 사회구조 적 변화가 세대내 직업경력에 미친 영향에 대한 연구가 활발하지 않았던 것은 이 같은 자료상의 한계에 기인하기도 한다.

본 연구에서는 특히 직업경력 내지 노동경력을 이용하여 세대내의 계 급이동을 분석해보고자 하며 이를 통해 계급궤적의 변화를 규명해보고 자 한다. 기존의 계급연구들에서는 계급개념을 정의함에 있어서 주로 구 조적 접근법을 택해왔다(남춘호, 1988). 구조적 접근법에서는 생산관계 혹은 광의의 시장교환관계 속의 빈자리들의 묶음 내지는 그 자리를 차지 하고 있는 사람들을 계급으로 정의하고, 상호관계에 따라서 규정된 일련 의 빈자리들은 객관적인 계급으로서 그 자리를 채우는 계급 성원들은 어 느 위치를 점하느냐에 따라서 일정한 계급적 이해관계를 가질 수밖에 없 다고 보았다. 그러나 과정적 접근법을 취하는 연구들은 계급의식이나 계 급 행동은 계급 성원들의 경험의 공유를 통해서 매개된다는 점을 중시한 다(Thompson, 1966; Wright and Shin, 1987). 또한 기든스(Giddens, 1985)는 계급구조화 논의를 통해 상이한 시장능력을 가진 사람들에게 허용되어 있는 계급 이동의 범위가 사회계급을 구성함에 있어서 매우 중 요한 매개요인임을 지적한 바 있다. 비유적으로 얘기하자면 9급 공무원 으로 시작하여 은퇴직전에 5급 사무관으로 승진한 사람과 행정고시에 합격하여 학교 졸업 후 첫 일자리로 사무관에 임용된 사람은 현재의 노 동지위는 동일하지만 직업경력의 궤적이란 면에서는 서로 다른 궤적에 속해있으며 따라서 이들의 정서나 태도, 세계관은 반드시 동일하다고 보 기 어려운 점과 유사하다. 이런 측면에서 보면 특정 시점에서의 객관적 인 계급위치도 중요하지만 사회구조적 제약 하에서 여러 사람들의 대응에 의해 형성된 이동경로의 패턴으로서 계급궤적이 가지는 의미는 상당하다. 따라서 본 연구에서는 개인들의 직업경력에 대한 배열분석을 통하여 사회구조적 변화에 대한 개인들의 대응으로 형성된 계급궤적이 세대별로 어떻게 변화해 왔는지 분석해보고자 한다.

압축성장기 이후의 한국사회는 산업사회를 지나 서비스사회로 진입해왔으며, 제조업과 생산직 중심으로부터 서비스산업과 비생산직 중심으로 산업 및 직업구조가 변화해왔다. 또한 지구화와 정보기술의 발전에 따른 국제경쟁의 심화와 노동시장의 유연화, 고등교육의 팽창 등의 거시적 사회구조의 변화를 경험해왔다. 본 연구에서는 이러한 변화에 본격적으로 노출된 채 직업경력을 구축해온 X세대(1965년~1974년 출생코호트)와 이전세대의 직업경력에 대한 배열분석을 통하여 코호트별로 전형적인 세대내 계급이동의 궤적이 어떻게 달라졌는지 분석함으로써 역으로 사회구조적 변화와 개인들의 대응이 세대내 계급이동에 미친 영향을 탐색해보고자 한다.

2. 세대내 경력이동 연구와 계급궤적

1) 압축성장기 이후의 한국사회: 서비스사회 진입, 노동시장구조변화, 계급구성변화

압축성장기 이후 특히 1998년 외환위기를 전후한 한국사회의 거시적인 구조적 변동은 서비스사회, 지식정보화사회, 포스트 포드주의적 생산체제, 지구화와 노동시장의 유연화 등의 관점에서 접근되고 있다. 서비스사회로의 변화나 지식기반사회로의 변화는 기업조직, 직업, 산업, 국가차원의 변화를 수반하는데, 구체적으로는 경영관리직 및 전문직의 증가, 공공부문의 확대, 여성 경제활동 증대를 특징으로 한다. 한편 서비스 사회로의 변화와 고등교육의 팽창은 여성고학력자의 전문직 진출 경로를 확대하고 있다. 그 결과 저연령 고학력 전문직여성이 증가하면서 동시에 고연령 저학력 미숙련 서비스노동에 종사하는 여성도 증가하여 여성경제활동 참여의 두 갈래 길에 관한 논의들이 이어지고 있기도 하다 (민현주, 2008). 한편 탈산업화와 서비스업 증가는 제조업 숙련육체노동의 감소와 미숙련서비스노동의 증대를 불러와 결과적으로 사회전체의 일자리 양극화를 초래한다(전병유, 2007). 아우토(Autor) 등(2003)이 제시한 일상 편향적 기술변화(Routine biased technological change) 가설에서는 컴퓨터정보기술(ICT)의 발전 등으로 반복적인 일상적 비육체노동과 일상적 육체노동이 감소하고 대신 고숙련의 비일상적/인지적 노동과 저숙련의 비일상적/비인지적 육체노동이 증가한 것이 일자리 전반의 양극화를 초래하였다고 설명한다. 또한 일자리 양극화는 노동시장구조 변화와도 연관되어 있다. 지구화와 기술발전이라는 거시적인 변화는 각국의 노동시장제도, 사회복지제도, 교육훈련제도라는 필터를 거치면서 국가별로 상이한 결과를 초래하는데 90년대 중반이후 신자유주의적 정책기조를 견지해온 한국사회는 비정규직의 증가와 노동시장의 전반적 유연화를 노정하였다. 90년대 이후 내부노동시장은 축소된 채 유지되면서 전체 노동시장은 기업규모와 고용형태를 기준으로 핵심/주변으로 양극화되었으며, 이는 노동의 양극화를 넘어 사회양극화를 초래하고 있다 (남춘호, 2011).

탈산업화와 서비스사회로의 변화나 노동시장의 구조변화는 개인들의 삶의 기회구조에 영향을 미치며 계급구조에도 변화를 초래한다. 산업사회로부터 서비스사회로의 변화가 계급구조에 미친 영향에 대한 연구로는 신광영(2006)의 연구가 주목된다. 신광영은 탈산업사회를 기반으로 한 에스핑-앤더슨의 계급분류를 원용하여 서비스사회의 계급구성을 분석한 후 주요OECD 국가들에서 포드주의 계급범주들에서는 경영자와 사무직 종사자가 증가하고 생산직이 감소하였으며, 포스트-포드주의 계급범주들에서는 전문직과 반전문직이 늘어나는 동시에 미숙련서비스직도 늘어나는 양극화추세를 보여주고 있다고 발표하였다. 다만 한국의 계급구성에 관한 분석은 2004년도 제7차 KLIPS(한국노동소득패널)자료만 사용하였기에 변화의 추세를 보여주지는 못하였다. 한편 백승호(2014)도 서비스경제 하의 한국사회의 계급과 불안정노동을 분석하면서 고용과 소득, 사회적 임금의 세 가지 기준에서 볼 때 서비스노동자계급과 생산직 노동자 계급이 불안정노동에 지속적으로 노출되어 있다고 보고하고 있다. 다만 백승호의 연구는 불안정노동 즉 프레카리아트에 초점을 맞추고 있어서 전반적인 계급구조나 계급구성의 변화를 본격적으로 보여주지는 못하고 있다.

2) 세대내 사회이동연구

세대간 사회이동의 연구에서는 부모세대의 계급적위치가 자녀세대에 세습되는가 여부에 초점을 맞추는데 비하여 세대내 사회이동의 경우에는 어떠한 사회구조적 환경, 특히 어떤 노동시장구조 하에서 직업경력이 형성되었는가가 중요하며, 그러한 사회구조적 변화에 노출된 시기가 생애주기 상 어떤 단계였는가 하는 점이 중시된다. 세대내의 직업경력은 사회구조적 변화에 대한 개인들의 대응의 결과물이므로 당연히 직업경력에는 사회구조나 노동시장 구조의 영향이 투영된다. 다음으로 생애과정론에 따르면 사회구조적 변화가 개인에게 미치는 영향은 생애주기 상 어떤 단계에서 그러한 변화에 노출되었는가에 따라서도 달라질 수 있다. 단적인 예로 지구화와 노동시장의 유연화가 노동자들에게 미친 영향을 연구한 블로스펠트 등(Blossfeld et al., 2005)의 연구에 따르면 노동시장 유연화의 압력은 주로 노동시장 신규진입자나 은퇴직전의 노령노동자에게 집중적으로 작용하였다고 한다. 따라서 서비스사회로의 변화나 노동시장의 유연화가 개인들의 경력에 미친 영향을 분석하기 위해서는 생애과정의 관점을 도입하여 동일한 생애주기 상에 있는 코호트들을 비교할 필요가 있다.

한국사회의 세대내 사회이동 내지 경력이동에 대한 연구로는 김병관 (1997)과 한준(2001; 2002)의 연구가 주목된다. 김병관(1997)은 경력내 직업이동을 각 개인이 노동시장에서의 경험들을 통해 직업구조 속에서 겪는 이동으로 개념화하고 세대내 직업경력의 연구를 통하여 노동시장의 직업적 영역들이 어떻게 조직화되고 작동되며 제도화되는지를 보여주었다. 김병관은 1954년부터 1983년 사이의 한국의 직업이동경력을 분석한 결과 비육체노동직업과 육체노동 및 농업직업의 사이에 부(-)의 이동효과가 있으며, 자영업은 사무직이나 생산직 등 조직부문에서 승진이 좌절된 사람들에게 대안적 이동경로로 작동하고 있음을 밝혀주었다. 다만 그의 연구는 비경제활동을 배제함으로써 직업경력의 중간에 비경제활동기간이 많은 여성이나 주변적 노동자층의 경력이동 분석에는 한계를 드러내었다.

한준(2001)은 사회이동표 분석이 가지는 방법론적 한계를 극복하기 위한 방안으로 애보트(Abbott, 1990)가 창안한 배열분석 방법을 국내에 소개하였다. 한준(2002)은 배열분석을 통해 세대내 직업이동경로를 분석하고, 코호트별 비교를 통해 사회구조의 변동에 따른 기회구조의 분포가 변하는 모습을 직업배열들의 군집의 변화로부터 찾아내려 시도하였다. 이전까지 세대내 사회이동 분석방법은 이동표분석이 주를 이루었으며 간헐적으로 사건사분석방법이 활용되어 왔다. 그러나 두 가지 방법은 공히 사회이동의 출발지와 도착지만을 고려할 뿐 그 사이에 어떤 경로를 거쳐 이동이 이루어지는가는 분석하지 못한다. 이에 반해 배열분석에서는 개인들이 진입직업과 도착직업 사이에 경험하는 다양한 직업상태를 모두 포함하여 직업배열을 구성하고 이들 배열간의 거리를 계산한 후 집락분석을 통하여 직업경력의 패턴을 찾아준다는 점에서 직업사 내지는 노동사 자료가 가진 정보를 충분히 활용할 수 있게 해준다. 한준의 연구결과를 보면 남성의 직업이동경로가 주로 직업에 따라서 패턴이 나누어지는 것에 비하여 여성의 이동경로는 주로 직업경력 사이의 공백기간 즉 비경제활동기간에 의해서 패턴이 나눠진다. 그리고 전문직 및 준전문직, 관리행정직, 사무직 그룹과 농업, 조립조작, 단순노무직 사이에는 이동경로가 존재하지 않아서 김병관의 연구결과와 유사하게 육체노동직업과 비육체노동 직업사이에는 단절이 있음을 보여주었다. 그런데 2000년대 초반까지만 하더라도 컴퓨터와 배열분석 패키지의 성능이 발달하지 않아서 배열분석을 대규모 표본에 적용할 수 없었으며, 한준(2002)은 이를 우회하기 위하여 배열거리계산에서 모든 쌍들 간의 거리를 계산하지 않고 대분류직업을 지속한 기준경력들을 제시하고 이로부터의 거리를 계산하였다. 배열간의 거리계산시 모든 배열쌍들 간의 거리를 계산하지 않고 대분류직업을 전 기간에 걸쳐서 지속한 기준배열들과의 거리로 대체한 점은 컴퓨터 계산성능의 한계를 고려한 것이지만, 역으로 이행경로들의 패턴이 결국 대분류직업을 지속한 집단들을 중심으로 분류되게 하는 제약을 가한 셈이 된다는 문제가 있다. 그리고 직업경력이 안정단계에 도달하는 40세(2000년 조사시점 기준)이상만 분석에 포함시킨 결과 1960년 이전 출생자만 분석하는 자료상의 한계를 내포하고 있다. 지구화와 노동시장 유연화라는 거시적인 사회구조적 변화가 미치는 영향을 국가별로 비교분석한 블로스펠트 등(Blossfeld et al., 2005)의 연구결과에 의하면 대부분의 국가에서 거시적 압력의 효과는 남성핵심연령층에게서는 미미하게 나타나며 청년층이나 노년층, 여성 등 노동시장의 취약계층에서 주로 나타난다. 그런 점에서 보면 서비스사회, 지식기반사회, 노동시장 유연화 등의 사회구조적 변화에 본격적으로 노출되면서 노동생애를 시작한 세대는 베이비부머 이후 세대라는 점에서 한준의 연구는 그와 같은 사회구조적 변화가 미친 영향을 자료상의 한계로 잘 포착하지 못하고 있는 것으로 보인다.

3) 계급이동경로와 계급궤적

한준(2002)의 배열분석을 활용한 사회이동 경로분석은 대분류직업군을 상태요소로 지정하고 대분류직업배열을 분석하고 있다. 그 결과 수평적 차원이 아닌 수직적 차원의 사회이동분석은 놓치고 있다. 본 연구에서는 직업이 아니라 계급위치를 배열의 기본단위인 상태요소로 지정함으로써 계급배열의 이동경로를 분석하고자 한다. 계급배열을 통한 세대내 계급이동의 전형적 패턴 분석은 계급론적 측면에서 또 다른 함의를 지니고 있다.

계급의 정의는 전통적으로 구조적 접근과 과정적 접근으로 나뉜다. 구조적 접근법에 따른 계급정의에서는 생산관계 속의 빈자리들의 묶음 내지는 그 자리를 차지하고 있는 사람들을 계급으로 정의하며, 상호관계에 따라서 규정된 일련의 빈자리들은 객관적 계급으로서 그 자리를 메우는 계급 성원들은 어느 위치를 점하느냐에 따라서 일정한 계급적 이해관계를 가진다고 가정한다. 반면 과정적 접근에서는 계급연구가 결국 사회적 갈등과 변동을 설명하기 위한 것이라는 점을 강조하면서 계급성원들이 어떻게 해서 계급적 정서, 세계관 태도 나아가서 계급적 행동을 공유하게 되는가를 해명하는 데 주력한다(남춘호, 1988). 과정적 접근법에 따르면 계급의식이나 계급행동은 계급성원들의 '경험의 공유'를 통해서 매개된다. 한편 기든스(Giddens, 1985)는 상이한 시장 능력을 가진 사람들에게 허용되어 있는 계급 이동의 범위가 사회계급을 구성함에 있어서 매우 중요한 매개요인이라고 주장하였다. 현재의 계급 위치만이 아니라 계급이동의 전망을 공유할 때 공통의 계급적 정서를 가질 수 있다는 것이다. 예컨대 하위사무직 종사자의 경우 앞으로 상당한 상승이동이 기대되는 젊은 사무원과 빈약한 시장능력으로 은퇴직전에서야 비로소 사무원으로 승진한 노령자 사이에는 비록 현재의 계급위치가 동일하더라도 상이한 세계관, 정서, 계급 정체감이 나타날 수 있다. 계급에 대한 과정적 접근법에서 '경험의 공유'로 주로 강조하는 것은 집단적인 투쟁의 역사적 경험이나 계급문화의 공유이지만, 사회구조적 변화에 따른 기회분포의 제약 속에서 사회적으로 형성된 계급이동경로와 이동의 전망을 공유하는 것 역시 계급적 정서와 정체성의 형성에 커다란 영향을 미친다고 볼 수 있다(Wright and Shin, 1988). 브라운(1982)은 각 개인의 자원과 경력지향을 조합하여 직업사를 기업가적 전략형, 조직적 전략형, (전문)직업적 전략형, 무경력적 전략형으로 분류하고 중간계급이나 노동자계급의 성원들이 어떠한 직업사 유형을 갖느냐에 따라서 계급의식과 계급적 태도에 차이를 보인다고 주장하였다.

본 연구에서는 한국소득노동패널(KLIPS) 17차 자료의 직업력 자료들을 이용하여 20세부터 40세까지의 계급배열을 구성하고 배열분석을 통하여 계급이동의 패턴을 분석하고 코호트별로 계급궤적의 유형을 비교해보고자 한다. 전형적인 세대내 계급이동의 궤적들은 거시적 사회구조의 변화에 따른 기회구조의 분포 속에서 개인들이 생애주기에 따라 대응하여 축적하고 공유해 온 집합적 경험들을 보여준다. 한국사회의 경우 1990년대 중반 이후 본격화된 노동시장유연화의 압력에 노동시장의 진입단계부터 노출된 집단은 X세대(1965년~1974년 출생코호트) 이후 출생자들이다. 따라서 90년대 이후 노동시장에 진입하여 직업경력을 쌓아온 X세대와 이전세대의 세대내 계급이동궤적들의 비교에 초점을 맞춤으로써 탈산업화와 서비스사회로의 이행, 노동시장의 유연화, 여성경제활동참여의 증대, 고등교육의 팽창 등의 압축성장기 이후의 사회구조적 변화가 계급이동궤적에 미친 영향을 고찰해보고자 한다. 그리고 전형적 계급궤적이 무엇이고 어떻게 변화해왔는지 밝혀봄으로써 향후 계급적 정서, 가치관, 태도 그리고 계급행동에 대한 연구에 한 단계 진전을 이룰 수 있는 기반을 마련해보고자 한다.

3. 연구방법 및 분석자료

1) 연구방법: 배열분석(Sequence Analysis)

① 직업경력 배열간의 거리 측정

본 연구에서는 직업경력에 대한 배열분석을 통하여 계급이동경로의 패턴을 구하고 코호트간 비교를 통하여 서비스사회로의 변화나 노동시장유연화와 같은 압축성장기 이후의 사회구조적 변화가 세대내 계급이동에 미친 영향을 파악해보고자 한다. 이를 위해서는 먼저 각 배열들 간의 이질성(거리)을 측정하고 다음으로 배열들 간의 거리를 기준으로 집락분석을 실시하여 세대내 계급이동의 유형을 분류해야 한다.[1] 본 연구에서는 배열간의 이질성은 최적일치알고리즘(Optimal Matching Algorithm)에 의한 om거리(edit distance의 일종)로 측정한다. 배열쌍들 간의 om거리계산을 위해서는 먼저 시간축과 상태공간을 정의하고 상태들 사이의 변환비용을 지정해 주어야한다. 시간축(temporality)은 연령으로 삼고 상태요소는 계급위치로 정하여서 각자의 계급상태의 변화를 20세부터 40세까지 수집하여 분석하였다. 생애과정의 관점에 따르면 사회구조적 변화의 영향은 생애주기의 어느 단계에서 사회구조적 변화에 노출되었느냐에 따라서 그 의미가 달라지므로 노동시장에 진입하여 직업경력이 어느 정도 안정단계에 도달하는 20세부터 40세까지를 시간축의 관찰기간으로 정하였다.

최적일치방법에 따르면 상태요소들의 삽입, 삭제, 교체라는 변환동작을 통해 두 배열을 동일하게 만드는 여러 가지 경로들 중에서 비용이 가장 적게 드는 경로의 비용이 두 배열간의 om거리가 된다. 배열쌍들 간의 거리는 변환비용 값에 따라서 달라지는데, 본 연구에서는 변환비용 설정의 자의성을 피하기 위하여 실제자료에서 나타나는 상태공간 간의 전

---

1) 배열분석방법은 원래 분자생물학자들이 DNA 배열을 연구하기 위해서 고안한 것으로 Abbott(1990)에 의해서 사회과학에 도입된 이래 국내에서도 직업력연구(한준·장지연, 2000)에 처음 사용된 이래 청년층의 학교-직장이행(권혁진·유호선, 2011), 생애과정연구(문혜진, 2012; 이순미, 2014) 등의 분야에서 사용된 바 있다. 배열분석방법에 대한 기본적 설명은 이들의 논문을 참고하기 바라며, 최근의 방법론적 논쟁들은 Aisenbrey 외(2010)를 참고하기 바란다.

환율(transition rate)에 기초하여 교체비용을 설정하였으며 삽입·삭제(indel)비용은 1로 설정하였다.

배열분석의 상태요소는 골드소프(Goldthorpe, 1987)의 EGP11 계급분류도식을 준용하되 가용한 자료(KLIPS17차 자료의 직업력 회고조사 자료)와 연구목적에 맞도록 수정하여 다음과 같이 조작적으로 정의하였다. EGP 11계급 분류도식 중에서 서비스계급을 수정하여 관리자계급(Ia), 전문가계급(Ib), 준전문가계급(Ic)으로 나누고, 일상적 비육체노동계급을 사무노동자계급(IIIa)과 (판매)서비스노동자계급(IIIb)으로 구분하였다. 골드소프의 계급분류도식에서는, 고용계약을 통해 노동의 대가로 물질적 보상을 받는 노동계급과 달리, 전문직 행정직 관리직 종사자들은 특정한 지식과 기술을 바탕으로 고용주나 고객을 대상으로 서비스계약을 통하여 서비스를 제공하며 서비스계약은 자율성과 신뢰, 장기계약을 특징으로 한다고 보았다(신광영, 2006: 92). 반면 특정한 지식이나 기술이 없는 판매서비스노동자들은 서비스계급이 아닌 일상적 비육체노동계급으로 분류하였다. 다만 본 연구에서는 일상적 비육체노동계급을 상층, 하층으로 구분하지 않고 사무노동계급과 (판매)서비스노동계급으로 구분하여 다소 혼동의 우려가 있으나 후자의 경우 반드시 서비스'노동'계급으로 표기하여 서비스계급과 구분하였다. 한편 육체노동계급은 직업분류상 기능원 및 관련기능 종사자(대분류7)와 장치, 기계 조작 및 조립 종사자(대분류8)를 숙련 및 반숙련 육체노동자계급(VIIa1), 단순노무종사자(대분류9)를 미숙련육체노동자계급(VIIa2)으로 분류하였다. 그리고 직업대분류6 농림어업종사자와 직업대분류9에 속한 단순노동농업노동자는 농민(Farmer)으로 분류하였다. 마지막으로 준전문직, 사무직, 판매서비스직, 생산직에 속하면서 종사상지위가 고용주 자영업자 가족종사자인 경우에는 쁘띠부르주아계급(IV)으로 분류하였다.[2] 그리고 최종학교 최초졸업년도 이전인 경우에는 재학상태(ST)로, 재학도 취업도 아닌 상태는 비취업상태(NE)로 설정하였으며, 졸업년도 1년 이전의 취업기록은 재학시의 아르바이트 등으로 간주하여 재학상태로 분류하였다.[3]

② 집락분석을 이용한 이행경로의 유형분류와 코호트간 비교

배열들의 유형분류를 위해서는 위계적 집락분석 중 Wards의 링키지 방법을 사용하였는데 이 방법이 비교적 유사한 크기의 집락들을 산출해주기 때문이다. 그런데 집락분석 방법은 흔히 집락수의 선택이 자의적이라는 비판에 직면해왔다. 본 연구에서는 이 문제를 해소하기 위하여 2개

---

2) 국내외적으로 널리 사용되는 계급분류도식은 골드소프의 계급분류도식과 라이트의 계급분류도식이 있으며, 서비스사회로의 진입을 반영한 계급분류도식으로는 에스핑-앤더슨의 계급분류도식과 Oesch의 도식이 있다. 계급위치의 획정을 위해서는 직종, 종사상지위, 감독하는 부하직원수 및 고용한 노동자 수 등의 정보가 필요하며 특히 직업의 경우 직업세분류(4자리)가 필요하다. 그러나 본 연구에서 사용하는 KLIPS에서 가용한 자료는 직업소분류밖에 없어서 계급위치 판정시에 오차가 발생할 여지가 크다. 다행히 KLIPS의 초기 직업분류가 국제표준직업분류(ISCO-88)를 따르고 있으며, 2000년 이후 개정된 6차 표준직업분류의 경우 신구연계표를 제공하고 있으므로, 간즈봄과 트라이먼이 제공한 EGP계급분류 방법(Ganzeboom and Treiman, 1994)을 원용하는 것이 오차를 최소화하는 길이라고 판단하였다(분류코드는 ULR version 참조). 다만 서비스계급에 대한 연구결과를 보면(Chan, 1995), 남성에 비하여 여성의 경우 준전문직을 거쳐서 전문직으로 이동하는 경로를 걷는 경우가 많고, 국내의 연구에서도 여성전문직의 증가는 주로 중위임금층에 속하는 준전문직에서 많이 나타난다는 보고를 참고하여 관리자계급, 전문가계급, 준전문가계급으로 분류하였다. 한편 육체노동자의 경우에는 육체노동감독(EGP계급 V)의 직무특성이 외국과는 상이하며, Ganzeboom 분류코드는 숙련노동자계급과 반숙련노동자계급을 세분류직종(4자리)을 기준으로 구분하고 있는데 KLIPS에서는 직업소분류(3자리) 정보밖에 제공하지 않아서 사실상 숙련노동자와 반숙련노동자를 판별하기가 곤란하였다. 따라서 육체노동자는 직업대분류를 기분으로 숙련 및 반숙련노동자계급(VIIa1)과 미숙련노동자계급(VIIa2)으로 구분하였다.

3) 다만 한국노동패널의 교육력 자료는 다소 불완전하며 특히 (최종)학교 졸업이후 취업 등으로 상당기간 경과한 후 다시 상급학교 등에 진학한 경우 최종학교 졸업년도의 값이 불일치한다. 따라서 본 연구에서는 처음 나오는 최종학교 졸업년도를 노동시장진입년도로 간주하였다. 다만 40세 시점의 학력은 최종학력으로 별도로 파악하여 분석에 활용하였다.

부터 40개까지의 집락들을 도출한 후 집락수가 몇 개일 때 도출된 집락들의 질이 가장 양호한지를 다양한 측정방법들을 사용하여 분석해본 후 최적의 집락수로 11개를 선택하였다.[4] 측정방법들의 원리는 다양하지만 대체로 배열간의 이질성을 집락들이 얼마나 잘 설명하는가, 집락내부의 동질성과 집락간의 이질성이 얼마나 잘 드러나는가 등을 측정하여 집락구분의 질을 평가한다(Studer, 2013: 12-15).

마지막으로 코호트구분은 베이비부머 세대(1955~1964년 출생)를 기준으로 그 이전의 해방후 세대(1945~1954년 출생)와 이후의 X세대(1965~1974년 출생)로 구분하였다(이영민 · 임정연, 2014). 다만 X세대의 경우에는 가능한 한 최근의 변화를 포착하기 위하여 X세대전기(1965~1969년 출생)와 X세대후기(1970~1974)로 세분하였다. 해방후 세대가 대체로 1960년대 후반 70년대 초에 노동시장에 진입한 세대라면 베이비부머세대는 1980년 전후에 노동시장에 진입한 세대이며 X세대는 1990년대에 노동시장에 진입한 세대라고 할 수 있다. 베이비부

---

4) 집락의 수를 결정하는 9가지 측정방법 중에서 PBC(Point Biserial Correlation), ASW(Average Silhouette Width), ASWw(Average Silhouette Width-Weighted), HC(Hubert's C)는 집락수 11개일 때가 가장 적절한 것으로 나타났으며, CHsq(Calinski-Harabasz index-squared)는 10개 집락, HG(Hubert's Gamma), HGSD(Hubert's Somers D), Pseudo R^2, Pseudo R^2sq(squared distance)는 40개 집락일 때 가장 적절한 것으로 나타났다. 그러나 Pseudo R^2나 Pseudo R^2sq는 집락에 의해서 전체 편차(discrepancy)의 어느 정도가 설명되는지를 측정하기 때문에 집락수가 많아지면 당연히 수치가 높아질 수밖에 없다. 따라서 본 연구에서는 집락수를 11개로 선택하였으며 차후 하위집락의 분석에서는 집락수를 40개로 하여 기본 집락들의 하위 패턴에는 어떤 유형들이 있는지 고찰해보았다(Studer, 2013: 16-21). 11개 집락으로 구분한 결과는 상태요소 중 재학상태를 제외한 각각의 계급위치들을 주요 배열요소(계급)로 하는 이동경로들을 보여준다. 한준(2002)의 연구에서는 거리계산에서 각각의 상태요소(직업대분류)를 처음부터 끝까지 지속하는 기준배열들을 지정하고 기준배열들과 개별배열들의 거리를 계산하는 방식을 취하였기 때문에 결과적으로 이렇게 구한 배열거리를 집락분석 한 결과는 최초의 기준배열에 영향을 받을 수밖에 없었다. 그러나 본 연구에서는 모든 배열쌍 간의 거리를 계산하였음에도 불구하고 결과적으로는 한준(2002)의 연구결과와 마찬가지로 개별상태요소(계급위치)를 주된 배열요소(계급)로 하는 11개의 계급이동패턴이 최적의 집락수로 나타났다는 점은 유의미한 결과로 판단된다.

머세대와 달리 X세대가 노동시장에 진입하여 노동경력을 쌓아온 시기는 1990년대부터 2010년대까지로 서비스사회로의 변화와 1998년 외환위기 전후의 노동시장의 구조변화에 본격적으로 노출된 세대라고 할 수 있다. 본 연구에서는 X세대와 그 이전 세대사이에 계급이동의 경로에 어떤 차이를 보이는지 분석해봄으로서 거시적 사회구조의 변화와 개인의 상호작용이 이들의 경력이동패턴에 어떻게 나타났는지 분석해보고자 한다.

2) 분석자료 및 연구대상의 기본적 특성

본 연구에서는 배열분석기법을 통해서 성인이행과정의 탈표준화를 연구하기 위해서 한국노동패널 1차~17차 데이터의 개인자료와 직업력 자료를 통합하여 활용하였다. 그런데 98년 원표본의 경우 17차까지 조사가 이루어지는 과정에서 이탈률이 높아졌으며 특히 젊은 세대의 직업력은 대표성이 현저히 떨어지는 것으로 나타났다. 따라서 본 연구에서는 12차 조사 이후 새롭게 표집한 2009년 표본자료를 활용하였다.[5] 본 연구에서는 부업이나 재학시의 취업(최초졸업년도 1년 이전 취업)은 직업력에서 제외하였으며, 20세에서 40세에 이르기까지 취업경험이 전혀 없는 사례도 분석에서 제외하였다. 그 결과 본 연구의 분석대상은 총 6,892명이며 성별 최종학력별 코호트별 분포는 아래의 표와 같다.

---

5) 98년 원표본의 직업력 자료를 이용하여 1970~1974년 출생자들의 남성 고용율을 측정한 결과 50%이하로 매우 낮게 나왔다. 이에 반하여 2009년 표본의 동 집단 40세 고용율은 90%를 상회한다.

〈표 1〉 연구대상의 특성

성별	남자	3,778	55%
	여자	3,094	45%
최종학력	초졸이하	809	11.8%
	중학교	961	14%
	고등학교	2,897	42.2%
	전문대	686	10%
	4년제대학	1,243	18.1%
	대학원	275	4%
코호트	해방후세대	1,489	21.7%
	베이비부머	2,433	35.4%
	X세대전기	1,324	19.3%
	X세대후기	1,626	23.7%
	합계	6,872	100%

4. 계급궤적의 배열분석

1) 직업경력패턴으로 본 10가지 계급이동궤적

배열쌍 간의 거리에 기초한 집락분석의 결과 계급배열들은 모두 11개의 집락으로 구분되었으며 이 중 직업정보미비인 집락을 제외하면 서비스계급에 속하는 관리자집락, 전문직집락, 준전문직집락, 그리고 일상적 비육체노동계급에 속하는 사무노동자집락, 서비스노동자집락, 육체노동자계급 중 숙련 및 반숙련노동자집락, 단순노동자집락, 농민집락, 쁘띠부르주아집락과 비취업집락의 10개로 구분되었다. 20세부터 40세에 이르기까지의 계급배열의 유형을 분석한 결과가 기본적인 계급요소들을 중심으로 계급이동경로가 구분된 이유는 계급위치간의 이동보다는 주된 계급이 지속된 사례들이 많았기 때문에 이들을 중심으로 계급배열이 구

분된 것으로 판단된다. 규모별로는 가장 큰 집락은 비취업집락이고 다음
이 쁘띠부르주아집락, (반)숙련육체노동자집락, 사무노동자집락의 순이
다. 한 가지 흥미로운 것은 집락의 수를 7개로 줄이면 골드소프의 서비
스계급에 속하는 관리자계급궤적과 전문가계급궤적, 준전문가 계급궤적
의 계급배열들이 하나의 집락으로 묶인다는 점이다. 이처럼 11개 집락의
분류는 물론 7집락분류의 결과 도출된 집락들이 계급론적으로 의미 있
는 유형들로 구성되어 있다는 사실은 배열분석 방법을 통하여 계급궤적
을 판별하는 방식의 방법론적 타당성을 말해준다.[6]

〈표 2〉 11계급궤적

11계급궤적	빈도	퍼센트	최빈상태배열
관리자궤적 Ia	203	3	(ST, 8)−(Ia, 13)
전문가궤적 Ib	341	5	(ST, 4)−(NE, 1)−(Ib, 16)
준전문가궤적Ic	393	5.7	(ST, 2)−(NE, 2)−(Ic, 17)
사무노동자궤적 IIIa	640	9.3	(ST, 1)−(NE, 4)−(IIIa, 16)
(판매)서비스노동자궤적 IIIb	400	5.8	(NE, 6)−(IIIb, 15)
쁘띠부르주아궤적 Ivab	1,148	16.7	(NE, 7)−(IVab, 14)
(반)숙련노동자궤적 VIIa1	727	10.6	(NE, 4)−(VIIa1, 17)
미숙련노동자궤적 VIIa2	367	5.3	(NE, 5)−(VIIa2, 16)
농민궤적 FR	371	5.4	(NE, 2)−(FR, 19)
비취업궤적 NE	2,003	29.1	(NE, 21)
취업직종불명 DK	279	4.1	(NE, 4)−(DK, 17)
전체	6,872	100	

6) 한편 7개 집락으로 분류하면 미숙련노동자계급궤적은 숙련노동자계급궤적과 묶이지
않고 오히려 판매서비스노동자계급궤적 및 직업정보미비궤적과 함께 동일집락으로 분
류된다. 배열간의 거리를 기준으로 보면 미숙련노동자계급궤적은 숙련노동자계급궤적
과는 상당한 차이가 있으며 오히려 판매서비스노동자계급 및 직업정보미비궤적과 유사
함을 말해준다. 직업정보미비(DK)는 직업력 자료상 취업으로 기록되어 있으나 직종 정
보가 없는 경우들인데 직업정보미비궤적이 판매서비스궤적 및 미숙련단순노동궤적과
함께 묶인다는 점을 보면 직업정보미비사례의 대부분이 하층의 판매서비스직이나 단순
노동 등의 주변적 일자리에 종사했던 것으로 추정된다.

골드소프의 서비스계급에 속하는 전문직 계급궤적(Ib)을 보면 상대적으로 재학기간이 길고 초기에는 준전문직이나 사무직을 단기간 경유하기도 하지만 전문직 누적체류기간이 12.9년으로 매우 길다. 준전문직계급궤적(Ic)의 경우도 재학기간이 비교적 긴 편이며 전문직에 비하여 전연령대에 걸쳐서 비취업경험(NE)이 많고 일부 전문직(Ib)으로 상승이동하기도 하지만, 상대적으로 서비스노동(IVb), 자영업(IVab), 사무직(IIIa), 숙련육체노동(VII)등 다른 계급위치와의 이동이 전문직궤적에 비해서는 빈번한 편이다.

전문직계급궤적은 전문직상태의 누적체류기간이 12.9년으로 길고 다음이 비취업 3.2년 재학생태 2.7년인데 비하여 관리자계급궤적은 관리자계급의 누적체류기간이 4.9년에 불과하고 재학상태가 5.3년, 비취업상태가 3.5년이며 그밖에도 준전문직 쁘띠부르주아, 서비스노동 등 다양한 상태를 경험하는 것으로 나타났다. 다시 말해서, 전문직계급궤적이나 사무노동계급궤적 준전문직계급궤적에 비해서 관리자 계급궤적은 해당계급의 지속기간이 짧고 다양한 상태를 경험하는 것으로 보인다. 관리자계급궤적(Ia)을 보면 고학력을 경험한 후 관리직으로 이동하지만 30세 이후로는 준전문직(Ic), 전문직(Ib), 및 사무직(IIIa), 숙련 및 반숙련 육체노동(VIIa1)과 비취업상태(NE)를 경험하기도 하는 것으로 보인다. 관리자궤적은 전문직 및 준전문직궤적에 비해서 내부적으로 매우 이질적이다.[7]

---

7) 관리자궤적은 30대 후반에도 관리직 이외의 상태를 경험하는 비율이 매우 높아서 내부적으로 상이한 계급이동궤적들이 혼재되어 있을 가능성도 배제할 수 없다. 40개 집락으로 세분하여 분석한 결과를 보면 11개 집락구분에서 도출된 관리자계급궤적에는 순수관리자궤적과 대학원졸 전문가궤적, 준전문가궤적이 혼재되어 있음을 보여준다. 상세한 설명은 본장의 3절을 참고바람.

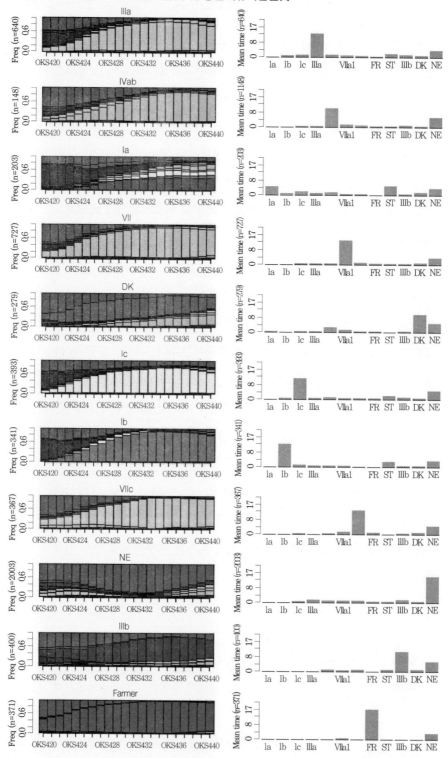

〈그림 1〉 11 계급궤적 상태분포플롯 및 평균체류기간플롯

골드소프가 일상적 비육체노동으로 분류한 사무노동자계급궤적은 준전문직과 유사한 재학기간을 거친 후 초기에는 판매서비스직, 준전문직, 생산직 등을 단기간 경유하기도 하지만 이후로는 비교적 사무직에 지속적으로 체류하며 30대중반 이후로는 일부 자영업으로 전환하기도 한다. 서비스노동궤적은 사무노동궤적에 비해서 재학기간이 짧고 비취업기간이 길며, 30대 이후 생산직 숙련 및 미숙련육체노동이나 자영업으로 이동하는 사례가 증가한다.

생산직 숙련 및 반숙련육체노동계급궤적(VIIa1)은 재학기간이 짧고 미숙련육체노동상태와 이동이 다소 보이기도 하지만 대부분 숙련 및 반숙련육체노동상태에 지속적으로 머무르는 안정적인 이동궤적이다. 미숙련육체노동계급궤적은 재학기간이 매우 짧고 일부는 20대에 농업을 단기간 경유하기도 하지만 대부분 미숙련육체노동상태를 지속한다. 다만 20대에 숙련노동에 종사하다가 하강한 경우도 발견되고 30대 후반에 숙련노동으로 상승이동 한 경우도 일부 발견된다.

쁘띠부르주아계급궤적(IVab)은 주로 단기간 생산직육체노동이나 판매서비스직에 종사하다가 자영업으로 전환한 이동경로로 판단되며 상대적으로 비취업상태에 체류하는 비율도 높다. 상태별 누적체류기간을 보면 쁘띠부르주아상태에 체류하는 기간은 11년으로 짧고, 숙련육체노동(1.5년), 미숙련육체노동(0.7년), 서비스노동(0.9년)등 다양한 상태를 경유하는 것으로 보인다.

농민궤적은 비취업상태에 있다가 농업에 취업한 이후로는 다른 상태로 이동하지 않고 거의 대부분의 기간을 농업상태로 지속한다. 마지막으로 비취업궤적은 20세부터 40세까지의 기간 중 대부분을 비취업상태로 보내는 궤적인데 30세를 전후하여 비취업 비율이 늘어나서 결혼과 출산

전후로 경력단절을 경험하는 여성배열로 판단된다. 다만 단기간 경험하는 취업상태는 서비스노동, 사무노동, 생산직, 자영업 등 다양하게 이루어져 있다.

전체코호트대상으로 각 집락(계급궤적)별로 주된 상태의 누적체류기간을 보면 농민궤적이 농민상태에 체류한 기간이 16.6년으로 가장 길고, 다음으로 비취업궤적이 비취업상태에 체류한 기간이 14.4년으로 길게 나타났다. 주된 상태 체류기간이 긴 순서로 보면 그 다음이 (반)숙련육체노동자계급궤적, 미숙련육체노동자계급궤적(VIIa2)이며 전문가궤적과 사무노동자궤적이 그 뒤를 잇는다. 전체코호트의 상태이동회수를 보면 역으로 농민궤적이 평균 1.27회로 가장 적고 다음이 미숙련노동자궤적 2.18회, 숙련노동자궤적 2.4회 전문가궤적 2.42회의 순이며 이동회수가 가장 높은 궤적은 판매서비스노동자궤적이다. 주된 계급누적체류기간이 길고 이동회수가 적을수록 해당 계급궤적은 안정적이고 지속성이 높다고 말할 수 있으며, 반면에 주된 계급누적체류기간이 짧고 이동회수가 많을수록 해당 계급궤적은 불안정하다고 볼 수 있다. 그런 측면에서 보자면 농민계급궤적, 숙련 및 반숙련노동자궤적, 전문가궤적이 안정성이 높은 반면에 판매서비스노동자궤적은 전체코호트로 볼 때 안정성과 지속성이 낮다고 판단된다.

코호트별 변화를 보면 X세대로 올수록 모든 유형에서 주된 상태 체류기간이 단축되고 이동회수가 증가한 것을 볼 수 있다. 최근세대로 올수록 졸업연령과 노동시장진입연령이 증가한 점을 감안할 때 X세대에서 이동회수가 전반적으로 증가하였다는 점은 그만큼 노동시장의 변동성이 커지고 취업과 비취업간의 이동이나 계급위치 간 이동이 빈번해졌음을 암시한다.

코호트별 차이를 계급궤적별로 세부적으로 살펴보면 X세대로 올수록

농민궤적의 주된 계급상태누적체류기간은 급격하게 짧아졌으며, 미숙련
노동자궤적과 준전문직궤적도 비교적 큰 폭으로 주된 상태 체류기간이
단축되었다. 그 결과 X세대에서는 숙련노동자궤적, 전문가궤적, 사무노
동자궤적이 비교적 지속성이 크고, 판매서비스궤적과 쁘띠부르주아궤적
은 지속성이 낮은 것으로 드러났다. 이동회수의 측면에서도 X세대는 그
이전 세대에 비하여 누적 이동회수가 증가하였는데, 특히 농민궤적, 미
숙련노동자궤적, 쁘띠부르주아궤적, 준전문가궤적에서 이동회수가 크게
증가하였다. 그 결과 X세대후기에 이르면 판매서비스궤적, 미숙련노동
자궤적, 쁘띠부르주아궤적이 이동빈도가 높고, 예외적으로 상층의 서비
스계급 중 준전문가궤적도 3.52회로 이동성이 높게 나타났다.

〈표 3〉 계급궤적별 주요 계급상태 누적체류기간평균

계급궤적 / 배열요소	Ia	Ib	Ic	IIIa	IIIb	IVab	VIIa1	VIIa2	Farmer	NE	DK
Ia	4.9	0.1	0.1	0.0	0.0	0.0	0.0	0.0	0.0	0.0	0.1
Ib	0.7	12.9	0.4	0.2	0.1	0.0	0.1	0.0	0.0	0.2	0.0
Ic	1.7	0.9	11.7	0.5	0.1	0.3	0.2	0.1	0.0	0.3	0.1
IIIa	1.0	0.3	0.4	12.5	0.3	0.2	0.2	0.0	0.0	1.2	0.1
IIIb	0.5	0.3	0.7	0.6	11.1	0.9	0.3	0.2	0.2	1.4	0.5
IVab	1.3	0.2	0.5	1.0	0.9	11.0	0.3	0.2	0.2	0.9	2.8
VIIa1	0.5	0.2	0.4	0.6	0.5	1.5	13.8	1.2	0.3	1.0	1.1
VIIa2	0.4	0.0	0.2	0.2	0.8	0.7	0.9	13.4	0.1	0.7	0.5
FR	0.0	0.0	0.0	0.0	0.1	0.2	0.4	0.7	16.6	0.2	0.4
NE	3.5	3.2	4.7	3.3	5.6	5.5	3.7	4.4	3.2	14.4	5.0
DK	1.2	0.2	0.3	0.4	0.7	0.4	0.6	0.6	0.2	0.4	10.1
ST	5.3	2.7	1.6	1.6	0.8	0.3	0.5	0.0	0.1	0.2	0.1

〈표 4〉 계급궤적유형별 주된 상태 평균체류기간 및 이동횟수

계급궤적 유형		Ia	Ib	Ic	IIIa	IIIb	IVab	VIIa1	VIIa2	Farm-er	NE	DK
주된 상태 평균 체류 기간	전체	4.9	12.9	11.7	12.5	11.1	11.0	13.8	13.4	16.6	14.4	10.1
	해방 세대	11.9	13.1	14.0	13.7	12.4	12.7	14.9	14.5	17.0	15.8	10.1
	베이비 부머	7.1	13.9	12.6	13.2	10.7	10.9	13.8	13.7	16.7	14.8	10.3
	X세대 전기	2.6	12.3	10.9	11.4	11.2	10.1	13.9	12.3	15.1	13.8	9.3
	X세대 후기	1.4	12.6	11.7	12.3	10.6	9.6	12.7	11.8	11.2	12.8	10.1
평균 이동 횟수	전체	3.17	2.42	2.97	2.52	3.19	2.51	2.40	2.18	1.27	2.47	2.80
	해방 세대	1.79	1.45	1.53	1.49	2.08	1.63	1.46	1.4	1.12	1.61	2.21
	베이비 부머	2.58	1.81	2.26	2.04	3.07	2.31	2.18	1.99	1.26	2.28	2.95
	X세대 전기	3.56	2.73	3.18	2.8	3.38	3.2	2.92	2.95	1.5	2.82	4.17
	X세대 후기	4.1	2.93	3.52	2.98	3.82	3.53	3.01	3.57	3.15	3.25	3.47
취업 기간 중 체류 비율	전체	40.3%	85.5%	79.4%	77.9%	75.5%	72.8%	82.1%	81.0%	93.7%	224.4%	63.6%
	해방 세대	80.6%	89.1%	88.5%	87.2%	83.3%	82.5%	88.0%	86.6%	96.0%	305.6%	66.9%
	베이비 부머	52.8%	88.2%	82.9%	80.3%	72.9%	73.2%	82.1%	81.3%	93.4%	245.8%	65.4%
	X세대 전기	23.3%	83.2%	74.7%	71.9%	75.7%	66.1%	80.1%	76.6%	88.5%	201.4%	51.3%
	X세대 후기	15.3%	84.3%	79.4%	77.0%	73.8%	63.9%	78.1%	73.4%	72.5%	166.1%	57.2%

그런데, 상대적으로 타계급과의 이동이 드물고 상대적으로 폐쇄성이 높다고 알려진 전문직궤적이나 준전문직궤적이 주된 상태 체류기간이 길지 않은 것으로 나타났는데, 이들 궤적이 주로 고학력자들의 경로이기 때문에 총 취업기간 자체가 짧기 때문일 수 있다. 이를 감안하여 취업이 후의 '계급간'의 이동성 및 폐쇄성을 살펴보기 위하여 학생과 비취업상태를 제외하고 총 취업기간 중 주된 상태 체류기간의 비율을 측정한 결과가 〈표 3〉의 하단이다. 이를 보면 해방후 출생세대에 비하여 X세대는 총 취업기간 중 주된 상태체류 비율이 모든 궤적에서 대체로 10% 정도 하락하는 것으로 나타났다. 비경제활동기간을 제외한 취업기간만을 고려하였다는 점에서 보면 최근세대로 올수록 40세에 이를 때까지도 경력이 안정화되지 못하는 것으로 나타났으며 이는 90년대 중반이후 노동시장의 전반적 불안정성을 반영하는 것으로 판단된다.

해방후 세대의 총취업기간 중 주된 상태 체류기간의 비중을 보면 농민계급궤적이 전체 취업기간의 96.0%를 농민계급상태에 체류하여 당시에는 농민궤적이 매우 폐쇄적임을 알 수 있다. 그리고 다음이 전문가궤적(89.1%)이며 준전문가궤적(88.5%), 사무노동자궤적(87.2%), (반)숙련노동자궤적(88.0%)도 주된 상태체류비율이 상당히 높게 나왔다. 그러나 이 비율은 전반적으로 X세대로 올수록 비교적 큰 폭으로 감소하는데, 특히 농민궤적은 X세대후기에 이르면 72.5%로 급감한다. 미숙련노동자궤적 역시 86.6%에서 73.4%로 크게 줄어든다. 반면에 전문가궤적은 동기간 감소폭이 작아서 X세대 후기 코호트에서는 전문가궤적이 주된 상태 체류비율이 84.3%로 가장 안정성과 지속성이 높으며 다음으로 준전문가궤적(79.4%), 숙련노동자궤적(78.1%) 등이 뒤를 잇는다. 반면에 쁘띠부르주아궤적이 가장 안정성이 낮고 다음으로 미숙련노동자궤적과 판매서비스노동자궤적이 불안정하고 판단된다.

주된 계급상태의 지속성과 안정성이라는 측면에서 해석해보자면 최근
세대로 올수록 대부분의 계급궤적에서 지속성과 안정성이 저하되는 특
징을 보여주는데 이는 X세대가 노동시장에 진입한 90년대 중반이후 노
동시장의 유연화와 청년층의 직무탐색기간의 장기화 추세를 반영한 것
으로 판단된다.[8] 다만 그 가운데서도 전문가궤적과 준전문가궤적은 지식
재 보유로, 숙련노동자궤적은 기술재 보유로 인하여 상대적으로 높은 지
속성을 보이는 것으로 판단된다(한준, 2001: 162).

2) 코호트별 성별 계급궤적 분포 추세

성별 코호트별 분포추세의 변화를 보면 X세대로 오면서 남녀 모두 서
비스계급에 속하는 관리자궤적, 전문가궤적, 준전문가궤적이 증가하였
으며, 일상적비육체노동자계급에 속하는 사무직노동자궤적과 판매서비
스노동자궤적도 증가하였다. 반면에 농민궤적은 가장 큰 폭으로 감소하
였으며 다음으로 미숙련육체노동자궤적과 쁘띠부르주아궤적이 최근세
대로 오면서 감소하였다. 남녀별로 구분해서 보면 서비스계급 중에서는
최근으로 올수록 준전문가궤적을 걷는 여성이 급증하여 X세대후반에

---

8) 한편 비취업상태나 재학기간을 제외한 총 취업기간중의 상대적 비율로 측정했을 경우
에도 전반적으로 계급궤적들의 지속성과 안정성이 최근세대로 올수록 저하된 점은 계
급고착화 주장과는 배치되는 것으로 보이기도 한다. 왜냐하면 계급궤적들의 주된 상태
지속성의 저하는 적어도 40세까지는 세대내 계급이동이 비교적 활발하다는 것을 암시
하기 때문이다. 다만 한 가지 가능성은 전반적으로 노동시장 진입연령의 상승이나 진입
초기의 직무탐색기간의 장기화로 상층 계급들의 경우에도 안정화단계에 도달하는 연령
이 30대후반이후로 연기되었을 가능성이 있으며, 그 결과 40세까지의 주된 상태 누적
체류기간이 전반적으로 하락했을 가능성도 있다. 베이비부머의 중년이후 경력이동 연
구를 보면 40세 이후 경력의 안정성이 계층별로 크게 차이를 보인다는 보고(이영민·
임정연, 2014)를 감안하면 향후 40세 이후로 관찰기간을 연장하여 보다 정밀하게 분석
할 필요가 있다고 판단된다.

〈표 5〉 코호트별 성별 계급계적 분포표

	sex	Ia	Ib	Ic	IIIa	IIIb	IVab	VIIa1	VIIa2	Farmer	NE	DK	전체
남	해방후세대	27 3.1%	36 4.1%	24 2.7%	67 7.6%	46 5.2%	174 19.7%	120 13.6%	101 11.4%	105 11.9%	89 10.1%	95 10.7%	884 100%
	베이비부머	52 3.9%	71 5.4%	59 4.5%	146 11.0%	62 4.7%	287 21.7%	238 18.0%	124 9.4%	66 5.0%	126 9.5%	91 6.9%	1,322 100%
	X세대전기	41 5.8%	56 8.0%	50 7.1%	126 18.0%	34 4.9%	120 17.1%	131 18.7%	49 7.0%	13 1.9%	54 7.7%	27 3.9%	701 100%
	X세대후기	41 4.7%	103 11.8%	78 9.0%	165 18.9%	65 7.5%	116 13.3%	167 19.2%	45 5.2%	11 1.3%	65 7.5%	15 1.7%	871 100%
	남자전체세대	161 4.3%	266 7.0%	211 5.6%	504 13.3%	207 5.5%	697 18.4%	656 17.4%	319 8.4%	195 5.2%	334 8.8%	228 6.0%	3,778 100%
여	해방후세대	1 .2%	4 .7%	10 1.7%	6 1.0%	28 4.6%	104 17.2%	15 2.5%	11 1.8%	103 17.0%	301 49.8%	22 3.6%	605 100%
	베이비부머	10 .9%	18 1.6%	36 3.2%	24 2.2%	53 4.8%	185 16.7%	33 3.0%	22 2.0%	58 5.2%	648 58.3%	24 2.2%	1,111 100%
	X세대전기	13 2.1%	18 2.9%	40 6.4%	35 5.6%	47 7.5%	102 16.4%	13 2.1%	7 1.1%	13 2.1%	332 53.3%	3 .5%	623 100%
	X세대후기	18 2.4%	35 4.6%	96 12.7%	71 9.4%	65 8.6%	60 7.9%	10 1.3%	8 1.1%	2 .3%	388 51.4%	2 .3%	755 100%
	여자전체세대	42 1.4%	75 2.4%	182 5.9%	136 4.4%	193 6.2%	451 14.6%	71 2.3%	48 1.6%	176 5.7%	1,669 53.9%	51 1.6%	3,094 100%

오면 절대적인 수에서도 여성이 남성을 앞지르기에 이르렀다. 여성노동이 양극화하는 가운데 고학력 여성전문직이 증가하고 있으나 이는 특히 준전문직궤적을 걷는 여성의 급증이 주도하는 것으로 보인다. 일상적 비육체노동계급에 속하는 사무직과 판매서비스궤적 역시 최근세대로 올수록 증가하고 있는데 이중에서는 판매서비스궤적의 여성 증가폭이 두드러진다.

생산직 육체노동자계급 중에서는 미숙련노동자궤적에 속한 남성들의 감소가 비교적 뚜렷하며 숙련 및 반숙련노동자궤적의 남성들은 베이비부머세대에서 크게 증가한 후 X세대에서도 감소하지 않고 있다. 반면에 여성들의 경우 남성에 비해서 원래부터 규모가 작았지만 최근세대로 올수록 숙련노동자궤적과 미숙련노동자궤적 모두에서 감소세를 보이고 있다. 비취업궤적은 대부분 여성들의 궤적이라고 볼 수 있는데, 남성의 경우에는 X세대에 오면 남성배열의 7.5~7.7%로 다소 줄어들지만 여성의 경우 X세대에서도 여전히 전체 여성의 51~53%가 이 궤적에 속할 정도로 높은 비율을 유지하고 있다. 이는 X세대에서도 여전히 40세 이전 취업경험이 1회 이상인 여성의 과반수가 비취업을 주된 특성으로 하는 취업경력을 보여준다는 점에서 여성의 계급이동궤적은 계급위치 자체보다는 비취업기간의 장단에 의해서 우선적으로 특징지어진다고 보인다.

마지막으로 쁘띠부르주아궤적은 최근세대로 올수록 감소추세를 보이고 있다. 이 궤적은 20대에 바로 자영업을 시작하거나 서비스노동이나 사무노동, 숙련육체노동 등을 단기간 경험한 후 조기에 자영업으로 전환한 이행경로들로 이루어져 있는데 최근세대로 올수록 그 규모가 줄어들고 있다. 외환위기 이후 기업구조조정과 실업대란을 겪으면서 자영업자가 증가했다는 보도에 비추어보면 다소 의외로 보이기도 하나 이는 사무직노동계급이나 서비스노동계급 등에 장기간 체류하다가 30대 후반에 자영업으로 전환하는 유형들은 사무노동궤적이나 서비스노동궤적으로 집락이 분류되었고 쁘띠부르주아궤적에는 쁘띠부르주아체류기간이 상대적으로 긴 배열들만 포함되었던 점에 기인하는 것으로 보인다.[9]

코호트별 계급궤적 분포 분석의 결과 최근코호트로 올수록 전문직 및 준전문직궤적이 증가하고 (판매)서비스노동궤적이 증가한 점은 X세대가 탈산업화와 서비스사회로의 변화를 본격적으로 경험하면서 직업경력을 축적해온 세대이기 때문으로 판단된다. 그런데 이러한 변화는 성별로 상이한 영향을 미친 것으로 보이는데 특히 여성들의 경우에는 상층의 서비스계급 중에서는 전문직 보다는 준전문직궤적에서 급속도로 증가하였으며, 다른 한편으로 하층에서는 판매서비스노동을 주로 하는 서비스노동계급궤적에서 급속도로 증가하였음을 알 수 있다.

뿐만 아니라 탈포드주의적 생산체제로의 변화를 반영하여 포드주의적 계급궤적이라고 볼 수 있는 육체노동계급궤적들도 감소하거나 정체한 것을 볼 수 있다. 다만 육체노동계급궤적의 감소는 주로 미숙련육체노동계급에 종사하는 남성들의 감소를 통해서 나타났는데 이는 미숙련육체노동계급을 경유하는 여성들이 대부분 비취업궤적으로 분류되어 미숙련육체노동자궤적에 해당하는 여성의 규모자체가 작았기 때문이다. 한편 여성들의 경제활동참여가 증가하였음에도 불구하고 X세대후기 여성배열의 과반수가 여전히 비취업궤적에 속한다는 사실은 여성의 배열은 직

---

9) 다음절의 세부계급궤적 분석에 의하면 X세대에서는 자영업부문에 바로 취업하여 지속하는 유형이 대폭 감소하였고 그것이 자영업궤적의 감소를 초래하였다. 베이비부머 세대나 그 이전세대에서는 초기에 비취업에서 바로 자영업으로 취업하여 지속하는 사례가 많았으나 최근세대로 올수록 자영업 창업에 요구되는 사업기반이나 기술 및 자본의 규모가 커져서 노동시장 신규진입자가 바로 자영업에 뛰어들기 어렵기 때문으로 추정된다.

종이나 계급위치보다는 취업기간 내지 비취업기간에 의해서 좌우된다는 점을 보여준다.

3) 하위계급궤적 분석

그런데 11개 계급궤적만 분석하는 것으로는 한계가 있다. 우선 여성의 50%가 속하는 비취업궤적의 경우 40세까지 전혀 취업경험이 없는 사람은 분석대상에서 제외하였음을 감안한다면 비록 비취업상태가 이 궤적의 주된 공통적 특징이기는 하지만 내부적으로는 사무직, 판매서비스직, 육체노동직종 등 다양한 경로를 거치고 있다. 그리고 관리자계급궤적 또한 11계급분류로 하나로 묶이기는 했으나 내부적으로는 매우 이질적일 것으로 추정된다. 따라서 이하에서는 40개 집락으로 하위계급궤적을 도출하여 성별 코호트별 추세를 파악해보고자 한다.

〈표 6〉 서비스계급 주요 하위궤적

11집락	40집락번호: 집락특성: 최빈상태배열
관리자궤적(Ia)	9: 대졸 준전문직형, 여성증가 남성증가, 남성비율(77.4%): ST,6)-(DK,2)-NE,3)-(DK,1)-(Ic,5)-(IVab,4) 28: 순수관리자형, 남성감소 여성비중미미 남성지배형(남성비율 89.7%): (NE,6)-(Ia,15) 38: 대학원졸 전문직형, 남성급증 여성증가 남성비율(63.4%): (ST,15)-(Ib,6) ib ic iiia
전문가궤적(Ib)	3: 조기전문직취업후지속형: (ST,2)-(NE,2)-(Ib,17) 6: 고학력형 늦은취업형 남성급증 남성지배형(91.2%): ((ST,5)-(NE,3)-(Ib,13)
준전문가궤적(Ic)	1: 조기취업후지속형 여성급증 남성급증 급속증가형 남성우위(64.7%)혼합형: (ST,4)-(Ic,17) 29: 중간형 30말에 일부퇴장 여성급증 남성증가 여성우위혼합형(38.5%): (ST,2)-(NE,1)-(Ic,12)-(NE,6) 32: 늦은 취업형 여성급증 여성형(남성비율 29.2%): (NE,14)-(Ic,7)

주: 남성형궤적 남성비율 70%이상, 90%이상은 남성지배형, 혼합형궤적은 30-70%, 여성형궤적은 30%이하.

① 서비스계급궤적 하위유형

관리자 궤적(Ia)은 세부적으로는 순수관리자궤적(집락28)과 고학력 준전문가 궤적(9), 대학원졸 전문가궤적(38)으로 세분된다. 11개 집락으로 구분한 관리자계급궤적에는 사실상 고학력 전문가 및 준전문가 궤적이 혼재되어 있었던 것이다. 순수관리자하위궤적은 78명 중 70명이 남성이며 여성은 거의 없다. 남성들 중에서는 베이비부머 세대에 비해서 X세대로 오면서 그 비중이 줄어들고 있다. 이는 최근세대로 오면서 고학력에 따라서 입직연령이 높아지면서 40세 이전에 관리자로 승진하는 경우가 줄어들었기 때문으로 보인다. 다음으로 대학원졸 전문가 하위궤적(38)의 최빈상태배열은 '재학/15년-전문가계급/6년: (ST,15)-(Ib,6)'으로서 34세에 최종학력을 획득하고 전문가로 진입한 유형이다. 그러나 이 궤적에는 사무직이나 자영업을 경험하는 사례도 일부 포함되어 있다. 이 유형은 X세대로 오면서 빠른 속도로 남녀모두 증가하고 있으나 수적으로는 여전히 남성이 많다. 마지막으로 관리자계급궤적에 속하는 하위경력궤적 유형에 대졸 준전문직 하위궤적이 포함되어 있는데, 최빈상태배열을 보면 25세에 대학을 졸업한 후 분류불가능한 일자리(DK)나 군입대 등으로 비취업(NE) 상태에 있다가 30세 이후 준전문직에 종사하다가 30대 후반에 자영업으로 이동하는 경로로 보인다. 이 유형은 남녀모두에서 최근코호트로 오면서 규모는 작지만 급속도로 증가하고 있는데 특히 여성의 증가속도가 가파르다.

전문가계급궤적(Ib)은 남녀 공히 X세대로 오면서 증가추세를 보였는데 여기에는 조기전문직 취업후지속형(3)과 고학력 늦은 취업형(6)의 두 가지 하위유형이 발견된다. 고학력 늦은 전문직 하위유형은 최근세대로 오면서 급속하게 증가하고 있다. 남성의 경우 해방후 세대에서 고학력 늦은 전문직하위유형은 1.7%, 베이비부머 세대에서는 2.3%에 불과하였으나 X세대 전기와 후기에는 각각 5.4%와 7.1%를 차지할 정도로 급속하게 증가하고 있다. 여성 역시 증가속도로 볼 때는 동기간 동안 0%에서 0.9%로 증가하였으나 아직 그 비중은 미미하여 전체적으로 볼 때 이 하위유형은 남성지배형 경력유형이라고 할 수 있겠다. 조기전문직 취업후 지속형의 경우에는 여성의 급속한 증가가 눈에 띈다. 여성의 경우 이 하위유형은 해방후 세대의 0.7%, 베이비부머세대의 1.4%, X세대 전기의 2.2%, X세대 후기의 3.7%로 빠른 증가 추세를 보이고 있다. 남성의 경우에도 동기간 2.4%에서 4.7%로 증가하였으나 여성의 증가속도가 더욱 빨라서 이 하위유형은 혼합형궤적으로 분류할 수 있겠다. 전문직궤적 하위유형들의 경우 여성은 대졸 후 바로 취업하는 하위 유형에서 빠른 증가를 보이고, 대학원이상의 고학력을 요구하는 고위전문직 궤적의 급증은 여전히 남성의 증가세가 주도하는 것으로 판단된다. 이는 앞에 관리자형 하위유형에 속했던 대학원졸 전문직형에서도 마찬가지로 나타난다.

서비스계급 중 최근코호트로 오면서 증가폭이 가장 두드러졌던 준전문직 계급궤적의 하위유형에는 조기 준전문직취업후지속형(1)과 늦은 준전문직취업형(32) 및 그 중간에 해당하는 하위유형(29)이 있다. 준전문직계급궤적 중 가장 규모가 큰 대졸조기취업 후 지속형은 남자의 비율이 67.4%로 남성우위혼합형으로 볼 수 있다. 그런데 코호트별 변화를 보면 남성의 경우 해방후 세대의 1.8%에서 X세대 후기의 6.3%로 증가해 온 반면 여성은 동기간에 1.0%에서 5.0%로 증가속도는 여성이 더 빠름을 알 수 있으며, 그 결과 남성지배적 경력유형이던 것이 혼합형경력유형으로 바뀐 것으로 보인다. 다음으로 하위유형29는 전문대졸 졸업후 준전문직에 취업하지만 30세를 정점으로 퇴장하기 시작하여 비취업을 경험하는데, 규모는 작지만 최근세대로 올수록 급속도로 증가하고 있으며 여성우위혼합형이라고 볼 수 있다. 여성의 경우 베이비부머 세대의 0.9%가 이 유형에 속했으나 후기 X세대에는 4.0%로 급증하였다. 반면 남성의 경우 동기간에 0.7%에서 1.7%로 증가하는데 그쳤다.

마지막으로 30세 이후 늦은 준전문직 취업형(32)은 초기에는 판매서비스직이나 사무직에도 종사하지만 대부분 비취업 상태로 장기간 지내다가 30대초반 이후 주로 준전문직으로 노동시장에 진입하는 유형이다. 늦은 준전문직 취업형은 남녀비율로는 여성이 70.8%를 차지하여 여성형에 해당하며 최근세대로 올수록 급속도로 증가하는 준전문직 하위계급궤적유형이라고 하겠다. 해방후 세대에서 X세대후기 기간 동안 여성은 0.7%에서 3.7로 크게 증가한 반면 남성은 0.3%에서 0.9%로의 증가에 그쳤다.

산업사회에서 서비스사회로 이행하면서 증가하는 서비스직종은 상층의 전문직 및 준전문직과 하층의 판매서비스직 및 단순미숙련서비스노동으로 나뉜다. 골드소프의 계급분류도식에 의하면 상층의 전문직과 준전문직은 서비스계급으로, 하층의 판매서비스직은 일상적비육체노동계급에 속하는 서비스노동으로 분류된다. 서비스사회로의 변화는 상층의 서비스계급 증가를 수반하는데, 대체로 고학력 전문직궤적들의 증가는 남성이 주도하며 여성은 준전문직 궤적의 증가를 주도하는 것으로 나타났다. 특히 전문직 중에서도 대학원이상의 초고학력 전문직은 남성의 증가가 주를 이루는 반면 여성은 상대적으로 대학졸업이후 바로 취업하는 전문직하위유형에서 증가세가 두드러진다. 한편 준전문직궤적의 하위유형들 중에서 조기취업형이 아닌 중간형이나 늦은 취업형의 여성급증에서는 가족이행주기나 출산양육에 따른 경력단절과 무관하지 않은 것으

로 추정된다.[10]

② 사무노동자계급궤적(IIIa) 및 판매서비스노동계급궤적 하위유형(IIIb)

〈표 7〉 사무노동계급궤적 및 서비스노동궤적의 주요하위궤적

11집락	40집락번호: 집락특성: 최빈상태배열
사무노동자궤적 (IIIa)	10: 조기지속형 남성형 77%: (NE,4)-(IIIa,17) 5: ST-IIIa형 대졸고학력형 남성형(85%) X세대형: (ST,5)-(IIIa,16) 23:IIIa-IV 자영업전환형 남성우위혼합형(65%) 준 X세대형: (ST,3)-(IIIa,10)-(IVab,8) 2: NE/IIIb/VII 경과후 IIIa형 남성형(78%): (NE,10)-(IIIa,11)
서비스 노동자궤적 (IIIb)	14: NE 후 30대취업형 다소불안정형 육체노동계급 자영업과 이동/혼재 남성비(32%) 여성형. X세대에서 증가 여성위주형 여성 증가세가 전체 추세 주도: (NE,12)-(IIIb,9) 30: 조기지속형 남성은 감소 4.1 〉1.8 여성은 증가.. 1.5 〉3.6 전체비중은 유지. 남성비율(58%): (NE,4)-(IIIb,17) 37: 고학력 IIIb-퇴장후 iv로일부재진입 남성지배형(96%) 규모작으나 남성형 궤적 남성 0 〉3.0%로 급증 여성은 극히 미미한 수. 전체 비중 증가(ST,5)-(NE,1)-(IIIb,15)

사무직 노동자계급궤적(IIIa) 역시 최근세대로 올수록 빠른 속도로 증가하였는데 증가속도에서는 여성의 증가속도가 빠르지만 여전히 배열의 수에서는 남성이 전체의 78%를 차지하여 사무노동자계급궤적 전체는

10) 젊은 세대의 여성들을 중심으로 고학력 전문직 여성들 사이에서는 경력단절이 보이지 않으며 가사노동의 부담보다는 직장에서 여성의 직무능력을 제대로 평가해주지 않는 기업문화 때문에 더 힘들어한다는 주장도 있으나(손승영, 2005; 민현주, 2008) 뒤에서 살펴볼 것처럼 여전히 여성 전문직이나 준전문직 종사자 중에서 비취업궤적에 속할 정도로 경력단절을 심하게 경험하는 경우도 있다. 그리고 준전문직계급궤적이나 전문직계급궤적의 하위유형들 중에서도 늦은취업형이나 중간형의 경우에는 여전히 경력단절에서 완전히 자유롭지는 않은 것으로 보인다.

남성형궤적이라고 할 수 있다. 다만 여성의 빠른 증가로 X세대 후반에 이르면 사무노동자계급궤적을 걷는 남성의 비율은 70%로 하락한다.

하위유형들을 살펴보면 사무직에 취업하여 지속하는 조기취업지속형(10)과 대졸후사무직취업지속(5)이 눈에 띈다. 가장 규모가 큰 조기취업지속형(10)은 전체적으로 남성비율이 85%에 달하는 남성형 궤적인데 최근세대로 오면서는 남성의 비중이 줄어들고 규모는 작지만 여성은 증가하고 있다. 반면 대졸고학력사무노동자궤적형(5)은 X세대 남성의 8% 정도를 차지하여 베이비부머 세대의 2%에 비해 큰 폭의 증가세를 보인다. 여성의 경우에는 베이비부머세대의 0.2%에서 X세대의 1.4~2.0%로 빠른 증가속도를 보이지만 아직 그 규모는 크지 않다.

한편 집락유형2는 20대에 비취업과 서비스노동 혹은 육체노동을 경험한 후 30대에 사무직으로 전환하는 유형인데 남성의 경우 해방후 세대의 2.5%에서 X세대후반의 4.6%까지 그 비중이 증가하였고 여성의 경우에는 동기간에 0.0%에서 2.0%로 증가하였다.

마지막으로 사무직후 자영업전환형(23)은 대학 또는 전문대 졸업 후 10년 정도 사무직에 종사하다가 30대에 자영업으로 전환하는 유형인데 베이비부머세대까지는 남녀 공히 전체의 0.5%미만에 불과하던 것이 X세대에 와서는 남성의 경우 1.3~2.3%, 여성의 경우 1.2~1.3%로 증가하였다.[11]

골드소프가 일상적비육체노동계급으로 분류했던 판매서비스직에 종사하는 서비스노동 계급궤적(IIIb) 역시 최근세대로 올수록 비교적 빠른

---

11) 사무직종사자의 쁘띠부르주아로의 이동은 이전세대에서는 40세 이전에는 별로 없었던 것으로 보이나 최근세대에서는 30대의 젊은 사무직종사자들도 노동시장의 고용불안에 노출되어 조기에 자영업으로 전환하는 사례가 생겨나는 것으로 추정되나 전체적으로 하위집락23의 규모는 X세대의 경우에도 1.5%에 불과할 정도로 작은 편이다.

속도로 증가하였으며 특히 여성 서비스노동계급이 증가세를 주도하였다. 이 계급에 속하는 하위유형들로는 조기판매서비스노동취업후지속형(30), 비취업경과후30대취업형(14), 고학력서비스노동취업후일부자영업이동형(37)이 있다. 조기판매서비스직취업후지속형에서는 남성은 해방후 세대의 4.1%에서 후기 X세대의 1.8로 전체 남성에서 차지하는 비중이 감소해왔다. 반면에 여성에서 차지하는 비중은 1.5%에서 3.6%로 증가하여 전체인구에서 차지하는 비중은 2.2~2.5%로 유지되었으며 남녀혼성궤적이라고 볼 수 있다. 장기 비취업 후 30대에 판매서비스직에 취업하는 집락14는 전반적으로 20대에는 비취업상태에 머물다가 30대에는 육체노동이나 자영업을 경험하기도 하는 다소 불안정한 유형으로서 남녀모두 최근세대로 올수록 증가하고 있으며, 전체적으로 남성의 비율은 32%에 불과하여 여성형 하위궤적이라고 판단된다. 30대 초반 이후 노동시장진입의 증가를 보이는 점도 여성형 궤적이란 점에 기인하는 것으로 보인다. 다만 퇴직 후 재취업형이 아니라 30대 중후반 최초진입사례가 많은 것이 이 유형의 특징이다.

마지막으로 고학력서비스노동하위궤적(37)은 대학졸업 후 판매서비스직종에 취업하는 유형으로서 30대 초반 이후 일부는 자영업으로 이동하기도 한다. 이 유형에는 남성비율이 96%에 달하여 남성만의 계급궤적유형으로 보이며 해방후 세대에서는 남성중 이 유형에 속하는 사람이 전혀 없었으나 후기 X세대에 이르면 전체남성 직업배열의 3.0%로까지 증가한다.

전체 배열의 수를 보면 이 유형에는 55개 배열만 있어서, 조기취업형 164개, 비취업후30대늦은취업형 181개에 비하여 그 규모는 매우 작다. 전체적으로 서비스노동자계급 궤적의 증가는 주로 전통적인 조기지속형에서 남성의 감소와 여성의 증가, 30대 이후 취업형에서 결혼, 출산후 노동시장 진입하는 여성들에 의해서 주도되고 있으나 예외적으로 고학력 남성 서비스형도 새롭게 나타나고 있다고 하겠다.

〈표 8〉 육체노동궤적들 및 쁘띠부르주아계급궤적의 하위궤적

11집락	40집락번호: 집락특성: 최빈상태배열
숙련및 반숙련궤적 (VIIa1)	12: 조기지속형 남성지배형(95.7%) 남성유지 여성비중미미 전체감소: (NE,3)–(VIIa1,18) 18: 지연취업형 남성지배형(84.7%) 남성증가 여성감소 전체유지: (NE,8)–(VIIa1,13)
미숙련노동 궤적(VIIa2)	7:조기취업후지속형 남성지배형(92%) 남성급감 여성비중미미: (NE,1)–(VIIa2,20) 8: 지연취업후지속 남성지배형(83.8%) 남성다소감소: (NE,8)–(VIIa2,13)
농민궤적	39: 조기취업형 남녀모두 급감 40: 지연형 남녀모두 급감
쁘띠부르주아 궤적(IVab)	4: 조기취업지속형 남성위주혼성형, 남녀모두 감소: IV 13: 지속형 20대후반취업 혼성형 남녀모두 감소: NE–IV 22: 늦은취업형 30대자영업 여성우위혼성형 여성감소: NE–IV 24: (반)숙련경과후자영업전환형 남성지배형 여성유지 남성감소: VIIa1–IV 26: (반)숙련단기체류후자영업전환 여성99.4% 여성증가: VIIa1–IV 15: 미숙련노동경과후 자영업전환형 남성지배형 경미감소: VIIa2–IV 17: 서비스노동경과후 자영업전환형 혼성형 소규모, 남성감소 여성증가: IIIb–IV

③ 미숙련노동계급궤적을 중심으로 육체노동궤적 다소 감소

육체노동계급에는 숙련 및 반숙련육체노동궤적(VIIa1)과 단순노동궤적(VIIa2)이 있다. 숙련 및 반숙련육체노동궤적(VIIa1)은 남성지배적 계급궤적으로서 남성의 경우 베이비부머 세대에 18%까지 급증한 후 X세대에서도 전체 남성배열의 18.7~19.2%를 차지하고 있다. 반면에 여성

의 경우 해방후 세대에서는 2.5%, 베이비부머 세대에서는 3.0%까지 증가하였으나 이후 1.3%까지 감소하였다. 다만 이들 육체노동직종에 종사한 경험이 있는 사람들이 모두 이 계급궤적에 속하는 것은 아니면 특히 비취업경험이 많은 여성 육체노동자들의 경우 집락분석의 결과 대부분 비취업유형으로 분류되었고, 상대적으로 숙련및반숙련육체노동계급궤적은 일단 취업하면 노동시장에서 퇴장하지 않고 취업을 지속하는 사례들만을 포함한다. 따라서 전체적으로 이 유형에 속하는 배열 중 남성은 656명인데 비하여 여성은 71명에 불과하다.

숙련및반숙련육체노동계급궤적의 하위유형에는 조기취업후지속형(12)과 늦은취업형(18)이 있다. 이들 하위유형모두 남성지배적 하위궤적유형들로서 남성의 비율이 80~90%를 상회하며 취업 후에는 노동시장에서 퇴장하지 않으며 비취업상태를 경험하는 비율도 매우 낮다. 다만 늦은취업형이 상대적으로 취업시기도 늦을 뿐 아니라 단순노동이나 분류 불가능한 노동을 경험하는 비율이 높으며 코호트별로는 최근코호트로 올수록 늦은 취업형의 비중이 늘고 있다.

단순미숙련노동계급궤적 역시 조기취업후지속형(7)과 늦은취업후지속형(8)로 나뉘지만 일단 취업한 후에는 노동시장에서 퇴장하지는 않는다는 점은 숙련노동계급의 하위유형들과 동일하다. 이는 최빈상태배열에서도 뚜렷하게 나타난다. 조기취업형은 단순노동 체류기간이 평균 18년인데 비하여 늦은취업형은 평균 10.6년으로 줄어들고 대신 비취업 5.7년, 숙련노동 1.7년, 농업노동1년 등으로 상대적으로 이동이 다소 있는 것을 볼 수 있다. 단순노동계급궤적은 전체적으로 해방후 세대에 비하여 최근세대로 올수록 감소하였는데 이는 주로 조기취업지속형에서 남성의 감소에 기인한다. 해방후 세대 남성의 5.3%가 단순노동계급궤적 조기취업 하위유형에 속하였는데, 이 비율은 후기 X세대에 오면 1.1%로 감소한다. 다만 늦은취업형은 같은 기간 남성의 6.1%에서 4.0%로 감소하는데 그쳤다.

육체노동계급궤적은 전체적으로 숙련및반숙련노동계급은 별로 감소하지 않은데 비하여 미숙련육체노동궤적은 조기취업하위유형의 남성들이 감소하여 전체적으로 줄어들었다. 다만 육체노동궤적에 속하는 여성이 적은 이유는 생산직육체노동에 종사사다가 조기퇴직하거나 혹은 출산, 양육 후 30대 중반에 재취업하는 여성들의 배열은 비취업궤적으로 분류되었기 때문이다.

자영농과 농업노동자를 합친 농민계급은 해방후 세대에서는 남성의 12% 여성의 17%에 달하였으나 X세대에 이르면 남성은 1.3~1.9%, 여성은 0.3~2.1%로 급속히 감소하였다. 내부적으로는 조기취업후지속형과 늦은취업형으로 나뉘어 전자의 감소추세가 시기적으로 더 빠르지만 전체적으로는 후자의 하위유형도 급속한 감소를 보인다.

④ 쁘띠부르주아계급궤적

쁘띠부르주아궤적은 남성의 경우 베이비붐세대에 21.7%까지 증가했다가 X세대후기에는 13.3%로 감소하였다. 여성은 해방후 세대가 17.2%로 가장 높다가 X세대에는 7.9~16.4%까지 감소하였다. 하위궤적유형별로는 크게 보아서 자영업으로 바로 취업하는 유형과 육체노동계급이나 서비스노동계급을 경유하여 전환하는 유형으로 구분할 수 있다. 대체로 자영업에 바로 취업하는 3가지 하위유형들을 비취업상태에서 자영업에 취업하는 시기에 따라서 조기취업형, 중기취업형, 늦은취업형으로 나뉘는데 대부분 남녀혼성형이며 전반적으로 최근코호트로 올수록 감소세를 보인다. 다음으로 숙련및반숙련노동이나 미숙련노동을 상당기간 경과한 후 자영업으로 전환하는 유형은 남성지배형이고 단기간 체류 후 바로 자영업으로 전환하는 유형(26)은 여성형인데, 여성형 하위궤적(26)은 증가하는 반면 남성형하위궤적(24, 15)는 감소하고 있다. 마지막으로 소규모하위유형으로 서비스노동경과후자영업전환형이 있는데, 이 유형은 남성은 감소하고 여성은 증가하는 추세를 보이고 있다. 따라서 전체적으로 쁘띠부르주아궤적의 감소는 주로 비취업상태에서 바로 자영업에 취업하는 경로들이 주로 줄어드는데 기인하는 것으로 보이며, 상대적으로 서비스노동경과후자영업전환형이나 (반)숙련노동단기체류후자영업전환형의 여성배열은 최근세대에서 다소 증가하는 것으로 보인다.

〈표 9〉 비취업궤적의 하위궤적

11집락	40집락번호: 집락특성: 최빈상태배열
비취업 궤적(NE))	11: 장기비취업형 30대후반일부취업 전체NE궤적유형의 45% 차지 여성지배형(남성비 20%)남성감소, 여성큰폭감소: (NE,21) 34: 30대중반 최초진입후 지속형 VIIa1 NE하위유형중 유일한 혼합형 남성비48% 규모작고 남녀모두 완만한 감소추세: (NE,14)−(VIIa1,7) 21: IIIb후 퇴장형 베이비부머 세대에 여성의 8.5%로 증가후 유지 비교적 큰 유형 256명: (IIIb,6)−(NE,15) 25: IIIa후 30대중간 퇴장형 일부 서비스 자영업으로 재취업. 여성급증: (IIIa,11)−(NE,10) 26: IIIa후 조기퇴장형 여성급증 규모: (IIIa,6)−(NE,15) 20: VIIa1 후 퇴장형. 역 J형 베이비붐세대에서 4.6%까지 증가후 2.5%로 감소.: (VIIa1,6)− (NE,15) 27: IVab(VIIa2)_퇴장형 여성비 68% 여성감소: (NE,2)−(VIIa2,4)−(IVab,3)−(NE,12) 19: 고학력 (준)전문직 경유형−Ib Ic − Ne 일부 재취업 여성증가 여성비 83% 남성도 소수지만 증가: (ST,3)−(Ib,3)−(NE,15) 이질적 내부 16: DK − Ne 형: (DK,5)−(NE,16)

⑤ 비취업궤적

마지막으로 흥미로운 것은 대규모의 비취업궤적(NE)이다. 11개 계급궤적으로 집락분석 한 결과 비취업궤적에 속한 것은 남성 전체 배열의 8.8%(334개), 여성전체배열의 51.4%(1,669개)였다. 여성배열의 절반이상이 비취업궤적에 속한 것을 알 수 있다. 20세에서 40세까지 한 번도 취업한 경험이 없는 경우는 분석에서 사전에 제외하였음을 감안하면 이는 대단히 큰 비중이다. 비취업궤적의 분석은 기본적으로 여성궤적 분석이라고 할 수 있다. 비취업궤적은 20세에서 40세에 이르는 기간 동안 비취업상태가 가장 많다. 다만 취업기간을 중심으로 보면 조기취업후퇴장형(L자형)과 늦은취업형(좌우 바뀐 L자형), 그리고 앞의 양자가 결합된 퇴장후재취업형(좌우 바뀐 J형)으로 나눌 수 있으며, 취업시의 상태와 관련해서는 사무노동퇴장형, 육체노동퇴장형, 서비스노동퇴장형, 자영업퇴장형, 육체노동재진입형으로 분류할 수 있다.

비취업궤적은 20세에서 40세에 이르기까지 모든 기간 동안 비취업상태 체류가 주를 이루는 가운데 20대에 일부 취업하였다가 30세 전후에 경력단절을 경험하고 30대 후반에 재취업하는 U자형의 모습을 보인다. 그러나 본 연구의 관찰기간은 40세까지이므로 대체로 왼쪽이 놓은 좌우가 바뀐 J자형이 많다. 하위유형으로는 30대초까지 비취업상태로 있다가 30대 말에 취업상태로 전환하는 장기비취업형(11)이 가장 커서 전체의 비취업형의 45%를 차지한다. 이 유형은 지속적으로 비취업상태에 있다가 30대 말에 가서 처음으로 노동시장에 진입한다. 이 하위 유형중 가장 빈도가 높은 배열은 NE, 20-VIIa2, 1로서 40세에 처음으로 육체노동계급상태를 보인다. 장기비취업유형은 해방후 세대에서는 전체여성의 28.2%에 달할 정도로 컸지만 지속적으로 감소하여 X세대후기에 이르면

15.2%로 감소한다. 비중이 줄어들기는 하였으나 여전히 비취업궤적중 가장 큰 규모의 하위유형이다. 비취업하위유형 중 최근세대로 오면서 감소추세를 보이는 것으로는 이외에도 (반)숙련육체노동경험후퇴장형(20)과 미숙련육체노동—자영업경험후퇴장형(27)이 있다.

반면에 사무노동경험후퇴장형(조기퇴장형:26, 중기퇴장형:25)과 판매서비스직경험후퇴장형(21)은 젊은 코호트로 오면서 증가하고 있다. 마지막으로 하위유형19는 최빈상태배열을 보면 학생3년-전문직3년-비취업 15년으로 대학졸업 후 전문직 혹은 준전문직에 단기간 종사하다가 퇴장하는 모습을 보인다. 퇴장유형들의 경우에는 30대초에서 중반을 저점으로 하지만 대부분 40세에 가까워지면 일부 재취업을 시도하여 좌우가 바뀐 J자형의 분포도를 보여주고 있다. 기본적으로 비취업궤적에 속하는 하위유형들은 생애주기 상 결혼 출산으로 인한 경력단절을 보여주고 있으며, 최근으로 올수록 장기비취업하위유형은 큰 규모로 감소하고 있다. 그리고 단절전의 취업상태에서도 육체노동이나 자영업경험후단절형은 줄어들고 대신 사무노동이나 판매서비스 노동경험후단절형이 최근으로 올수록 증가하고 있으며 심지어 고학력으로 전문직이나 준전문직에 종사하던 여성들 중에서도 경력단절형이 작은 규모지만 증가하고 있음을 발견할 수 있다.

5. 결론

본 연구에서는 KLIPS 17차 자료의 직업력 자료를 이용하여 20세부터 40세까지의 계급배열을 구성하고 배열분석을 통하여 계급이동의 패턴을 분석하고 코호트별로 계급궤적의 유형을 탐색해보았다. 전형적인 세대 내 계급이동의 궤적들은 압축성장기 이후 한국사회의 거시적 사회구조 의 변화에 따른 기회구조의 분포 속에서 개인들이 생애주기에 따라 대응 하여 축적하고 공유해 온 집합적 경험들을 보여준다. 특히 90년대 이후 노동시장에 진입하여 직업경력을 쌓아온 X세대와 이전세대의 세대내 계 급이동궤적들의 비교에 초점을 맞추어서 탈산업화와 서비스사회로의 이 행, 노동시장의 유연화, 여성경제활동참여의 증대, 고등교육의 팽창 등 이 계급이동궤적에 미친 영향을 고찰해보았다.

직업경력에 대한 배열분석 방법은 기존의 사회이동 분석들이 이동의 출발점과 도착점에 초점을 맞춘 나머지 경력이동 과정에서 경유하는 다 양한 상태들을 충분히 분석하지 못한 한계들을 극복할 수 있게 해준다. 계급 배열쌍들 간의 최적일치거리에 기초한 집락분석의 결과 관리자궤 적, 전문가궤적, 준전문가궤적, 사무노동자궤적, 서비스노동자궤적, 숙 련 및 반숙련노동자궤적, 단순미숙련노동자궤적, 농민궤적, 쁘띠부르주 아궤적, 비취업궤적, 직업정보결측궤적의 11개의 계급이동패턴이 발견 되었다. 직업경력의 배열들은 전형적인 계급위치를 중심으로 집락화되 었으며 더욱이 집락수를 7개로 축소하면 골드소프계급도식의 서비스계 급에 속하는 관리자궤적, 전문가궤적, 준전문가궤적은 동일집락으로 통 합되어서 배열분석을 통한 계급이동궤적의 판별이 방법론적으로도 타당 함을 보여준다. 다만 경력단절의 영향으로 장기간의 비취업을 경험하는 여성의 배열들은 경유하는 계급상태보다는 비취업기간에 좌우되어 비취 업궤적으로 집락이 분류되었다. 계급궤적들이 주요 계급위치들을 중심 으로 분류된 것은 주요계급위치들의 지속성이 크기 때문이다. 계급궤적 들 중에서 주된 계급위치의 지속성을 살펴보면 최근세대로 올수록 농민궤적의 지속성이 급속도로 낮아지고, 전문가궤적, 준전문가궤적, 숙련및 반숙련노동자궤적의 지속성이 높아진다. 이는 한준의 지적처럼 전문가 및 준전문가궤적은 지식재의 보유를 통해서, 숙련 및 반숙련노동자궤적 은 기술재의 보유를 통해서 안정성과 지속성을 확보하는 것으로 판단된 다. 다만 해방후 세대나 베이비부머 세대에 비해서 X세대에서는 쁘띠부 르주아궤적, 미숙련노동궤적, 판매서비스노동궤적을 중심으로 대부분의 계급궤적들이 지속성과 안정성이 낮아지는데 이는 노동시장의 유연화를 반영한 결과로 추정된다.

압축성장기 이후 산업사회에서 서비스사회로 이행하면서 증가하는 서 비스직종은 상층의 전문직 및 준전문직과 하층의 판매서비스직 및 단순 미숙련서비스노동으로 나뉜다. 골드소프의 계급분류도식에 의하면 상층 의 전문직과 준전문직은 서비스계급으로, 하층의 판매서비스직은 일상 적비육체노동계급에 속하는 서비스노동으로 분류된다. 계급궤적의 분포 를 코호트별로 비교해보면 X세대로 오면서 남녀 모두 서비스계급에 속 하는 전문가궤적, 준전문가궤적과 일상적 육체노동계급에 속하는 서비 스노동자궤적과 사무노동자궤적이 증가하였으며, 반면에 농민궤적이 크 게 축소되고 미숙련육체노동궤적과 쁘띠부르주아궤적이 감소하였다. 이 는 X세대가 탈산업화와 서비스사회로의 이행을 본격적으로 경험하면서 직업경력을 구축해 온 세대이기 때문으로 판단된다. 그런데 계급궤적들 의 세부유형별 분포변화를 살펴보면 거시적 사회구조 변화가 미친 영향 은 남녀별로 차이를 보인다. 세부유형 중 순수관리자궤적에는 여전히 여 성은 거의 없으며, 전문가궤적 특히 고학력 전문가 궤적은 남성의 증가 가, 준전문가궤적은 여성의 증가가 주도해온 것으로 나타났다. 특히 전 문직 중에서도 대학원이상의 초고학력 전문직은 남성의 증가가 주를 이루는 반면 여성은 상대적으로 대학졸업 이후 바로 취업하는 전문직하위 유형에서 증가세가 두드러진다. 한편 준전문직궤적의 하위유형들 중에서 조기취업형이 아닌 중간형이나 늦은 취업형의 여성급증은 가족이행 주기에 따른 경력단절과 무관하지 않은 것으로 추정된다.

사무노동자궤적의 증가는 대졸사무노동자궤적이 남녀 모두 큰 폭으로 증가한데 기인하며 전통적인 남성 고졸조기취업사무직경로는 대폭 축소되었다. 한편 서비스노동궤적의 증가는 주로 전통적인 조기취업후지속형에서의 남성감소와 여성 증가, 30대이후취업형에서의 여성증가에 의해 주도되고 있다.

한편 농민궤적의 감소는 남녀모두에서 매우 뚜렷하며, 쁘띠부르주아궤적의 감소는 세부유형별로는 주로 비취업상태에서 자영업에 바로 취업하는 경로가 줄어든 데 기인한다. 육체노동자궤적은 남성위주의 숙련 및반숙련육체노동자궤적은 별로 감소하지 않은데 비하여 미숙련육체노동자궤적은 조기취업후지속형의 남성들이 감소하여 전체적으로 줄어들었다.

비취업궤적은 전체 여성배열의 과반수를 넘을 정도로 큰데 세대별로도 거의 차이가 없어서 X세대 여성들도 상당수가 결혼출산으로 인한 경력단절을 경험하는 것으로 나타났다. 다만 세부적으로는 20세에서 40세까지 전기간을 대부분 비취업상태로 보내는 장기비취업하위유형은 대폭 감소하고, 숙련 및 미숙련 육체노동계급 경험 후 경력단절형도 감소하였다. 대신 사무노동계급이나 서비스노동계급 경유 단절형은 최근세대에서 증가하고 있으며, 고학력 전문직이나 준전문직에 종사하다가 경력단절을 보이는 여성들도 소규모이지만 증가하고 있다. 최근 여성노동의 이질화는 주로 저연령 고학력 전문직의 증가와 고연령 저학력 판매서비스직의 증가를 중심으로 논의되고 있다. 그러나 본 연구의 결과는 같은 X세대 내에서도 40세 이하의 노동시장진입 및 정착기에 이미 경력단절을 심각하게 경험하는 비취업형과 나머지 유형들로 나뉘고 있으며, 특히 빠른 속도로 증가하는 판매서비스직이나 사무직 종사여성은 비취업궤적에 속하는 취업후퇴장형(내지 퇴장후 재취업형)과 취업후지속형으로 나뉘고 있으며, 정도의 차이는 있지만 준전문직 경험 여성들조차 비취업궤적과 서비스계급궤적으로 나뉘고 있다. 이는 여성노동이 최근으로 오면서 저연령고학력자와 고연령저학력자는 사이의 이질화는 물론 저연령층 내의 이질화도 심화되고 있음을 시사하며 향후 이를 가르는 요인에 대한 정밀한 분석이 요구된다.

한편 압축성장기 이후의 탈산업화 경향에도 불구하고 육체노동자궤적 특히 숙련 및 반숙련육체노동자계급의 감소가 뚜렷하지 않았던 것은 육체노동계급 경험 후 경력단절 여성배열이 대부분 비취업궤적에 포함되었기 때문이며 한국사회에서 탈산업화에 따른 육체노동계급의 축소는 상당부분 여성비취업궤적 중 숙련 및 비숙련직종 경험 후 경력단절형의 감소로 나타난다고 하겠다. 또한 서비스사회로의 변화에 따른 사무노동 및 서비스노동의 증가 경향 역시 상당부분은 비취업궤적내의 여성 사무노동이나 서비스노동 경유 단절유형들의 증가로 발현된다.

마지막으로 직업경력을 계급배열로 구성하여 계급이동의 궤적들을 도출해본 결과 유의미한 세대내 계급이동의 패턴들이 발견되었으며 코호트별 비교결과는 노동시장구조 및 생산체제의 변화를 비롯한 압축성장기 이후 거시적 사회구조의 변화로 초래된 기회구조의 분포 속에서 개인들의 대응이 일정한 패턴을 이루면서 집합적 경험의 공유를 드러내주었다. 그런 측면에서 계급궤적은 특정시점에서의 계급 위치에 주목하기 보다는 집합적 경험의 공유를 강조하는 과정으로서의 계급을 강조하는 주장과 맥을 같이하는 것으로 볼 수 있으며, 향후 계급궤적을 이용하여 계급적 정서나 가치관 태도 정체성 및 계급행동을 이해하는 데 새로운 가능성을 열어줄 것으로 기대한다.

참고문헌

권혁진 · 유호선. 2011. "청년층의 학교에서 고용으로의 이행 특성," 『사회복지정책』 38(1): 1-31.

김병관. 1997. "한국의 경력내 직업이동에 관한 연구," 『한국인구학』 20(1): 27-47.

남춘호. 1988. "이농민의 직업 이동사를 통해서 본 한국사회의 계급구조변화," 『역사와사회』 14: 84-119.

_____. 2011 "일자리 양극화와 이동에 대한 사회학적 연구," 『사회과학연구』 35: 29-69.

_____. 2016 "노동경력 배열분석을 통해 본 코호트별 계급궤적 비교," 『지역사회연구』 24(2): 1-32.

문혜진. 2010. "생애과정 관점에 대한 고찰과 적용—성인으로의 이행과정에 대한 탐색적 분석," 『사회복지연구』 41(3): 349-378.

민현주. 2008 "여성취업의 두 갈래길," 『경제와사회』 78: 223-255.

백승호. 2014. "서비스경제와 한국사회의 계급, 그리고 불안정 노동분석," 『한국사회정책』 21(2): 57-90.

손승영. 2005. "고학력 전문직 여성의 노동경험과 딜레마," 『한국여성학』 21(3): 67-97.

신광영. 2006. "서비스사회와 계급구성의 변화," 『동향과전망』 68: 82-109.

_____. 2013 "2000년대 계급/계층 연구의 현황과 과제," 『경제와사회』 100: 114-137.

이순미. 2014. "생애과정의 복합적 탈근대화와 가족화와 개인화의 이중적과정," 『한국사회학』 48(2): 67-106.

이영민 · 임정연. 2014. "순차분석을 활용한 코호트 집단별 직업이동분석," 『제11회 한국노동패널 학술대회 발표논문집』 461-494.

이윤석 · 신인철. 2015. "골드소프 계급도식의 타당성 검정," 『제5회 한국노동패널

학술대회논문집』129-144

장귀연. 2013. "신자유주의 시대 한국의 계급구조," 『마르크스주의연구』 10(3): 12-40.

전병유. 2007. "한국 노동시장의 양극화에 관한 연구," 『한국경제의 분석』 13(2): 172-244.

한준. 2001. "최적 일치법을 이용한 남녀간 직업배열의 분석," 『노동경제론집』 23(s): 33-53.

_____. 2002 "사회이동 경로의 배열 분석," 『제3회 한국노동패널 학술대회 논문집』

한준·장지연. 2000. "정규/비정규 전환을 중심으로 본 취업력과 생애과정," 『노동경제론집』 23S: 33-53.

허은. 2013. "노동시장 계층별 성별직업분리에 관한 연구," 『한국사회학』 47(2): 241-266.

Abbott, Andrew. 1990. "A primer on sequence methods," *Organization Science* 1: 373-92.

Aisenbrey, Silke and Anette E. Fasang. 2010. "New life for old ideas," *Sociological Methods and Research* 38(3): 420-462.

Autor, D. H. and Levy, F. and Murname, R. J. 2003. "The Skill content of Recent Technological Change," *The Quarterly Journal of Economics* 118(4): 1279-1333.

Blossfeld, H. P., E. Klijzing, M. Mills and K. Kruz(eds.). 2005. *Globalization, Uncertainty and Youth in Society: The Losers in Globalizing World*, Routledge Chapman & Hall.

Brown, R. 1982. "Work histories, Career Strategies and the Class Structure," A. Giddens and G. MacKenzie eds., *Social Class and the Division of Labor*, pp. 119-136.

Chan, T. W. 1995. "Optimal Matching Analysis: A Methodological Note on Studying Career Mobility," *Work and Occupations* 22: 467-490.

Ganzeboom, Harry B.G. and Treiman, D. J. 1994. *International Stratification and Mobility, File: Conversion tools*, Utrecht: Department of Sociology.

Giddens, A. 1985. 『선진사회의 계급구조』, 장정수역, 종로서적.

Goldthorpe, J. H. 1987. *Social Mobility and Class Structure in Modern Britain*, Oxford: Clarendon Press.

Spilerman, S. 1977. "Careers, Labor Market Structure, and Socioeconomic Achievement," *American Journal of Sociology* 83(3): 551–593.

Studer, M. 2013. "WeightedCluster Library Manual," LIVES Working Papers, 24. http://dx.doi.org/10.12682/lives.2296–1658.

Thompson, E. P. 1966. *The Making of the English Working Class*, Vintage Books.

Wright, E. O. and Kwang_Yeong Shin. 1988. "Temporality, Class Structure and Class Consciousness," *Sociological Theory*.

5장

중국의 압축성장, 약화된 사회연대, 지체된 문화발전[*]

朴光星

1. 들어가며

1) 문제의식

2차 세계대전이 종결된 지난 몇십 년간 동아시아 일부 국가와 지역은 서구 선진국들이 2, 3세기에 거쳐 완성한 근대화 과정을 불과 몇십 년 동안에 완성하는 압축적인 성장과정을 거쳐 왔다. 서구국가들의 경우, 공업화가 시작된 후 100여 년 간 일인당 GDP의 연간 성장률은 1% 내외, 20세기에 들어선 후에는 2%가량 되었지만, 동아시아 국가와 지역들은 본격적인 경제개발에 들어서면서 일본의 경우 1951년~1971년 사이 연평균 9.2%, 한국의 경우 1977년~1997년 7.6%, 대만의 경우 1975년~1995년 8.3%에 달하였다. 따라서 일인당 수입이 구매력 평가기준으로 일본은 1971년에 미국의 65.6%, 한국은 1997년에 50.2%, 대만은 54.2%에 달하였다(林毅夫, 2012: 12-13).

---

[*] 이 글의 내용은 2015년 11월 19일 전북대학교 SSK개인기록과 압축근대연구단이 개최한 2015년 가을 심포지엄에서 발표한 발표문에 기초하고 있다.

이러한 눈부신 발전은 "동아시아 기적"으로 불리면서 그 성공적 경험을 규명하는 것이 세계적인 학문적 관심의 대상이 되어 기러기모형론, 개발주의국가론, 문화영향론, 비교우위론과 같은 많은 이론적 논의들이 전개되어 왔다. 물론 1997년 아시아의 외환위기 이후에는 일부 국가들이 위기를 겪으면서, 그 한계를 검토하는 연구가 붐을 이루기도 하였다. 그러나 그 여하를 막론하고 동아시아에 관한 연구는 경제 중심으로 진행되어 왔으며, 이러한 압축적인 성장이 가져온 사회적인 영향, 그 와중에서 사람들의 삶, 사회변화의 복합적인 성격과 양상에 대한 연구는 아직까지 제대로 이루어지지 못하고 있다. 즉 압축적 근대화에 관한 실증연구는 과잉된 측면이 있으나, 그 복합적인 사회적 성격을 규명하는 연구는 매우 제한적이라고 볼 수 있다.

　근대성에 관한 탐구는 미래의 사회적 기획과 연관되어 있는 것으로, 우리가 어떤 발전과정을 거쳐 왔으며, 현재에 어떤 상태에 처하여 있고, 앞으로 어떤 선택을 해야 하는가 하는 중차대한 문제와 연관되어 있다. 따라서 그에 대한 탐구가 사회과학 연구 분야의 큰 관심의 대상이 되고 있는 것은 모두가 주지하는 사실이다. 서구 학계의 경우 이에 대한 연구가 크게 세 갈래로 나뉘어 진행되고 있는 것으로 보이는데, 한 갈래는 기술적 혹은 산업구조의 변화에서 출발하여 새로운 시대의 도래를 전망하는 연구로 "후기 공업사회론"을 설파한 다니엘 벨(Daniel Bell, 1919~2011)과 "네트워크 사회"의 도래를 전망한 카스텔(Manuel Castells, 1942~)을 그 대표로 볼 수 있겠다. 다른 한 갈래는 근대적 가치의 시효만료를 주장하면서 기존의 근대성과의 단절을 통한 새로운 패러다임의 창출을 역설하는 포스트모더니즘의 지적 조류로서, 이성중심적 사고의 해체를 주장한 자크 데리다(Jacques Derrida, 1930~2004)나 이성의 횡

포를 고발한 미셸 푸코(Michel Foucault, 1926~1984), 거대서사의 불합리성을 드러낸 리오타르(Jean François Lyotard, 1924~1998)를 그 대표로 볼 수 있겠다. 또 다른 한 갈래는 근대와 질적으로 단절된 시대를 운운하는 포스트모더니즘적인 주장에 동의하지 않으면서 "미완된 근대" 혹은 "문제집합으로의 새시대"를 거론하는 "후기근대론"자들로 "프로젝트로서의 근대"의 개념을 제기한 하버마스(Jurgen Habermas, 1929~), "후기 근대성"논의를 발전시킨 기든스(Anthony Giddens, 1938~), "위험사회"론을 발전시킨 울리히 벡(Ulrich Beck, 1944~2015)을 그 대표로 들 수 있겠다.

위에서 볼 수 있듯이, 서구의 논의는 전통, 근대, 후기 근대 혹은 탈근대의 순으로 초기에는 "전통과 근대"와의 관계가 학문적 논의의 중심을 이루었으며, 최근으로 들어오면서는 "근대와 탈근대(혹은 후기 근대)"에 관한 논의가 중심을 이루어, 이론적 논의가 역사적 단계에 따라 "이원론"적인 관계로 진행되어 오고 있다. 그러나 압축적인 성장과정을 겪은 동아시아 경우는 점진적 발전과정을 겪은 서구와 달리 전통적인 것과 근대적인 것, 그리고 탈현대적인 것들이 시기적으로 확연히 구분되지 못하고, 한데 뭉쳐져 서로 조화를 이루기도 하고 충돌하기도 하면서 극히 복합적인 양상을 띠고 있다. 서구와 마찬가지로 미래에 대한 중차대한 선택을 앞두고 있는 동아시아 국가로서, 이러한 압축적 근대성에 대한 철저한 규명은 비단 자신에 대한 성찰을 통하여 미래를 개척하는 데 유익할 뿐만 아니라, 학문적으로도 서구에 대한 의존에서 벗어나 자신의 학문적 영토를 구축하는 데 매우 중요한 작업으로 볼 수 있겠다.

이와 같은 문제의식에서 출발하여 본고는 정부부처의 통계자료와 언론보도, 학계의 기존연구 성과를 바탕으로, 중국의 압축적 성장과정을 검토해보고, 그 과정에서 겪는 사회생활 영역의 복합적인 변화와 성격을 "압축적 근대성"이라는 프리즘으로 규명해 볼 것이다. 이와 같은 연구는 비단 앞만 보고 달려온 중국과 같은 사회가 자신을 성찰해보는 중요한 계기가 될 수 있을 뿐만 아니라, 미래를 기획하는 데에도 유익한 작업이 될 것이다. 또한 비슷한 발전과정을 겪어온 동아시아 국가와 지역들이 같은 연구 시각을 공유함으로써 대화의 기초를 마련할 수 있을 것으로 기대된다.

2) 기존연구 검토와 본 연구의 분석의 틀

동아시아에 관한 연구가 그러하듯, 압축적 성장과정에서 중국 국내는 물론 외국 학계의 관심도 주로 경이로운 경제성장이 어떻게 이루어졌는지에 관한 것에 집중되었다. 중국의 고속성장이 20여 년 지속되면서 21세기에 들어선 후 "중국식 발전모델"(Chinese model)이라는 개념이 제기되고, 그에 대한 이해를 둘러싸고 광범위한 토론이 벌어지기도 하였다. 그 토론의 발단은 2004년 미국 『타임(Time)』지의 편집장이자 골드만삭스(Goldman sachs)투자은행의 고문인 조슈아 쿠퍼 라모(Joshua Cooper Ramo)가 영국런던외교정책센터에서 발표한 논문에서 "워싱턴 컨센서스"와 대비되는 개념으로 "베이징 컨센서스"(Beijing consensus)를 제기하면서부터였다. 논문에서 그는 사유화, 자유화, 시장화를 주창하는 "워싱턴 컨센서스"에 비하여, 자국의 실정에 맞는 발전 전략을 선택하고, 사회안정을 수호하면서 점진적으로 개혁을 추진하고, 역량을 집적하면서 진일보의 발전을 추구하는 중국의 발전경험, 즉 "베이징 컨센서스"가 발전도상국가에 훨씬 유리한 발전 전략이라 주장하면서 그 보편적인 가치를 역설한다(黄亚生, 2011: 7). 그 후 이에 고무를 받은 중국학자들이 "중국식 발전모델"이라는 개념을 제기하고, 중국의 성공적 경험을 총체화하는 한편, 그 보편적 가치를 입증하려는 시도를 하면서 광범위한 토론과 연구가 이루어진다.

반면, "근대성" 혹은 "압축적 성장"이라는 틀로 그 과정을 성찰하는 사회과학적 연구는 거의 미미할 정도로 수 편에 불과하다. 그중 가장 걸출한 연구로 홍콩학자 마제웨이(马杰伟, 2006)에 의하여 수행된 『술집과 공장: 남중국 도시 문화연구(酒吧工厂：南中国城市文化研究)』를 들 수 있다. 이 연구에서 마제웨이는 홍콩과 인접한 남중국의 주강삼각주(珠江三角洲) 지역에 주목하면서, 이 지역이 지난 30여 년간 가장 빠른 성장을 한 지역으로 중국의 "압축적 근대성"의 특징을 보여주는 전형적인 지역이라고 지적한다. 그는 중국식 압축적 근대성이 일상생활의 미시적 영역에서 어떻게 체현되는가, 압축적 근대성이 어떻게 사람의 신체를 변화시키는가 하는 질문을 던지면서, 농촌에서 이 지역 도시로 진출하여 공장과 술집에서 근무하는 남녀노동자들에 주목한다. 그는 농촌에서 성장한 청년 노동자들이 도시로 진출하여 포드주의적 근대적 생산체계에 적응해가는 과정을 분석하는 한편, 이들이 또한 어떻게 탈근대적 도시문화 즉 소비주의 문화를 수용하면서 자신의 정체성을 재구축해나가는가를 분석한다. 결론적으로 그는 청년노동자들의 생활세계에 전통적인 것과 근대적인 것, 탈근대적인 것들이 압축적이고 혼종적으로 공존하고 충돌하는 현상을 지적하면서, 중국이 서구의 단선적 근대성과 다른 근대성, 즉 "압축적 근대성"을 발전시키고 있다고 지적한다.

이와 달리, 궈칭숭(郭庆松)은 중국의 유명 일간지 『문회보(文匯報)』에 기고한 글에서 "시공간 압축 하에서의 근대화 발전모델(时空压缩下的现代化发展模式)"에 대한 논의를 펼친다(『文汇报』, 2008/10/27). 그는 서구 선진국들은 몇백 년의 시간에 걸쳐 전통사회, 근대사회, 탈근대사회로의 진화과정을 겪었지만, 중국은 30여 년간에 전통사회에서 근대사회로, 농업사회에서 공업사회로, 계획경제 국가에서 시장경제국가로, 폐쇄적인 사회에서 개방적인 사회로의 동시적 전환의 과정을 겪게 되면서, 전통적, 근대적, 탈근대적 요인들이 일정한 시공간대에 압축적으로 압착되어 "후발적 우세"와 "후발적 한계" 특징을 동시에 띠고 있다고 분석한다. 그 "후발적 우세"는 근대적인 것과 탈근대적인 것을 동시에 받아들임으로써 도약적 발전을 이룩할 수 있었던 것이고, "후발적 한계"는 선진국들이 200여 년간 겪은 과정이 30여 년간으로 압착되면서, 발전과정의 갈등과 모순도 압축적으로 집중되어 더욱 큰 사회통합의 부담을 짊어지게 된다고 분석한다. 결론적으로 그는 "압축적 근대화"는 양날의 칼로 그 한계를 잘 극복할 수 있어야 한다고 역설한다.

이와 유사하게 『사회학연구』에 발표한 「중국사회발전의 시공간적 구조(中国社会发展的时空结构)」라는 논문에서 징톈쿠이(景天魁, 1999)는 압축적 근대성의 특징과 한계를 분석한다. 그는 시공간적 특징으로 근대성을 분석할 때, 중국과 서구는 대화구조가 다르다고 지적한다. 서구는 초기에는 전통과 근대와의 대화, 후기에는 근대와 탈근대와의 대화 형식으로 흔히 후자가 전자를 대체해가는 "이원론적" 대화구조지만, 중국은 이 삼자가 동일한 시공간대에 압착되는 "비동시성의 동시성" 대화구조라고 밝힌다. 따라서 발전과정에서 부딪히게 되는 과제도 서구와 다르다고 지적하면서, "초월적 진화"의 개념을 제기한다. "초월적 진화"는 일정한 단계를 거쳐 순차적으로 진화하는 "사회적 진화" 개념과는 다른 것으로, 비동시적인 것들이 어울려서 조화되어가는 또 다른 진화의 형식으로 볼 수 있다. 물론 그가 이 개념을 잘 정리했다고 볼 수는 없으나 동아시아가 서구와 다른 진화적 과정을 거쳐야 한다는 그의 주장에는 귀 기울여 볼 필요가 있겠다.

"압축적 근대화" 혹은 "압축적 근대성"이라는 개념으로, 그간의 중국사회의 발전과정을 성찰해보는 연구는 아직까지는 미미한 수준이지만, 위에서 볼 수 있듯이 이미 논의는 시작되었다. 그리고 그들의 "압축적 근대성"에 대한 이해는 한국에서 압축적 근대성의 논의를 발전시킨 장경섭의 개념과 거의 비슷하다. 「압축적 근대성과 한국가족」이라는 연구에서, 장경섭(2009: 15-46)은 "압축적 근대성"을 "시간과 공간차원에서 문명적 변화가 극히 응축적인 면들을 가지면서도 시·공간적으로 이질적인 요소들이 공존하며 매우 복합적인 성격의 문명이 구성·재구성되는 상태"라고 정의한다.

본고는 위와 같은 연구들의 문제의식과 연구시각을 계승하면서도, 압축적 근대성의 미시적 상황을 탐구한 마제웨이나 장경섭의 연구, 압축적 근대화 혹은 근대성의 한계와 그 극복의 가능성에 무게를 둔 궈칭숭이나 징톈쿠이 연구와 다른 분석 전략을 취하려 한다. 저자는 압축적 근대성을 유발한 직접적이고 강력한 동인을 압축적인 경제성장으로 파악하며, 따라서 압축적인 경제성장과 사회의 다른 부문 즉 정치, 사회, 문화 등 분야들의 비 동보(同步)적 발전 혹은 지체적 발전이 동아시아 압축적 근대성의 주요 특징이라는 연구가설을 제기한다.

따라서 다니엘 벨이 『자본주의의 문화적 모순』(1976)이라는 저서에서 사용했던 분석의 틀[1]과 유사한 방법을 취하여 정치적 요인을 매개변수

---

1) 이 저서에서 벨은 정치, 경제, 문화 이 세 개 영역의 분절이 자본주의 문화모순의 근원이라고 주장한다. 그에 따르면 흔히 사회과학자들은 사회를 어떤 중심적 논리에 의하여 통합된 체계로 보지만, 실제로는 모순된 것들로 구성되어 있는 복합체로, 가령, 자본주의 사회는 효율을 중시하는 경제논리, 평등을 주장하는 정치논리, 자기실현을 강조하는 문화논리 등의 모순된 영역으로 구성된 체계이며, 따라서 이로 인하여 체계의 긴장성이 조성되어 있다고 주장한다.

로 설정하고, 이를 기초로 경제성장과 사회통합, 문화발전이라는 종속변수를 고찰함으로써, 체계적이고 거시적인 시각에서 중국의 "압축적 근대성"의 특징을 탐색해보려 한다. 포스트모더니즘의 이론가 중 한사람인 리오타르가 거대서사의 비합리성을 주장하였지만, 사실 사회과학의 진정한 위기는 지식의 파편화에 있는지도 모른다. 또한 본고는 자유주의적이나 급진적인 시각과 거리를 두면서 오직 "변화"라는 시각에서만 이를 바라볼 것이다.

2. 세계사에 유례없는 중국의 압축적 경제성장

1) 지난 30여 년 간 중국의 압축적 경제성장

중화인민공화국이 창립된 후 중국의 역사는 크게 두 단계로 나누어 볼 수 있다. 첫 번째 단계는 건국으로부터 1978년 사이로 주로 마오쩌둥에 의하여 마르크시즘에 기초한 평등을 구현한 새로운 사회건설이 시도되었던 시기였다면, 두 번째 단계는 1978년 이후의 개혁개방시기로 덩샤오핑에 의하여 이데올로기의 질곡에서 벗어나 가난에서 벗어나는 것을 목적으로, 근대화의 실현에 매진한 시대라고 볼 수 있고, 지금도 "두 가지 백 년 목표"[2] 실현을 화두로 그 연장선상에 놓여 있다고 볼 수 있다. 하여간 개혁개방이 시작된 지난 30여 년간 중국경제는 세계사에서도 유례가 없을 정도의 압축적인 성장과정을 거쳐 왔다.

---

2) 중국공산당이 창당된 지 100년이 되는 2021년경에 상대적으로 부유한 "소강"사회를 실현하고, 중화인민공화국이 성립된 지 100년이 지난 2049년경에 현대화된 사회주의 강국건설을 실현한다는 의미이다.

우선 경제성장률과 일인당 GDP의 성장을 살펴보면, 1979년부터 2012년의 33년간 중국의 연 평균 경제성장률은 9.8%에 달하여 세계 1위를 지켜온 바, 같은 기간 세계경제 연 평균 증가율은 2.8%밖에 되지 않았다. 동아시아 기적을 창조한 기타 국가와 지역 역시 이와 같은 긴 시간의 고성장률을 유지하지 못했다(『观察者网』, 2015/04/09). GDP 지수를 보면, 1978년을 100으로 볼 때, 1995년에는 504.8, 2005년은 1,215.3, 2015년에는 2,823.2로, 2015년의 GDP 지수는 1978년의 28배에 달하였다.[3] 30여 년간의 고속발전으로 중국의 GDP는 2007년에 독일을 초과하였고, 2010년에 일본을 초과하였으며, 2014년 기준 중국의 명목 GDP는 10조 3,656억 달러에 달해 미국에 버금으로 가는 경제대국으로 부상하였다(『中国商务部网站』, 2013/09/25). 2014년 중국의 GDP 규모는 63조 6,139억 위안으로, 1978년의 3,645억 위안에 비하여 174.5배나 증가하였다(중국 국가통계국에서 발표한 수치 참조). 2014년 9월 29일에 세계은행은 구매력 평가기준으로 중국의 GDP가 18조 881억 달러에 달해 17조 3,481억 달러인 미국을 추월했다는 보고서를 내놓아 세계를 놀라게 하였다. 경제 총량의 증가로 일인당 GDP도 빠른 증가세를 보였는바, 1979년의 210달러에서, 2003년의 1,000달러, 2006년의 2,000달러, 2008년의 3,000달러, 2014년에는 7,591달러에 달하여, 30년 만에 빈곤국에서 중등수입국가 행렬에 진입하였다(『观察者网』, 2015/04/09).

다음으로 산업화의 성과를 살펴보면, 1978년 국민 80% 이상이 농촌에서 농업에 종사하는 공업낙후국이던 중국이 2010년에 미국을 추월하여 세계 제1위 제조업 국가로 부상하였다. 미국의 연구기구 HIS의 추

---

3) 중국 국가통계국의 「연도별 수치」.

산에 의하면, 2010년 세계의 제조업 총 생산치는 10만 억 달러에 달하는 데, 그중 중국이 19.8%를 차지하여, 19.4%를 점한 미국을 능가함으로써, 1895년부터 미국이 누려왔던 제조업 1위 국가의 자리를 차지하였다. 실제로 주요 공업품과 원자재의 생산량을 살펴보아도 중국의 위상을 알 수 있는바, 2010년 기준으로 볼 때, 조강 생산량이 6.27억 톤에 달하여 세계 생산량의 44.3%, 시멘트 생산량이 18.68억 톤에 달해 세계생산량의 60%, 아연생산량이 1,565만 톤에 달해 세계 생산량의 65%, 제련동의 생산량은 세계의 24%, 석탄생산량은 세계 45%, 화학비료 생산량은 세계 35%, 화학섬유 생산량은 세계 42.6%, 유리 생산량은 세계의 50%를 차지하였다. 생산품의 경우, 자동차생산량이 세계 25%, 선박생산량이 세계 41.9%, 공정용 기계가 43%, 컴퓨터가 68%, TV가 50%, 냉장고가 65%, 에어컨이 80%, 핸드폰이 70%를 차지하였다(『中国青年报』, 2011/12/27).

그 다음으로 근대화의 또 다른 중요한 징표로 볼 수 있는 도시화의 성과를 살펴보면, 중화인민공화국이 창건되던 1949년 중국의 도시화율은 10.65%밖에 되지 않았으며, 개혁개방이 시작된 1978년에 이르러서도 도시화율이 17%밖에 되지 않았다. 반면 1980년의 세계 평균 도시화율은 42.2%였으며, 선진국의 경우에는 70.2%에 이르렀다. 중국의 도시화는 개혁개방 이후에 본격적으로 시작되는 바, 1978년부터 2000년 사이 도시화율은 17%에서 36%로 연평균 1.2% 증가하였으며, 2000년부터 2010년 사이는 속도가 더욱 빨라져 36%에서 49.7%로 증가하여 도시인구가 4.59억에서 6.65억으로 증가했으며 해마다 근 2,300만 인구가 도시인구로 전환되었다. 2011년 중국의 도시화율은 역사상 처음으로 50%를 넘어섰으며, 2012년에는 도시인구가 7.1억 명에 달하여 1978년의

1.7억 명에 비하여 5억 명 이상 증가하였다. 즉 30여 년간 5억 명 이상의 인구가 도시인구로 전환된 것이다. 1990년부터 2010년 사이, 시구역 인구가 300만 명 이상 되는 특대도시가 6개에서 20개로 증가하였으며, 같은 기간 중등규모 도시가 467개에서 660개로, 소도시가 12,000개에서 20,000여 개로 증가하였다(李培林, 2014: 23-45).

마지막으로 중국의 대외경제 교류에서 이룩한 성과를 살펴보면, 1978년 중국의 수출입의 총액은 206.4억 달러에 불과하였지만, 2010년에 와서는 2조 9,727억 달러에 달해 연평균 16.3% 증가하여 같은 기간 GDP 연평균 증가율보다 6.4% 높았으며, 총액이 1978년에 비하여 144배나 증가하였다(林毅夫, 2012: 1-7). 2015년 4월 14일의 세계무역기구(WTO)의 발표에 따르면 2014년 중국의 수출입총액은 4,303만 억 달러에 달하여 미국을 제치고 연속 2년 동안 세계 1위를 차지하였다(『环球日报』, 2015/04/15). 따라서 중국경제의 무역의존도는 세계 최고 수준인 바, 1978년의 9.5%에서 2008년의 62%로 상승하였다. 이 외에도 지난 20년간 중국이 실제 이용한 외자 총액을 보면 다음과 같다.

〈표 1〉 1995년~2014년 중국이 실제 이용한 외국자본 총액(단위: 만 달러)

연도	금액	연도	금액	연도	금액	연도	금액
1995	4,813,300	2000	5,936,000	2005	6,380,500	2010	10,882,000
1996	5,480,400	2001	4,967,000	2006	6,708,000	2011	11,769,800
1997	6,440,800	2002	5,501,000	2007	7,834,000	2012	11,329,400
1998	5,855,700	2003	5,614,000	2008	9,525,300	2013	11,872,100
1999	5,265,900	2004	6,407,200	2009	9,180,400	2014	11,960,000[4]

출처: 중국국가통계국(www.stats.gov.cn), 「연도별 수치」

---

4) 商务部网站(www.mofcom.gov.cn), 「2014年中国实际使用外资1196亿美元」, 2015年 1月 21日.

2014년의 경우, 중국의 실제 외자 이용액은 미국을 초과하여 세계 1위를 차지하였으며, 연속 23년간 발전도상국 중에서 외자유치 1위 자리를 차지하였다(『中国商务部网站』, 2015/01/21). 대외무역과 외자 이용액이 세계 1위를 차지하게 되면서, 2014년 중국의 외화보유액은 3.84만 억 달러에 달해 역시 세계 1위의 자리를 차지하였다(『中国新闻网』, 2015/01/15).

결론적으로 보면, 지난 30여 년간에 중국은 낙후하고 폐쇄적이고 빈곤한 농업국에서 GDP 규모 세계 2위, 제조업 1위, 수출입 총액 1위, 외화보유고 1위, 일인당 소득이 중등국가 수준으로 도약하는 세계사에서도 유례없는 압축적인 경제성장을 이룩하여 명실공히 세계적인 슈퍼파워로 등극하였다.

2) 압축적 경제성장의 동력

지난 30여 년간 중국사회의 총체적 변화를 견인한 강력한 요인은 말할 나위 없이 압축된 경제성장이다. 따라서 압축된 경제성장이 어떤 동력들에 의하여 어떤 방식과 과정을 거쳐 이루어져 왔는가를 자세히 살펴보는 것은 중국의 압축적 근대성을 분석하는 데 중요한 기초가 된다. 그간의 중국 경제성장의 동력과 원인에 대하여 국내외를 막론하고 다양한 논의들이 진행되어 왔지만, 거의 모든 논자들이 동의하고 있는 세 가지 공통의 요인들이 있다. 그것은 바로 강력한 리더십을 발휘한 경제 성장주의 국가, 강도 높은 개방을 통한 급속한 세계화, 시장의 활성화에 따른 민간 경제의 확장이다.

① 성장지상주의의 강력한 국가

압축된 경제성장을 이룩한 동아시아 국가와 지역의 경우 정치적 안정과 정책의 연속성, 강력한 리더십을 발휘하는 정치지도자와 성장 지향적 경제 정책의 실행이라는 공통점을 가지고 있다. 중국의 경우, 압축적 경제성장 과정에서 여느 국가보다 정부가 강력한 성장지상주의 정책을 펴면서 강력한 리더십을 발휘하여 왔다.

이는 그간 중국의 모든 중요한 사회적 변혁이 모두 국가의 중대한 정책적 변화에서 시작되었다는 사실에서도 확인할 수 있다. 가령, 1978년의 국가적 중심임무를 계급투쟁에서 현대화 건설로 전환한다는 정책적 선언, 농촌에서 토지 도급제 실시, 1984년 민간경제발전을 허용하는 도시개혁정책, 1987년의 사회주의 초급단계이론, 1992년의 사회주의 시장경제체계 수립 선언, 2001년의 세계무역기구 가입, 2006년의 체계적인 사회복지체계 수립을 목표로 하는 조화사회건설론 등의 정책들은 모두 사회적 흐름을 바꾸는 중대한 사회적 변혁으로 연결되었다.

덩샤오핑은 일찍 1980년대 중반에 낙후한 국면에서 벗어나야 하는 사회주의 초급단계가 최저 100년 이상 될 것이라는 사회주의 초급단계론을 내놓으면서 "3단계론"으로 불리는 21세기 중엽까지의 발전전략을 제시하고, 이를 실현하기 위하여 절대 동요하지 말고 한 세대, 한 세대가 이를 견지해 나가야 한다고 강조한다. 따라서 당과 국가의 영도체계(領導體系: 지도체계)에서 "세대론"이 등장하는데, 마오쩌둥을 위시로 하는 영도집단(지도자 집단)은 "1세대"이고, 덩샤오핑을 위시로 하는 영도집단은 "2세대"이며, 이후에도 세대별 영도체계를 구축해나가게 된다. 이에 따르면 현재 시진핑 정부는 "5세대" 영도집단에 속한다. "세대론"은 실제적으로 사회주의 현대화 강국건설이라는 장기적 발전플랜이 수립된 상황에서, 이를 실현해 나가기 위한 정치적 안정과 정책적 영속성을 보장하는 책략으로 풀이된다. 어찌하건 덩샤오핑의 설계대로 중국은 정치적 안정 속에서 현재 "5세대" 영도체제까지 지도부 교체를 해오면서 꾸준히 기존의 발전 전략을 계승해나가고 있다.

중국정부의 강력한 리더십은 우선 거대한 국유경제의 소유와 통제에서 찾아볼 수 있다. 1990년 초부터 중국은 시장경제체제로 전환하기 시작하였지만, 러시아처럼 사유화를 통하여 국유경제를 소진시켜버리지 않았고, 오히려 반대로 시장의 수요에 맞게 국유기업들의 경쟁력 강화에 힘을 기울여 왔다. 따라서 2015년 현재 중국의 국유경제는 경쟁적인 일반 산업분야에서 탈피하여, 국가경제에 중대한 영향을 미칠 수 있는 교통, 통신, 금융, 에너지, 기초시설 등 기간산업에 주로 포진하여 있으면서, 주식제 개혁, 민간자본과의 합작 등 개혁을 통하여 경쟁력 있는 시장주체로 거듭나고 있다. 이렇게 국가가 강대한 국유경제를 통하여 기간산업을 통제하고 있기 때문에 위기에 대한 대응력이 강하고, 경제가 안정적으로 발전할 수 있는 기초가 마련되었다. 중국경제의 이러한 특성은 1997년의 아시아 외환위기나 2008년 세계금융위기 당시 중국경제가 큰 파동없이 안정적으로 성장한 사실에서 확인할 수 있다.

성장지상주의 국가의 강력한 리더십은 또한 "단계적 발전계획" 수립과 실행과정을 통해서도 나타난다. 중국은 건국 후로부터 현재까지 12회에 달하는 5개년 계획을 수립하고 실행하여 왔다. 5개년 계획에는 매년 달성해야 하는 성장률과 더불어 산업, 지역발전전략 등의 다양한 목표지향적 지표들이 설정되어 있으며, 이를 실현하기 위한 수단으로 각급 정부와 기업 및 사회부문에 임무량이 할당된다. 그리고 이에 대한 완성여부를 사업실적 평가의 주요 기준으로 적용하여 동기 부여를 한다. 실제로 지방정부의 관원들과 접촉해보면, "임무완성"이 이들에게 가장 큰 압력으로 작용하며, 그 완성여부가 승진 혹은 개인적 발전과 직접적으로 연관되어 있다. 그 임무가 주요하게 GDP로 귀결되기 때문에 각급의 관원들은 GDP 상승률에 목을 맬 수밖에 없으며, 따라서 "GDP 주의"라는 새로운 용어까지 생겨나게 되었다.

국가의 강력한 리더십은 그 외에도 자본을 동원하여 이를 경제발전에 투입하는 능력에서도 나타난다. 〈표 2〉는 1995년부터 2013년까지 중국의 재정수입과 지출의 증가 비율을 나타낸다.

〈표 2〉 1995년~2013년 중국의 재정수입과 지출의 증가율(%)

연도	수입	지출	연도	수입	지출	연도	수입	지출
1995	19.6	17.8	2000	17.0	20.5	2005	19.9	19.1
1996	18.7	16.3	2001	22.3	19	2006	22.5	19.1
1997	16.8	16.3	2002	15.4	16.7	2007	32.4	23.2
1998	14.2	16.9	2003	14.9	11.8	2008	19.5	25.7
1999	15.9	22.1	2004	21.6	15.6	2009	11.7	21.9

출처: 중국국가통계국(www.stats.gov.cn), 「연도별 수치」.

〈표 2〉에서 볼 수 있듯이, 1995년부터 2013년 사이의 재정수입 연평균 증가율은 18.5%이고, 재정 지출 증가율은 18.3%로, 같은 기간 9%~10%대의 GDP 증가율을 8% 이상 상회한다. 국가의 재정수입과 GDP, 도시과 농촌주민의 수입증가율에 대한 리페이린(李培林)의 연구에 의하면, 1991년부터 2009년 사이 중국 재정수입의 연평균 증가율은 18%, GDP의 증가율은 10.4%, 도시주민 일인당 수입의 연평균 증가율은 8.3%, 농촌주민 수입의 연평균 증가율은 5.5%에 머물러, 국가재정수입 증가율

이 농촌주민 수입 증가율의 3배 이상이나 되었다. 2000년부터 2010년 사이, 중국의 최종 소비율은 62.3%에서 47.4%로 떨어졌으며, 그중 주민 소비율은 46.4%에서 36.8%로 떨어졌다. 같은 기간 미국의 최종 소비율은 70%에 달하여, 미국은 3억 인구가 일 년에 10만 억 달러를 소비하는 데 반해, 중국은 13억 이상 되는 인구가 일 년에 2만 억 달러 정도를 소비하는 데 그쳤다(李培林, 2014: 32). 결론적으로 말하면, 경제성장을 위하여 국가가 분배와 소비를 희생시키면서, 재화를 경제건설에 집중적으로 투입한 것이다. 이 외에도 중국의 지방정부들은 예산을 확보하기 위하여 1990년대 중반부터 도시건설에서 토지경매제도를 실시하는데, 가령 2001년~2003년의 경우 전국적으로 토지경매로 얻은 수입이 9,100억 위안에 달하여, 같은 기간 지방재정수입의 35%를 차지하였으며, 2009년에 이르러서는 1.5만 억 위안에 달하여 지방재정수입의 46%에 달하였다(李培林, 2014: 33). 지방정부는 토지경매로 경제발전에 필요한 재원을 확보했지만, 지가가 상승하면서 주민들의 부담은 커질 수밖에 없었다.

국가의 강력한 리더십은 또한 경제성장을 위해서는 필수적인 인프라 구축과 사회적 안정을 수호하는 능력에서도 나타난다. 가령, 개혁개방 초기 중국에서는 "부유해지려면 길부터 닦아야 한다"는 덩샤오핑의 발언이 회자되었으며, 각급 정부는 인프라를 개선하는 데 많은 힘을 기울였다. 그 성과로 고속도로의 경우, 1988년에 첫 고속도로를 완공한 후, 2014년에 이르러 그 규모가 11.2만 킬로미터에 달하여 고속도로 길이가 세계 1위를 차지하고 있으며, 고속철도의 경우 2013년에 이르러 1만1천 킬로미터를 넘어 세계 고속철도의 절반가량이 중국에서 운영되고 있다 (『新华社』, 2014/03/06). 중국은 지난 30여 년간의 발전과정에서 "개혁,

발전, 사회적 안정" 간의 관계를 잘 처리해야 한다는 방침을 좇아, 압축적 성장과정에서 많은 도전에 직면했음에도 불구하고 사회적 안정을 효과적으로 유지하여 경제성장을 위한 안정된 사회적 환경을 마련하였다. 2007년부터 중국은 의료, 노후, 최저 생활비 등을 근간으로 하는 기초적 사회복지체계 구축에 매진하여, 2013년 말에 이르러서는 2,489개 현(한국의 읍에 해당)에서 기초적 의료와 노후보장체계를 구축하여 99% 주민이 혜택을 받게 되면서, 중국 역사에서 농민들이 사회복지정책 혜택을 받지 못하던 역사에 종지부를 찍었다(李培林, 2014: 15).

② 강도 높은 개방정책을 통한 세계화의 실현

흔히 1978년 이후의 중국의 정책을 집약하여 "개혁개방정책"이라고 표현한다. 이러한 표현은 "대외개방"이 "대내개혁"과 더불어 그간 중국의 정책적 근간을 이루고 있었음을 설명한다. 1977년 다시 정계에 복귀한 덩샤오핑은 경제개발정책을 본격적으로 추진하기 위하여 국내에서 정치적 급진파들과 논쟁을 벌이는 한편, 1978년과 1979년에 연속해서 적대적인 관계에 있던 일본과 미국을 방문함으로써 경제개발에 필요한 선진국들의 지지를 확보하기에 주력한다. 덩샤오핑 시대를 선언하는 두 가지 중요한 정책 중 하나는 농촌에서 실행된 토지도급제였고, 다른 하나는 남부 중국의 광둥성과 푸젠성에 외국과 경제교류확대를 목표로 하는 "경제특구"의 설립이었다. 자본과 기술, 소비시장이 극도로 빈약했던 당시 중국에 있어서는 외부와의 교류가 경제발전을 추진할 수 있는 거의 유일한 경로이었는지도 모른다. 미국학자 에즈라 보걸(Vogel, 2013)이 쓴『덩샤오핑 평전』을 보면, 덩샤오핑이 대외경제교류에 얼마나 열정을 쏟았는지를 알 수 있다.

대외개방의 중요성을 인식한 것은 덩샤오핑과 같은 정치적 지도자만이 아니었다. 1980년대 중반에 저명한 경제전문가 왕젠(王建)은 "국제대순환" 경제발전 전략론을 제기하는바, 그 핵심 내용은 외국과의 교류가 편리한 연해지역의 개방을 확대하여 수출을 목적으로 하는 노동집약형 공업을 발전시키고, 이를 통하여 내지의 노동력과 외자를 점진적으로 흡수하여 경제발전을 추진한다는 것이었다(林毅夫, 2012: 4). 이와 같은 건의는 중앙정부에 의해 받아들여져 1986년에는 개방도시를 연해지역 14개 도시로 확대한다. 그 후 중국은 순차적으로 내륙의 대 · 중도시, 변방지역으로 개방을 확대하고, 2001년에는 세계무역기구에 가입함으로써 전방위적인 개방체제를 구축한다. 전면적인 개방정책과 더불어 중소도시를 막론하고 모두 외국자본의 유치에 매달림으로써 현재 중국은 가히 외국자본에 가장 우호적이고, 가장 개방적인 국가가 되었다고 볼 수 있다.

이러한 세계화 정책에 힘입어 기존에는 지방주의를 우려하여 공상업의 발전이 제한받았던 남부의 주강삼각주지역이 "세계공장"으로 부상하였으며, 인구가 2만 명에 불과한 작은 도시에 불과했던 선전(深圳)은 20년 만에 인구가 1천3백만 명을 웃도는 세계적인 도시로 탈바꿈하였다. 주강삼각주지역의 사회적 변혁을 연구한 독일학자 그랜서우(Gransow, 2001)는 외국적 자본과 정부의 개방정책, 중국 내륙에서 온 방대한 노동력의 결합하여 주강삼각주지역의 경제기적을 이루었다고 평가한다.

선전과 주강삼각주는 "중국식 세계화"의 한 모습에 불과하다. 현재 중국의 거의 모든 지역이 외국자본에 개방되어 있으며, 특히 연해지역의 경우 그랜서우의 논의처럼, 외국자본과 국가정책, 내륙의 방대한 노동력의 결합으로 세계적인 산업중심으로 부상했다. 가령, 상하이의 경우

2014년 10월 말 기준으로, 484개의 다국적 기업의 지역총부(總部)가 자리를 잡았으며(『人民网』, 2014/12/11), 베이징의 경우 639개 다국적 기업의 지역총부가 자리를 잡아(『新华网』, 2012/07/18), 명실공히 사스키아 사센(Saskia Sassen)이 논의한 세계도시(Global city)로 거듭나고 있다. 이러한 현상은 결코 대도시에만 국한되어 있는 것이 아니다. 가령, 연해지역인 저장성(浙江省) 중부에 위치한 인구 68만 명의 소도시인 이우(义乌)는 유엔이 인증한 세계에서 가장 큰 일용품 도매시장으로 매일 20만 명에 달하는 국내외 상인들이 2,000개 컨테이너에 달하는 물품을 세계 200여 개 국가와 지역으로 배송하고 있다(『人民日報』(海外版), 2005/10/21).

30여 년간의 발전을 거쳐 중국은 2014년에 자본순유입국에서 자본순유출국으로 변신하였다. 가령, 2013년 중국이 흡수한 외국자본은 1,176억 달러이고, 대외에 투자한 금액은 1,078억 달러였지만, 2014년에 와서는 흡수한 외국자본이 1,196억 달러, 이에 반해 대외 직접투자가 1,231억 달러에 달함으로써 대외직접투자가 국내에 투자한 외국자본 총액을 능가하였다(『人民日報』, 2015/10/17). 그 외, 2014년 기준으로 중국의 해외여행자 수가 1억여 회가 되고, 해외여행에서 카드로 소비한 금액만 1만 억 위안을 넘어, 당해 해외여행소비총액이 세계 여러 국가 중 1위를 차지하였다(『人民日報』, 2015/09/29). 2012년 새로운 지도부가 출범한 후, 중국은 "일대일로"(一帶一路)의 발전전략을 제시하면서, 기존의 "대외 의존적 세계화"에서 "자체 주도적 세계화"전략을 추구하기 시작하였다.

중국의 개혁개방은 세계화가 급진전되기 시작한 1990년대와 시기적으로 맞물렸고, 자본, 기술, 시장 등이 모두 결핍된 중국은 과감한 개방을 통한 세계화를 통하여, 이 한계를 극복하는 발전전략을 구사함으로써 경제적 압축성장을 이루었을 뿐만 아니라, "폐쇄적인 국가"로부터 가장 "세계화된 국가"로 변신하였다. 국가의 과감한 개방정책을 통한 방대한 외국자본과 풍부한 중국 노동력의 결합이 인류역사상 유례없는 경제성장의 신화를 이루었다고 볼 수 있다.

③ 시장경제 활성화를 통한 민간경제의 확장

개혁개방기의 중국에 있어 대내개혁의 핵심 임무는 경직된 계획경제체제에서 벗어나, 민간의 활력을 동원할 수 있는 시장경제체제의 수립이었다. 이 문제에 있어 중국정부는 러시아식의 "충격요법"이 아니라, 국유경제의 틀을 유지하면서 "민간경제"라는 또 다른 파이를 키우는 방식을 택하였다. 그 결과 민간경제는 계획경제시기에 누적된 발전적 난제를 해소하고, 국유경제의 개혁을 위한 조건을 마련했을 뿐만 아니라, 그 성취적 지향성에 힘입어 중국경제발전의 가장 활력적인 요소로 등장하여 압축적인 경제성장을 견인하였다.

1978년 농촌개혁이 시작된 후, 그간 집단경제체제에서 숨겨졌던 노동력 과잉의 문제가 수면으로 떠올랐다. 이를 해결하기 위하여 생산에서 자유권을 획득한 농민들이 기존의 농기계를 수리하던 공장 등을 기초로 기업을 창립하고, 시장에서 부족한 일용품이나 제조업 부품들을 생산하여 판매하기 시작하였다. 농촌의 경제발전 문제에 주목한 중국의 유명한 사회학자 페이샤오퉁(費孝通)은 1980년대 중반에 자신의 고향인 장쑤성(江蘇省) 남부지역에 대한 조사에서 농촌기업의 빠른 발전과 그것이 지역경제에 미치는 영향에 대한 의미를 분석하였다. 그는 조사에서 성취지향적인 농민기업가들에 의하여 기업이 창립되고, 상하이 국유기업의 기술자들이 주말이면 주위 농촌으로 내려와 기술지도를 해주는 방식으로 농촌기업이 빠르게 발전하고 있으며, 이로 인하여 이 지역의 경제가 급속히 성장하고 있는 현상에 주목한다. 그는 이러한 발전방식을 "소남모델"(장苏의 남부라는 뜻, 苏南模式)로 개념화하면서 농촌지역의 경제발전을 위하여 향진(鄉鎮)기업을 발전시켜야 한다는 관점을 제기한다(费孝通, 1998: 128-134). 1990년대 초에 이르러서 이와 같은 민간경제는 국유경제, 외자경제와 더불어 중국경제를 떠받드는 하나의 큰 축으로 자리매김하였으며, 덩샤오핑은 이를 예기치 못했던 농촌개혁의 성과라고 평가하기도 한다. 그 후 많은 향진기업들은 주식제 개혁이나 외국자본과의 합자 등의 형식을 통하여 현대적 기업으로 거듭나, "중국제조"의 중요한 역량으로 부상하였다. 이와 유사하게 도시에서도 집단소유의 기업들이 민영화 등의 과정을 거쳐 현대기업으로 변신하면서 향진기업과 비슷한 발전과정을 거쳐 민간경제의 한 축을 구성하여 왔다.

　일반 제조업에서 활약하는 상기의 기업들과 달리 고등교육을 받은 엘리트들에 의하여 창업된 일군의 고기술기업들이 1990년대에 들어서면서 급속히 발전하여 중국 민간경제는 새로운 발전국면을 맞게 되었다. 중국의 국유기업들은 덩치가 매우 크지만, 주로 국가의 기간산업에 포진해 있으면서 독점적 지위를 누리고 있기 때문에 혁신적 능력에서나 국제경쟁에서 한계가 있을 수밖에 없었다. 중국경제의 이러한 한계를 극복해주는 것이 바로 엘리트들의 창업에 의하여 형성된 민간기업들이었다. 현재 국제경제 무대에서 활약하는 통신장비업체 화웨이(HUAWEI)나, 전자상거래업체 알리바바(Alibaba), 스마트폰업체 샤오미(XIAOMI) 등과 같은 업체가 모두 이와 같은 기업들이다. 이와 같이 고기술산업영역에서 일군의 경쟁력 있는 민간 기업들의 출현은 중국경제의 압축적 성장에 큰 힘이 되었다고 볼 수 있다.

3. 압축적 경제성장과 약화된 사회연대

자유주의가 경쟁을 통한 개인의 이익증대를 기본적 가치로 삼고 있다면, 사회주의는 개인의 이익보다 "집단적 가치"에 치중하고 있다고 볼 수 있다. 신중국이 창건된 후, 중국은 사회주의 제도를 선택하였으며, 따라서 빈부의 분화가 없는 평등한 사회건설을 지향하였다. 이를 위하여 중국은 계획경제제도를 실시하고, 도시에서는 "단위제"(單位制), 농촌에서는 "집단경제"(集體經濟) 체제를 수립하여, 개인들을 각 조직에 편입시키고, 각 조직들은 국가의 계획에 따라 생산 활동에 종사하면서 내부적으로 구성원들의 복지를 책임지고, 비교적 평등한 분배체제를 수립하였다.

그러나 이러한 이상적인 사회제도는 사회구성원들 간에 평등을 실현했을지는 몰라도 효율적인 생산체계를 수립하여 사회발전을 추진하는 면에서는 그다지 효과적이지 못했고, 따라서 많은 난관에 봉착할 수밖에 없었다. 그러나 마오쩌둥을 위시로 하는 당시 지도부는 이러한 난관의 원인을 이데올로기적인 방면에서 찾으려 하였고, 따라서 소위 "사상적 교육"을 통하여 인민들의 의식수준을 높임으로써 이 문제를 해결하려고 하였다. 1960년대 말부터 1970년대 말까지 지속된 "문화대혁명"이 그 대표적인 시도로 볼 수 있다.

그러나 "문화대혁명"으로 사회경제는 더욱 피폐해졌고, 국가의 위기가 더욱 커져만 가는 시기에 마오쩌둥이 서거하고, 일련의 진통을 거쳐 실용주의 개혁가인 덩샤오핑이 역사무대에 등장하게 된다. 그간의 폐단을 잘 이해하고 있던 덩샤오핑은 이데올로기적인 정치운동을 지양하고, 국가의 중심임무를 경제건설을 중심으로 하는 현대화건설로 정함으로써 중국의 개혁개방의 서막이 열린다. 1984년에 채택된『경제체제 개혁에 관한 중공중앙의 결정』(《中共中央关于经济体制改革的决定》)에서는 다음과 같이 서술하고 있다. "역사적 경험은 우리에게 평균주의의 범람은 결국 사회생산력의 발전을 저해함을 알려주고 있다. 따라서 일부 사람들을 먼저 부유케 하는 것은 사회주의 발전법칙에 부합될 뿐만 아니라, 사회 전반이 부유한 길로 나아가는 데 있어 필연적인 경로이다."

소위 "선부론"(先富論)이라 불리는 이 선언으로 인하여, 중국의 시장화 개혁의 서막이 열리며, 그 후 중국의 대내개혁은 시장경제의 활성화를 목표로 하게 된다. 여기서 역사적인 아이러니가 발생하게 되는데, 시장경제의 활성화로 중국의 경제는 압축적인 발전단계에 진입하게 되지만, 건국 후 강화되었던 구성원 간의 사회적 연대는 다시 악화일로에 들어서게 된다. 그 양상은 아래와 같은 몇 가지 방면에서 찾아볼 수 있겠다.

1) 시장화에 따른 기존 사회적 연대의 급속한 와해

시장경제의 활성화로 계획경제시기에 형성되었던 사회적 연대가 급속히 와해되기 시작하였다. 가령, 농촌의 경우 토지도급제로 인하여 가구단위의 영농이 시작되면서 집단경제 시기의 상부상조적인 관계가 종결된다. 가구별 영농의 초기만 해도 기존의 공동체 의식이 남아 있어 농번기에 서로 일손을 돕는 전통이 남아 있었지만, 그 후 교환, 이익을 기본원리로 하는 시장적 가치관이 농촌으로 지속적으로 침투하면서 현재 중국농촌에서는 무료로 일손을 돕는 전통적 가치가 거의 사라졌다. 저자의 사회조사와 기타 연구자들의 연구성과들을 참고해보면, 현재 중국 농촌

지역의 인건비는 노동력의 품귀현상으로 인하여 오히려 도시의 저임금 노동자들보다 높다. 따라서 소위 "정"에 기초했던 전통적 가치들이 급속히 사라지고, 성원들 간의 관계는 교환과 이익이라는 시장적 논리로 대체되었다.

도시의 경우 계획경제시기에 형성되었던 "단위제"가 급속히 와해되기 시작한다. "단위제"란 계획경제 시기에 형성되었던 사회관리 방식으로 모든 시민들을 각 직장으로 편입시키고, 직장이 구성원들의 주거, 자녀교육, 의료, 노후 등 각종 복지를 책임지는 방식을 말한다. 이러한 체제 하에서 개인은 직장에만 들어가면, 모든 수요를 직장을 통하여 해결할 수 있었다. 그러나 직장이 구성원의 모든 복지를 책임지는 이러한 구조는 시장경제체제 하에서는 유지될 수 없었다. 가령, 기업의 경우 이렇게 많은 부담을 짊어지고 시장경쟁에 나설 수 없다. 따라서 시장경제체제로 전환하면서 "주거 자유화, 취업시장화, 사회복지 사회화, 공공서비스 시장화"라는 관리체계가 수립되기 시작한다(李培林, 2014: 112). 이를 간단히 해석하면, 이러한 수요를 기존의 직장을 통하여 해결하던 방식에서, 개인이 스스로 시장을 통하여 해결하는 방식으로 전환한다는 뜻이다. 물론 이 과정에서 국가는 주택공적금, 노후연금, 실업보험 등과 같은 제도를 통하여 지지망의 구축을 병행하게 된다. 즉 중국이 기존의 소위 사회주의적인 사회복지체계를 포기하고, 자본주의 국가들에서 실시하는 사회정책들을 도입하기 시작한 것이다. 이러한 과정에서 국가와 기업들은 큰 부담을 덜었지만, 사회정책의 수립이 지체된 상황에서 국민들의 부담과 압력은 크게 증폭될 수밖에 없었다.

가령, 국유기업의 경우 경쟁력을 향상시킨다는 논리 하에 1997년부터 대규모적인 인력구조조정을 실시하게 되는바, 이로 인하여 1998년부터

2003년 사이에만 2,818만 명의 노동자가 퇴출되어 노동력 시장으로 흘러들게 된다(李培林, 2014: 105). 이외에도, 의료분야에서도 시장화 개혁을 추진하게 되는데, 공립병원 운영비의 90%를 자체 수익으로 충당하도록 함으로써, 병원을 이윤극대화를 추구하는 기구로 만들었다. 따라서 과잉진료 현상이 보편화되고, 국민들이 병원에서 진료받기 어려워지는 문제가 큰 사회문제로 대두되기도 하였다(李培林, 2014: 155). 이러한 현상은 2013년에 이르러 기초 의료복지체계가 완성되면서 어느 정도 완화되기 시작하였지만 국민들의 부담은 여전히 크다고 볼 수 있다.

결론적으로 말해, 시장화 개혁이 압축적인 경제성장을 가져왔지만, 국민들의 부담도 이에 상응하여 늘어났으며, 기존의 계획경제시기에 "집단적 가치"에 치중하여 형성되었던 사회연대체계도 급속도로 와해되고, 그 사이로 개인적 논리, 경쟁적 논리, 교환적 논리, 이익적 논리, 소비적 논리를 주축으로 하는 시장적 논리가 급속히 파고들면서 구성원들 간에 상부상조적인 사회적 유대를 급속히 와해시켰다.

2) 시장화와 급격한 사회적 분화

중국의 압축적 경제성장과정은 사회적 분화가 급격히 진행되는 과정이기도 하였다. 국가가 추진한 시장화 개혁과 이윤극대화를 추구하는 국내외 자본, 사회정책의 지체와 치열한 시장경쟁으로 인하여, 중국은 세계에서 가장 평등했던 국가 중의 하나에서 현재 가장 불평등한 국가 중의 하나가 되었다. 이러한 사회적 상황에 대하여 중국의 저명한 사회학자 쑨리핑(孙立平, 2003)은 "분열된 사회"(斷裂社會)라는 관점을 제기하여 학계의 치열한 논쟁을 불러일으키기도 하였다. 현재 중국사회의 사회적 분화를 다음과 같은 몇 가지 방면으로 나누어 분석해볼 수 있다.

① 계층적 불평등

국가통계국의 발표에 의하면, 중국의 지니계수는 1978년~1984년 사이에는 0.16 내외의 수준으로 유지되고 있다가, 1985년부터 상승하기 시작하여, 2003년~2012년 사이에는 0.47~0.49구간으로 상승하며, 2012년부터는 차츰 하강세를 보이기 시작한다.

그러나 학계는 이와 다른 연구결과를 발표한다. 가령, 중국 경제체제 개혁연구회 수입분배 연구팀이 2012년 전국 각지 도시 5,344가구의 수입에 대한 조사를 통하여 얻은 연구결과에 의하면, 인구분포에 따른 중국도시가구 수입의 지니계수는 0.50에 달한다(『云南信息报』, 2013/09/24). 같은 해에 진행된 중국 서남재경대학교 중국 가구금융조사 연구센터의 조사결과에 의하면, 2010년 중국의 지니계수는 0.61에 달하는바, 그중 도시의 지니계수는 0.56이고, 농촌의 지니계수는 0.60이었다(『光明网』, 2012/12/10).

국외에서도 유사한 연구결과가 발표된다. 미시간주립대학의 중국계 미국학자 슈위(Xiu Yu)는 2014년 4월 미국 『국립과학원회보』에 발표한 「현재 중국의 수입불평등」(Income inequality in today's China)라는 논문에서 중국 북경대학 '중국사회과학연구조사센터'에서 진행한 중국 가구추적 조사자료 수치를 이용하여 분석한 결과 2005년부터 2012년사이 중국의 지니계수는 0.53에서 0.61구간으로 미국(미국 2010년의 지니계수 0.45, 중국 0.55)을 포함한 다수 국가보다 높다고 지적한다.

정부측 발표든, 학계의 발표든 모두 현재 중국이 심한 불평등 상태에 처하여 있음을 설명해주고 있다. 다른 사회적 사실들도 이를 증명해준다. 2009년 중국 재정부의 재산소득에 대한 통계수치에 의하면, 상위 10% 가구가 전체 45%의 부를 점유하고 있었고, 하위 10%는 1.4%밖에 차지하지 못했다. 이외 업종 간의 수입 차이를 보면, 1978년 업종 간의 평균 월급 차이는 최고와 최저의 비례가 2.1:1이었지만, 2008년에 와서는 4.77:1로 상승하였다(『人民网』, 2009/12/10). 학자들은 이보다 더 비관적인 연구결과를 내놓는다. 가령, 북경대학의 샤예량(夏業良)은 업종 간 평균 수입이 최고치가 최저치에 비하여 15배 가량 더 높다고 주장하면서, 그 근거로 전력, 석유, 금융 등 8개 업종의 직원수가 전국노동자수의 8% 정도이지만, 그들의 임금수입은 전체의 55% 정도를 차지한다고 지적한다(『财经国家周刊』, 2010/06/08).

많은 사회적 사실들은 압축된 경제성장과 더불어 중국의 사회적 불평등도 압축적으로 진행되었음을 설명해준다. 이러한 이율배반적인 현상으로 2010년경 중국학계에서는 중국사회의 "라틴아메리카화"에 대한 논쟁이 진행되기도 하여, 중국 경제성장전략의 보편적 가치를 논증해보려는 "중국식 발전모델"에 대한 토론과 쌍벽을 이루기도 하였다. 압축적인 경제성장과 압축적인 사회적 분화, 이것이 오늘날 중국의 두 얼굴인 것이다.

② 지역 간 발전격차

위에서 지적했듯이, 중국의 압축적 성장과정에서 "세계화"라는 요인이 막강한 영향을 끼쳤다. 외국자본은 대외교역이 편리한 연해지역을 선호했고, 이를 읽은 중국정부도 연해지역 우선의 개방정책을 펼쳤다. 따라서 중국의 동부연해지역은 대외 자본과 대내 노동력을 빨아들이는 블랙홀로 변하였고, 따라서 동부지역과 기타 지역 간에 발전격차는 커질 수밖에 없었다. 이러한 지역적 발전격차에 대하여 실증연구에 많은 심혈을 기울인 중국의 경제학자 후안강(胡鞍钢, 2010: 204-212)과 사회학자리챵 등(李强·王昊, 2014)은 이구동성으로 "하나의 중국, 네 개의 세계" (一个中国, 四个世界)라는 표현을 한다.

우선 GDP를 보면, 1980년 동부연해지역의 GDP는 전국의 50.2%를 차지하였으나, 2005년에 가서는 64.4%로 상승한다. 일인당 GDP를 볼 때, 1980년은 동부 연해지역이 전국 평균 수준에 비하여 34% 높았지만, 2004년에 이르러서는 54%로 상승하며, 같은 기간 중부지역은 전국 평균의 88%에서 77%로 하강하고, 서부 지역은 70%에서 60%로 떨어진다. 재정수입을 보면, 1998년부터 연해지역의 재정수입이 전국의 60% 이상을 차지하기 시작하는 데, 2005년에 와서는 64.4%까지 상승한다(张秀生·陈慧女, 2008).

2014년 연해지역의 일인당 GDP가 1만 96달러로 중부의 6,241달러, 서부의 6,118달러, 동북지역의 8,524달러에 비하여 현저히 높았다. 연해 지역의 상하이와 서남지역의 구이저우성(貴州省)을 비교해 볼 때, 2014년 상하이의 일인당 GDP는 1만 5,800달러, 구이저우는 4,296달러로 전자가 후자의 3.7배에 달하였다. 2013년 공공서비스와 사회복지에 투입하는 재정예산의 경우, 상하이는 일인당 6,254위안에 달했지만, 구이저우는 3,093위안밖에 되지 않아 상하이의 절반 수준에도 미치지 못했다(李华·王青云, 2015). 2014년 기준으로 중국에는 세계은행이 제기한 하루 일인당 소비액인 1.25달러에 미달하는 "빈곤인구"가 8,200여만 명 존재하며, 그중 80%가 경제가 낙후한 서부와 서남부 지역에 분포되어 있다(『新华网』, 2015/02/26).

이러한 지역 간의 경제격차와 수입격차로 내륙 지역의 방대한 노동력이 동부 연해지역으로 흘러들어, 현재 중국의 연해지역 대도시들은 인구 과밀화로 "대도시병"에 허덕이고 있으나, 서부지역은 인구 과소화로 농촌이 공동화되는 난관에 봉착하여 있다. 이러한 상황은 인구센서스 조사 자료에서도 나타나고 있는바, 동부연해지역의 인구가 전체 인구에서 차 지하는 비중은 2010년이 2000년에 비하여 2.41% 증가하였으나, 서부지 역은 1.1%하강 하였다(『国家统计局』, 2011/04/28). 인구의 최대 유입 지인 주강삼각주의 경우 30년 사이에 선전(深圳)은 2만여 명의 인구에 서 1,300만여 명 인구의 대도시로 변신하였는데, 그중 85%가 외부 유입 인구이며, 광저우시(廣州市)의 경우 유입인구가 600여만 명에 달하여 호 적인구에 근접하고 있으며, 베이징과 상하이의 경우 800만 명 이상의 외 부 인구가 유입되어 있다(『中国新闻网』, 2010/02/13). 방대한 인구가 고 향을 떠나서 경제활동에 종사하게 되면서, 매년 음력 설 기간에 귀향(歸 鄕)과 귀성(歸城)으로 교통 운수가 홍역을 치르게 되는바, 정부부처에 발 표에 의하면, 2014년 음력 설 기간에 여객운수량이 36억여 명에 달하였 다(『新华社』, 2014/02/01). 이러한 현상은 모두 현재 중국에서 존재하는 지역 간의 발전 격차를 설명해주고 있다.

③ 도농격차

2011년 중국사회과학원에서 펴낸 『중국도시발전보고서』(潘家华·魏 后凯 主编, 2011)는 2008년 중국의 도농 간 수입격차가 3.3:1에 달하여, 세계적으로 도농 간 수입격차가 가장 큰 국가 중의 하나라고 지적한다. 이는 국가통계국에서 발표한 연도별 도시주민과 농촌주민의 수입상황의 비교를 통해서도 나타난다.

<표3> 1995년~2012년 사이 중국 도시주민과 농촌주민의 수입상황 비교(단위: 위안)

연도	도시	농촌	배수	연도	도시	농촌	배수
1995	4,283.00	1,577.70	2.7	2004	9,421.60	2,936.40	3.2
1996	4,838.90	1,926.10	2.5	2005	10,493.00	3,254.90	3.2
1997	5,160.30	2,090.10	2.5	2006	11,759.50	3,587.00	3.3
1998	5,425.10	2,210.30	2.5	2007	13,785.80	4,140.40	3.3
1999	5,854.00	2,210.30	2.6	2008	15,780.80	4,760.60	3.31
2000	6,280.00	2,253.40	2.8	2009	17,174.70	5,153.20	3.33
2001	6,859.60	2,366.40	2.9	2010	19,109.40	5,919.00	3.23
2002	7,702.80	2,475.60	3.1	2011	21,809.80	6,977.30	3.13
2003	8,472.20	2,622.20	3.2	2012	24,564.70	7,916.60	3.1

출처: 중국국가통계국(www.stats.gov.cn), 「연도별 수치」.

〈표 3〉은 도시주민 일인당 가처분 수입과 농촌주민 일인당 순수입을 비교한 것이다. 표에서 볼 수 있듯이, 압축적 성장기에 중국의 도농 간 격차는 점차 확대되어 2000년대에 들어서는 도시주민의 수입이 기본적으로 농민수입의 3배 이상에 달하였다. 도농 간에 과다한 수입격차를 해소하기 위하여 2006년부터 정부에서는 농업세를 취소하고 농업에 대한 지원을 늘렸지만 격차는 쉽게 해소되지 못하고 있다.

이러한 도농 간 격차로 많은 농촌노동력이 도시로 흘러드는 결과를 초래하였는바, 2015년 현재 중국에는 소위 "농민공"이라고 불리는 도시로 진출한 노동력 집단이 2.74억 명 존재하며, 그중 1.68억 명이 고향을 떠나 외성(外省) 도시에서 경제활동에 종사하고 있다(『中商情报网』, 2015/02/28). 도시로 진출한 이들은 중국의 호적제도의 제한으로 도시에서 평등한 주민대우를 받지 못하고 주거, 교육, 의료, 취업 등 방면에서 불이익을 당하며, 따라서 도시의 하층노동자 집단으로 자리를 잡음으로써 도시의 사회적 분화를 가속화시키고 있다.

3) 사회적 부조리와 부정부패의 만연

압축성장기의 급격한 사회적 분화와 더불어 사회적 부조리와 부정부패 현상의 만연도 사회구성원 간의 신뢰도를 떨어뜨리고 사회적 연대를 약화시키는 중요한 요인으로 작용하였다. 국가주도의 성장정책에 의하며, 압축적 경제성장이 시작되면서 사회적 자원 배분에 대한 정부의 역할이 커지고, 법률, 제도, 감독 등 여러 가지 장치가 완비되지 않은 상태에서 이는 "정경유착"현상을 유발하면서 수단방법 가리지 않고 치부(致富)를 일삼는 사회적 부조리와 부정부패 현상이 사회 곳곳에 만연하게 되었다.

중국의 저명한 경제학자 후안강(胡鞍鋼, 2010: 39-75)은 이를 "체계적 부패"로 규정하면서, 부정부패로 인하여 형성된 경제적 손실이 1999년부터 2001년 사이에는 GDP의 15% 내외, 1995년부터 1998년 사이는 17%에 달할 것으로 추정하였다. 2012년 시진핑을 대표로 하는 새 지도부가 집권하면서, 부정부패를 통제하지 못할 경우 공산당의 집권이 위험할 수 있다는 판단 하에 "부패와의 전쟁"을 선언하고 부정부패 척결에 나선다. 그로 인해 최고층의 인사를 포함한 각계 상류층 인사들이 무더기로 적발됨으로써, 국민들을 경악케 하였다.

사회 지도층 인사들 사이에 만연된 부정부패 현상으로 인하여, 국민들은 법적인 제도와 장치, 사회적 정의와 평등, 지도자들의 덕목에 대해 회의적인 태도를 가지게 되었으며, 이러한 사회적 분위기로 인하여 사회 곳곳에 편법과 탈법현상이 성행하게 되었다. 그 결과 사회 구성원 간의 상호 신뢰가 약화되어 서로 의심하고 경계심을 갖게 되면서 상부상조의 사회적 연대는 기대할 수 없게 되었다.

압축성장기의 사회적 연대의 약화는 사회적 갈등을 심화시켰는바, 2005년 중국사회과학원에서 발표한 『중국사회 블루북』(《中国社会蓝皮书》)의 내용을 보면, 1993년부터 2003년 사이 "집단적 항거사태"(群体性事件)가 1만여 건에서 6만여 건으로 증가하였다. 특히 베이징 올림픽이 열리던 2008년에는 집단적 항거사태가 각 지역에서 연속 발생하는 데, 언론에 의하여 보도된 사태만 근 20건에 달하여 사회적 갈등이 최고 수위로 치닫게 된다(『瞭望新闻周刊』, 2008/12/22). 압축성장의 화려한 뒷면에 헤아릴 수 없이 많은 사회적 상처가 도사리고 있는 것이다.

4. 압축된 경제성장과 지체된 문화발전

서구 자본주의 발전에서 프로테스탄트 윤리에 의하여 촉발된 자본주의 정신이 중요한 역할을 했다는 베버의 논의와 같이, 어떠한 경제 형태건 그와 상응하는 문화적 가치관이 정립되어 있어야 발전과정에서 혼란을 어느 정도 극복할 수 있다. 가령, 사회적 평등을 지향하던 계획경제시기 중국은 국민들의 이기심을 극복하기 위하여 이타심을 근간으로 하는 소위 "공산주의적 가치관"을 정립하고, 사회교육을 통하여 이를 국민들에게 주입시켰다. 이와 같은 이타심 교육은 가난했던 시기에 각종 사회적 난관을 극복하고 사회 결집력을 키우는 데 중요한 역할을 하였다. 같은 맥락에서 시장경제 역시 그에 알맞은 문화적 가치관이 정립되어야 최대 이익을 추구하는 개인들의 무제한적인 사욕팽창을 견제하여 집단생활의 형태인 "사회"를 수호할 수 있다. 그러나 압축성장기의 중국은 그에 걸맞은 문화적 가치를 미처 정립하지 못함으로써 이기심을 견제할 수 있는 도덕적 기반을 확립할 수 없었고, 이에 따라 수많은 사회적 대가를 치를 수밖에 없었다.

1) 이데올로기 과잉에 대한 혐오에서 시작된 개혁개방

주지하는 바와 같이 중국의 개혁개방의 전야는 "문화대혁명"이라는 사회적 혼란기였다. 마오쩌둥에 의하여 발동된 "문화대혁명"은 모든 권위를 짓부셔 인민대중이 주인이 되는 진정한 인민민주의 사회를 만든다는 이상 속에서, 대중들이 정치적 열정에 고조되었던 시기였다. 이 시기는 또한 이데올로기가 과잉된 시기로 경제발전보다 계급투쟁과 같은 이데올로기적인 문제가 강조되고, 문화예술 영역의 모든 창작이 이데올로기를 위하여 복무하고 있었다. 따라서 경제발전이 지체되고, 사회적 혼란상황이 가속화되었으며, 주민들의 생활이 날로 곤경에 처하게 되었다. 국민들은 이러한 사회적 혼란이 종결되기를 희망하였고, 이러한 국민들의 열망에 힘입어 실용주의적 개혁가인 덩샤오핑이 다시 역사무대에 등장하게 되었다.

이데올로기 과잉의 폐해를 잘 알고 있고, 이에 대하여 굉장한 혐오감을 가지고 있었던 덩샤오핑을 비롯한 혁명세대 지도자들은 이데올로기 영역의 논쟁으로 허송세월하기보다 경제발전을 추진하여 국력을 강화하고, 국민들의 생활의 질을 개선하는 것이 훨씬 더 중요한 사안이라는 데 공감하고, 개혁개방정책에 강력한 드라이브를 건다. 즉 중국의 경제개발은 가치나 사상과 같은 논쟁에 대한 피로감에서 출발하였다. 따라서 출발부터 이러한 토론을 지양하고, 더욱 실질적이라고 판단되는 경제성장에 올인했던 것이다.

그러나 시장이 활성화되고, 개방정책으로 인하여 서구적인 가치가 유입되면서 기존에 볼 수 없었던 서구를 모방한 대중문화가 활성화되기 시작하였고, 일부 지식인들과 청년학생들 사이에서는 서구의 사회제도가 더욱 우월하다는 논조가 퍼지기 시작하였다. 급기야 1986년에는 일부 도시에서 대학생들의 시위가 발생하였고, 정부는 이를 사회주의 제도를 위협하는 요인으로 판단하였다. 따라서 지도부는 이를 "정신적 오염"으로 규정짓고, "자산계급자유화"에 대해 기치선명하게 반대해야 한다고 강조하면서, 공산당의 영도와 사회주의 제도의 견지를 골자로 하는 "네 가지 기본원칙"에 대한 방침을 정한다(Vogel, 2013: 535-561). 그러나 이러한 사조는 쉽게 수그러들지 않았고, 1989년에 중외를 진동시킨 "천안문사태"로 이어진다.

"천안문사태" 이후, 덩샤오핑은 개혁개방 이후 당의 사업에서 중대한 과오가 있다면 청년세대에 대한 교육을 홀시한 것이라고 지적한다. 여기서 말하는 "교육"은 "정치교육"을 말한다. 이를 해결하는 수단으로 등장한 것이 바로 서구 열강들에게 굴욕을 당한 근대사 교육의 강화를 통한 "애국주의"교육이었다(Vogel, 2013: 612-614). 그 후, 사회제도나 서구적 가치 논의에 대한 사상적 통제는 강화되고 애국주의 교육과 같은 정치적 서사가 주된 가치관 교육의 내용으로 부상하게 된다.

여기서 볼 수 있듯이, 시장화 개혁과정에서 중국은 개인의 이기심 팽창에 대한 규제와 도덕적 윤리 중시와 같은 시장경제에서 필요한 덕목에 대한 인성교육을 발전시키지 못하고, 개혁개방에 따른 정치사회제도에 대한 서구적 충격을 해소하기 위해 "애국주의"와 같은 다소 추상적인 사상교육에 치중하게 된다. 따라서 정작 개인의 사회적 행위에 중대한 영향을 미치게 되는 가치관 교육이나 인성교육에는 소홀함으로써, 가치관 영역에서 국민들은 뒤르켐 식의 "아노미적 상황"에 처할 수밖에 없었다.

2) 문화영역의 "국가적 서사"와 "국민적 서사"의 괴리

1980년대 개혁개방 초기, 우선 중국으로 유입된 외국문화는 드라마와 같은 일본의 대중문화였다. TV에서는 일본드라마가 방영되기 시작하였고, 「북국의 봄」과 같은 일본 노래가 유행하기 시작하였다. 그러나 1980년대 중반에 들어서면서 "일본풍"은 가라앉고, 홍콩과 대만, 싱가포르의 영화와 드라마, 가요가 문화시장을 휩쓸기 시작하였다. 문화영역에서 통제의 완화와 더불어 우후죽순마냥 생기기 시작한 지방 TV 방송국들과 새로 개장한 거리의 수많은 비디오방에서 밤낮없이 이들 지역의 드라마와 영화를 방영하고 있었고, 홍콩과 대만 가수들의 노랫소리가 곳곳에서 울려퍼졌다. 그간에 경직되고 틀에 박힌 이데올로기적 교육을 주된 목적으로 하는 국내 문화작품들에 혐오를 느끼고 있던 국민들은 자유롭고, 개방적이며, 다분히 소비주의적인 이러한 서구식 대중문화에 열광하기 시작하였으며, 유행에 민감한 젊은 층은 패션, 헤어스타일, 화장, 생활방식 심지어 생활태도에서까지 TV에 나오는 방식을 모방하기 시작하였다. 그러나 홍콩, 대만을 통하여 중계되는 서구식 문화는 직업윤리, 도전정신, 합리주의, 개인의 권리나 자유와 같은 문화적 정수를 전파하는 것이 아니라, 사랑이나 폭력과 같은 자극적인 내용이나 소비주의와 같은 관객들의 욕망을 자극하는 것 위주였다. 따라서 중국의 청년층은 서구의 문화적 정수에까지 이르지 못한 채, 극히 표면적인 이해에서 출발하여 서구식의 자유를 주장하게 되고, 이는 결국 안정적인 정치환경 속에서 경제발전을 이룩하려는 국가에 의하여 저지되었다.

서구식 대중문화 범람의 위해성을 인식하게 된 정부는 천안문사태 이후 문화적 영역에 대한 통제를 다시 강화하기 시작하였고, "애국주의" 교육을 문화영역의 중점 과제로 선정하게 된다. 따라서 통제가 다소 느슨

했던 사이에 활기를 띠었던 지역 TV 방송사들이 정돈되기 시작하였으며, 거리의 비디오방들도 차츰 자취를 감추게 되고 "홍콩풍"이 가라앉기 시작한다. 그리고 그사이 애국주의 교육을 목적으로 하는 반일 소재의 드라마나 영화들로 대체되기 시작하였다.

그러나 1990년대의 중국은 그러한 이데올로기적인 교육에 관심을 가질 수 있는 시기가 아니었다. 덩샤오핑의 "남순강화"(南巡講話)로 시장경제체제로의 전환이 경제개혁의 목표로 결정되면서, 그간에 극히 제한적으로 시장경제에 휘말려 들었던 국민들 대다수가 시장경제체제의 영향을 받기 시작하였으며, 따라서 기존의 사회질서와 생활방식이 빠른 속도로 해체되기 시작했다. 국민들은 재빨리 돈에 눈을 뜨기 시작하였으며, 돈을 버는 것을 최고의 목표로 삼는 사회적 분위기가 빠른 시일 내에 형성되기 시작하였다. 수단방법 가리지 않고 돈을 버는 사람이 영웅이 되는 시대가 드디어 다가왔던 것이다. 1990년대 중국에서 가장 유행한 노래가 "악착스러워야 부자가 된다(爱拼才发财)"는 가사가 부각된 노래였다.

이 시대의 또 다른 중대한 변화는 인터넷의 발전과 보급에 따른 정보사회의 도래였다. 인터넷이 보급됨에 따라 주민들이 기존에 관영방송이나 매체에 의존하던 문화생활의 방식에서 벗어나 자신의 취향에 따라 여가와 문화생활을 즐길 수 있는 여건이 조성되었다. 따라서 국가가 진행하려는 소위 "애국주의" 위주의 이데올로기적인 교육은 국민들의 가슴속에 와 닿지 못한 채 관영 매체들에 의하여 일방적으로 진행되는 한편, 실제 국민들은 인터넷과 같은 새로운 매체들을 이용하여 자신의 취향에 따라 자신의 문화생활을 즐기고 있었다. 따라서 "애국주의"라는 "국가적 서사"와 "취향과 즐김"이라는 "국민적 서사"의 괴리가 커져만 갔다. 또한 이 시대를 살고 있는 중국인들은 1980년대와 같이 사회제도나 사회개혁과 같은 거대서사에는 관심이 없었고, 개인적인 욕구와 취향을 만족시킬 수 있는 작품과 장르들에 관심을 쏟았다.

이와 같이 문화영역에서 개혁개방과 세계화에 대응하여 국민들의 정치적 충성심과 결집력을 키우려는 "국가적 서사"와 거대서사에 국민들이 관심을 잃고, 이러한 집합적 서사가 취향을 중시하는 "개인적 서사"와 어긋나게 되면서 시민사회가 성장하지 못한 중국은 압축적 성장기에 새로운 사회환경에 걸맞은 사회적 가치관을 정립할 수 있는 기회를 가질 수 없었다. 따라서 문화적 가치관 영역에서 국민들은 아노미적 상황에 빠질 수밖에 없었고, 그 자리를 "이익지상주의"라는 배금주의 성격을 띤 가치관이 차지하게 되었다.

3) "이익지상주의" 가치관이 몰아온 엄청난 사회적 대가

문화적 가치관은 한 사회에서 개인의 행위를 어느 정도 통제, 관리함으로써 집단생활의 질서를 수호할 수 있는 사회문화적 방어선이다. 따라서 어느 사회든 그 사회적 환경에 걸맞은 가치관을 정립하여, 사회구성원의 행위를 어느 정도 규제할 수 있어야 한다. 그러나 압축성장기의 중국을 볼 때, 국가는 "국가적 서사"에, 개인은 "개인의 취향"에 치중하게 되고, 이 간극을 메워줄 수 있는 시민사회도 성장하지 못하여, 시장경제 상황에서 개인 사욕의 팽창을 제어할 수 있는 가치적 방어선을 구축할 수 없었다. 그 결과 "고삐 풀린 이익지상주의"로 막대한 사회적 홍역을 치를 수밖에 없었다.

그 한 예로 중국의 식품안전문제를 들 수 있다. 식품은 건강 및 생명과 직결되는 문제로, 무슨 일이 있더라도 반드시 안전을 최우선 가치로 삼아야 한다. 그러나 압축성장기의 중국에서는 유아들이 마시는 분유 생산에서조차, 대표적 기업들이 안전규정을 지키지 않고 기준량을 초과하는 화학첨가제를 사용하는 문제들이 발생하여 국민들을 경악케 하였다. 이로 인하여 중국에서 생산하는 분유의 품질에 대한 사회적 신뢰가 약화되고, 애를 키우는 부모들이 해외에서 분유사재기를 하면서, 홍콩은 대륙 여행가들의 분유구매 수량을 제한하는 조치까지 취하게 되었다. 심지어 중국이 두번째 아이에 대한 생육제한 조치를 취소하자 호주분유기업들의 주가가 치솟았다는 뉴스까지 보도되었다. 분유의 품질문제는 사실 빙산의 일각에 불과하다. "독만두", "독계란", "찌꺼기 기름" 등과 같은 식품안전문제들이 그간에 속출하였으며 자국 식품에 대한 국민의 신뢰도는 극히 낮아, 식품을 살 때마다 속을 졸여야 하는 것이 요즘의 중국이다. 사람의 생명과 직결되는 식품생산에서까지 양심을 느끼지 못하고, 사리를 위하여 무슨 짓이나 할 수 있다는 것은 문화지체에 의한 "도덕불감증"이 얼마나 무서운 결과를 가져오는가를 보여주고 있다.

또 다른 한 예로 "안전불감증"이다. 지난 근 20여 년 간에 중국에서는 헤아리기 힘들 정도로 많은 광산매몰사고가 발생하였다. 사욕에 눈이 먼 수많은 개인광산주들이 안전조치가 미비한 갱으로 생계난에 시달리는 노동자들을 내려보낸 것이다. 돈에 눈이 어두워 사람의 생명은 안중에도 없었던 것이다. 자본주의가 피와 오물을 흘리면서 발전한다는 마르크스의 말처럼, 중국의 압축적 성장도 수많은 생명의 대가가 있었다. 이러한 사고 외에 그간 중국에서 송유관 폭발, 화학공장 폭발과 같은 대형 사고도 빈번히 발생하였는바, 2010년 상반기의 경우 매달 적어도 10여 차례의 엄중한 공업오염사고가 발생하였다. 2006년에 진행된 화학 · 석유공업 환경위협 조사결과에 의하면, 조사 대상 7,555개 중 81%가 하천과 인구가 밀접한 지역에 건설되어 있었으며, 그중 45%는 매우 엄중한 사고

원이 되는 것으로 판명되었다(『经济参考报』, 2010/08/23). 이와 같은 사실을 보도한 『경제참고보(经济参考报)』는 GDP에 대한 숭배가 이와 같은 안전불감증을 유발하고 있다고 분석한다. 경제성장이 주민들의 생명보다 더 우선인 것이다.

또 다른 한 예를 들면 "환경오염불감증"이다. 중국의 경제성장이 압축적이라면, 중국의 환경오염도 압축적인 과정을 거쳐 왔으며, 현재 중국은 가히 세계에서 가장 오염된 국가라고 볼 수 있다. 환경오염에 관한 연구들에 의하면, 현재 세계 전자제품 폐기물의 80%가 아시아로 유입되며, 그 중 90%를 중국에서 소화하고 있다(『经济参考报』, 2010/07/16). 현재 중국의 7대 하천의 오염이 심각해 음용수 안전이 위협받고 있으며(『凤凰网』, 2010/05/13), 경작지의 1/6내외가 중금속 오염상태에 처해 있다(『光明日报』, 2013/05/27). 공기오염도 심각한 수준인 바, 푸른 하늘이 사치품일 정도로 악성 스모그로 몸살을 앓고 있다. 이러한 심각한 환경오염으로 엄청난 위협과 불편함을 겪어왔음에도 불구하고, 이러한 상황을 개선하기 위하여 행동에 나서려는 사람들은 별로 보이지 않는다. 많은 사람들은 여전히 본인과는 아무런 관계도 없는 듯, 오염을 유발할 수 있는 폐기물들을 제멋대로 버리고, 하늘이 스모그로 뒤덮여 사람이 보이지 않을 정도여도 누구 하나 공공교통수단을 이용하려는 의식적인 노력조차 하지 않으며, 배기량이 더욱 큰 차를 타지 못하여 안달이다. "신앙과 영혼"이 없는 사회가 얼마나 무서운가를 보여주는 대목이다.

사회구성원의 행위를 제어하고 지도할 수 있는 가치관 부재의 엄중한 사회적 부작용을 느낀 정부는 뒤늦게나마 국민적 가치관을 정립하려는 시도를 한다. 2006년 당시 총서기였던 후진타오는 정치협상회의에 참가하여 "여덟가지 행위를 영광으로 여기고, 여덟가지 행위를 치욕으로 여긴다(八榮八恥)"는 사회주의영욕관(社會主義榮辱觀)을 제기한다. 여기에는 "신용을 지키는 것을 영광으로 여기고, 사리를 채우는 것을 치욕으로 여긴다", "법 규율을 지키는 것을 영광으로 여기고, 법 규율을 위반하는 행위를 치욕으로 여긴다"는 식의 국민들의 실생활에서 반드시 필요한 행위적 규범들을 제시하였다. 그 후, 각종 수단을 통하여 이에 대한 홍보와 교육에 열을 올리는 데, 이는 중국정부가 "애국주의"와 같은 추상적인 교육을 통해 국민들의 행위를 지도할 수 있는 가치관 교육에 눈을 돌리기 시작했다는 것을 의미하는 것이었다. 2012년 시진핑 주석이 집권한 후에는 국민들이 반드시 지키고 추구해야 할 가치로 12개 단어 24자로 압축된 사회주의 핵심가치관(社會主義核心價值觀)이 제기되고 현재 중국은 각종 수단을 통하여 이에 대한 국민적 교육을 진행하고 있다. 정부주도로 진행되는 이러한 가치관 교육이 어떤 실효를 거둘 수 있을지는 앞으로 지켜봐야 할 일이지만 압축적 성장기에 가치영역의 혼란한 상황은 그 문화적 지체 현상을 잘 반영해주고 있다.

5. 나오며

지난 30여 년 간 중국은 엄청난 사회적 변혁을 겪었다. 그러한 변혁은 서구가 2, 3백 년을 거쳐 이룩한 과정이나, 중국에서는 30여 년으로 축약되었다. 이러한 "압축적 근대성"은 본문의 분석에서도 보여주듯이, 사회체계를 구성하는 주요 부분사이에 상호 지체된 변화와 발전이었다. 다니엘 벨이 "자본주의 사회의 문화적 모순"에서 제기했던 것처럼 "압축적 근대성"의 모순은 사회를 구성하는 여러 부문 사이의 상호 지체된 변화였다. 따라서 "압축적 근대성"의 사회는 "체험"과 "변화"가 시공간적으로 축약되는 동시에 "모순"과 "문제"들도 시공간적으로 응축되어 있어, 물질 생활 여건은 빠르게 개선되고 있지만, 그 와중의 인간은 결코 행복하지 않고, 환경과 같은 영역에서는 오히려 빠르게 퇴행하는 현상들이 일어나 사람들의 생활의 질을 위협하는 "어리둥절한 사회"였다. 다른 사람들이 10시간 달려온 길을 2시간에 달려오다 보니, 비록 따라는 잡았지만 숨이 차고 멀미가 나서 기쁨을 만끽할 수 없는 신세가 된 셈이다.

이러한 사회적 상황을 설명해주는 대표적인 현상이 바로 상류층의 이민행렬이다. 중국초상은행(招商)연구소에서 발표한 『2011년 중국 개인 재부보고』(《2011年中国私人财富报告》)에 의하면, 개인자산 1억 위안을 초과하는 중국 대륙 기업주 중의 27%가 이미 이민을 하였으며, 47%가 이민을 고려하고 있는 중인 것으로 알려졌다. 압축적 성장기에 재부를 쌓아올린 부자들이 생활의 편의를 위하여 외국으로 떠나고 있는 것이다. 개혁개방 30여 년간 중국의 해외이민자 수는 450만 명에 달하여 해외 이민자 수가 세계 1위를 차지하고 있어 역사상 "제3차 이민열조"라는 개념까지 생겼다(『中国广播网』, 2010/08/26).

이러한 한계에도 불구하고, 현재 압축적인 사회적 변혁을 겪은 동아시아의 국가와 지역들은 여전히 경제성장에 목말라하고 있는 듯하며, 성장의 논리가 여전히 힘을 얻고 있는 듯하다. 그러나 상기의 중국사회의 "압축적 근대성"에 대한 분석에서 볼 수 있듯이, 일방적인 경제적 성장은 결코 살맛나는 세상을 만들지 못한다. 각 사회 영역의 동반적인 성장과 변화만이 각종 지체된 변화에서 비롯되는 "모순"들을 치유하고 구성원들의 삶의 가치가 존중받는 성숙한 사회를 만들 수 있다. 일방적인 경제성장이 아닌 "균형적 성장"만이 동아시아 "압축적 근대성"의 "초월적 진화"를 이룰 수 있는 길이다.

참고문헌

장경섭. 2009. 『가족 · 생애 · 정치경제: 압축적 근대성의 미시적 기초』, 서울: 창비.

胡鞍钢. 2010. "谈中国社会转型," 『胡鞍钢与世界对话』, 中国出版集团东方出版中心.

景天魁. 1999. "中国社会发展的时空结构," 『社会学研究』6: 54-66.

李华 · 王青云. 2015. ""十三五"时期我国区域协调发展思路研究," 『宏观经济管理』
  10: 14-17.

李培林. 2014. 『社会改革与社会治理』, 中国 : 社会科学文献出版社.

李强 · 王昊. 2014. "中国社会分层结构的四个世界," 『社会科学战线』9: 174-187.

林毅夫. 2012. 『中国经济专题』(第二版), 中国北京: 北京大学出版社.

马杰伟. 2006. 『酒吧工厂: 南中国城市文化研究』, 中国南京 : 江苏人民出版社.

潘家华 · 魏后凯 主编. 2011. 『中国城市发展报告 · 聚焦民生』, 社会科学文献出版社.

孙立平. 2003. 『断裂——20世纪90年代以来的中国社会』, 社会科学文献出版社.

张秀生 · 陈慧女. 2008. "论中国区域经济发展差距的现状´成因´影响与对策,"
  『经济评论』2: 53-57.

黄亚生. 2011. 『"中国模式"到底有多独特』, 中国北京: 中信出版社.

费孝通. 1998. 『从实求知路』, 中国北京: 北京大学出版社.

Gransow, Bettina(柯兰君). 2001. "全球力量与外来妹：珠江三角洲的社会新景观,"
  『都市里的村民：中国大城市的流动人口』, 李汉林 主编, 中国编译出版社.

Vogel, Ezra F.(傅高义). 2013. 『邓小平时代』, 冯克利 译, 中国三联书店.

〈잡지 및 신문기사〉

『经济参考报』, "不转变模式中国未来发展将无路可走," 2010年7月16日. "中国城市
  遭"化工炸弹"包围 GDP崇拜酝酿人祸," 2010年8月23日.

『观察者网』, "中国经济对世界的意义," 2015年4月9日.

『光明网』, "中国家庭金融调查: 高基尼系数是经济发展自然结果," 2012年12月10日.

『光明日报』, "调查显示我国受重金属污染耕地占全国总耕地面积的1/6," 2013年5月
     27日.

『国家统计局』, "第六次全国人口普查主要数据发布," 2011年4月28日.

『文汇报』, ""时空压缩"下的现代化发展模式," 2008年10月27日.

『凤凰网』, "中国严重污染七大河流 89%的饮用水不合格," 2010年5月13日.

『新华网』, "北京总部之都地位巩固：跨国公司总部大639家," 2012年7月18日. "2014
     年中国农村贫困人口比上年减少1232万人," 2015年2月26日.

『新华社』, "2014年春运客流预计达36亿人次创新高," 2014年2月1日. "总营业里程
     11028公里 中国高铁长度占世界一半," 2014年3月6日.

『瞭望新闻周刊』, "2008年震动中国的群体性事件," 2008年12月22日.

『云南信息报』, "调查发现城镇居民基尼系数已超0.50," 2013年9月24日.

『人民网』, "我国收入分配高度不均, 10%家庭占有居民财产45%," 2009年12月10日.
     "上海公布在沪跨国公司地区总部家底," 2014年12月11日.

『人民日报』, "中国经济仍是全球增长的动力之源," 2015年9月29日. "2014年我国非
     金融类对外直接投资1072亿美元, 比2010年增78.1%," 2015年10月17日.

『人民日报』(海外版), "义乌小商品吸引世界眼光," 2005年10月21日.

『财经国家周刊』, "中国的财富集中度远远超过美国, 两级分化严重," 2010年6月
     8日.

『中国广播网』, "中国成世界最大移民输出国, 温州富豪抱团出走," 2010年8月26日.

『中国商务部网站』, "世界各国国内生产总值情况排行榜," 2013年9月25日. "2014年
     中国实际使用外资1195亿美元 同比增长1.7%," 2015年1月21日.

『中国新闻网』, "京沪等大城市人口严重超载. 专家呼吁减压分流," 2010年2月13日.
     "2014年中国国家外汇储备余额3.84万亿美元," 2015年1月15日.

『中国青年报』, "中国制造业赶超美国跃居世界第一, 虚名背后存隐患," 2011年12月
     27日.

『中商情报网』, "2015年中国外出农民工1.68亿人 平均工资2864元," 2015年2月
     28日.

『环球日报』, "WTO公布2014年进出口总额 中国蝉联第一," 2015年4月15日.

6장

고도성장 하에서의 일본의 '고도대중소비사회'의 형성[*]

임경택

1. 서론: 소비사회에 주목하는 이유

이 글은 이른바 '고도성장' 하에서 나타나는 일본사회의 변화를 생산경제의 측면보다는 '고도대중소비사회'의 형성과정을 중심으로 살펴보는 것을 일차적 목표로 삼고 있다. 한국전쟁이 끝난 후 1950년대 중반부터 1970년대 초에 걸친 약 20년간, 일본 경제는 평균 10%라는 미증유의 경제성장을 경험하였다. 이 고도경제성장으로 인해 일본 사회는 완전히 그 모습을 바꾸었다. 이 기간의 변화가 너무나 컸기 때문에, 지금은 '고도성장' 이전의 일본이 어떠한 나라였는지 상상하기조차 어렵게 되었다. 더구나 현재 일본인의 1/4 이상이 '고도성장'이 끝난 후에 태어났다. 그래서 일본인 자신들에게조차도 이제는 '옛날이야기'가 되어 버렸다.

"패전 직후인 1946년 일본의 GNP는 전쟁으로 인한 파괴와 원자재 수

---

* 이 글은 『건지인문학』 제15집에 수록된 "'고도성장' 하 일본의 사회변동 고찰: '고도대중소비사회'의 형성을 중심으로"를 이 책의 취지에 맞추어 수정한 것이다.

입의 단절로 인해, 패전 전에 정점을 이루었던 1937년의 1/2 수준으로 저하되어 있었다. 1950년이 되어도 취업자의 48%가 여전히 1차 산업에 종사하고 있었고, 1인당 국민소득도 124달러 정도였다."[1] 하지만 1968년에는 GNP에서 당시의 서독을 능가하여 서방 진영 내에서 제2의 경제대국으로 부상하였고, 고도경제성장이 일단락되는 1970년이 되면 1차 산업 종사자의 비율은 19%로 저하되고, 고용자의 비율이 64%로 상승하며, 평균수명마저도 남성 69.3세, 여성 74.7세로 세계 최고수준에 이르게 된다. 이와 같이, 현재 우리가 일본의 경제 · 사회로 이해하고 있는 것, 또는 현대 일본인을 둘러싼 기본적인 생활유형은 모두 '고도성장'기에 그 형태가 만들어진 것이다. '고도성장'은 일본이라는 나라를 근본적으로 바꾸었다고 해도 과언이 아니다. 에도(江戸)시대, 그리고 메이지(明治)-다이쇼(大正)-쇼와(昭和)로 이어지는 일본경제의 근대적 성장 가운데, '고도성장'은 현대일본문화에 결정적인 의미를 가지고 있다고 생각된다. 단순한 경제성장만이 아니라, 그 이전과는 가치체계가 전혀 다른 사회와 문화를 낳았기 때문이다.

그러므로 이 '고도성장'에 관해 경제성장만을 중시해서는 안 될 것이다. 이른바 GNP의 함정에 빠져 수학적 모델만으로 평가하면, 중요한 사회변화나 생활상의 변화를 놓치게 될 가능성이 높아진다. (전쟁에서) 이길 때까지는 아무것도 원하지 않고, '사치는 적'이라고 버티던 일본의 서민들에게, 패전은 물질적인 패배였을 뿐 아니라 정신적인 가치의 패배를 의미하였다. 그와 같이 개개인의 욕망을 억제하도록 만든 초월적인 가치를 상실한 그들에게 물질적 · 경제적 풍부함만이 변화였을까? 이것을 분

---

1) 당시 미국의 1/14 수준이었다(吉川洋, 1997: 14).

석해보고자 하는 것이 이 글의 주요한 목적 중의 하나이다.

이를 분석하기 위해 미국의 경제학자 로스토우(W. Rostow)가 주장한 경제성장의 5단계설[2]에 등장하는 "고도대중소비사회"에 주목하고자 한다. 각 사회의 역사적 경험을 심각하게 고려하지 않은 로스토우의 경제성장단계설은 단선적이고 적나라한 진보사관이라는 비판을 받기도 하지만, 일본의 고도성장도 로스토우가 말하는 "고도대중소비사회"로 가는 도정이었음은 부인할 수 없다. 로스토우는 고도대중소비사회로 가는 기준을 내구소비재(특히 자동차)의 보급에서 찾고 있다. 일본인은 그러한 내구소비재에 둘러싸인 '미국식 생활양식'을 추구하여 '고도성장'이라는 특급열차에 올라탔던 것이다. 그러한 차원에서 로스토우는 여전히 의미를 갖는다.

나아가 마루야마 마사오(丸山眞男)가 패전 후 일본의 정신구조를 한마디로 표현한 "욕망자연주의"(丸山眞男, 1946)라는 개념을, 분석을 위한 핵심어 중 하나로 삼고자 한다. "욕망자연주의"란 간단히 말하면, 패전 전에 인간의 욕망을 규제해 오던 틀―국가·지역사회·가족―이 무너지고, 욕망의 충족이 전적으로 개인적인 선택의 문제가 되었다는 것을 의미한다. 패전 후 국민들의 욕망은 긍정되고 끊임없이 자극을 받았다. 국민들은 자신의 욕망을 채우기 위해 열심히 일하였고, 그것은 이제 더 이상 부도덕이 아니었다. 패전 후의 일본인은 '일에 중독된(workaholic)' 노동자로서 세계에 이름을 널리 알리게 되었지만, 그 뒷면에는 만족할 줄 모르는 소비자로서도 국민이 형성되었다는 사실을 기억해야 할 것이다. 그러한 의미에서 "욕망자연주의"는 소비사회를 설명하

---

2) 로스토우의 5단계란 "전통적 사회 → 이륙선행기 → 이륙(take-off) → 성숙화→ 고도대중소비시대"를 가리킨다(Rostow, 1960).

는 데에 매우 적절한 개념이라 생각한다. 실제로 일본의 부흥과 고도성장은 바로 이 "욕망자연주의"에 의거하여 그것을 촉진하는 방향으로 진행되었다고 할 수 있다. 패전 후 일본의 고도성장은 해마다 두 자리 수의 성장률을 넘어섰던 그 속도뿐 아니라, 식민지에도 전쟁경험에도 의존하지 않는 '평화형 성장'이라는 점에서 지금도 발전도상국들이 부러워하는 모델이 되어 있다. 이러한 평화형 성장을 가능하게 한 것은 분배의 확대에 의한 중산계급(중류사회)의 형성과 그들의 소비를 기반으로 한 내수확대전략이었으며, 이 '내수확대형 경제성장'을 지탱해 준 것이 "욕망자연주의"였다.

이 글은 이러한 점에 착안하여, 우선 일본의 고도경제성장과정에 대해 수치를 통해 그 규모를 파악·기술하고, 그 성장을 가능하게 한 기제(mechanism)를 분석한 후, 그 '압축적' 경제성장이 초래한 사회와 생활세계의 변화상을 추적해 보고자 한다. 요컨대, 일본의 '고도성장'을 문화적인 맥락으로 치환하여, 그것이 일본인에게 어떤 의미가 있었던가를 살펴보고자 하는 것이다. 이유는 매우 간단하다. '고도성장'을 생산 면에서 지탱한 것이 일본인이라면, 그 결실을 누리는 것도 일본인이었기 때문이다. 이와 같은 치환을 통해 '고도성장'은 그 실체와는 다른 차원에서 새로운 가치가 발굴되리라 생각한다. 이러한 연구는 경제라는 사회과학적 현상을 문화에 대한 인문학적 시각으로 분석한다는 데에도 그 의의가 있을 것이라 사료된다.

2. 숫자로 본 일본의 '고도성장'

1) '고도성장' 직전의 현실

1945년 8월 15일, 라디오로 방송된 천황의 〈종전의 조서(終戰の詔書)〉를 들으면서 일본은 패전을 맞이하였다. 일본에 진주한 연합군은 '연합국사령부(General Headquarters; GHQ)'를 설치함으로써 군국주의의 뿌리를 청산하고, 미국식 민주주의를 정착시키기 위한 일본의 개혁[3]에 착수하였다. 일본의 '전후'는 패전으로 인해 크게 퇴보한 지점에서 출발하였다. 서론에서 언급했듯이, GNP는 패전 전의 절반 수준이었고, 기간산업인 철강생산은 패전 전의 7%에 불과하였다. 무엇보다도 패전 전에 일인당 2,200칼로리였던 식품섭취량이, 패전 직후에는 1,500칼로리에도 미치지 못하는, 그야말로 먹을 것이 모자라는 수준에까지 이르렀다(吉川洋, 1997: 14).

이러한 가운데 이른바 '전후개혁'이 실시되었지만, 그것은 경제부흥을 위한 '특효약'이 되지는 않았다. 이 혼란기를 더욱 혼란스럽게 한 것은 이와 같은 물자의 결핍과 병행하여 발생한 인플레이션이었다. "물적 자

---

3) GHQ에 의한 이른바 '전후개혁'은 사회 전반에 걸쳐 근본적인 변혁이 추진되었다. 예를 들면 새로 제정된 신헌법 9조에는 전쟁 포기, 전력보유 금지, 교전권 부인이 명시되었다. 전쟁과 군비포기가 선언됨으로써 일본은 전쟁경제를 통한 발전과 선택지를 빼앗겼다. 이와 같이 군비라는 손이 묶이기는 했지만, 반면에 저가의 비용으로 경제성장을 이룰 수 있게 되었다. 농지개혁은 메이지 이후 특권층의 강한 저항으로 실현하지 못했으나, GHQ의 강권으로 실시되어, 경지의 90%가 자작농의 토지가 되었다. 이른바 '노동3법 · 노동조합법, 노동기준법, 노동관계조정법'과 직업안정법의 제정을 통해 민주적인 노동개혁이 이루어졌고, 가장의 호주권과 장남의 가독(家督)상속이 폐지되어 전 국민을 천황에게 복속시켰던 '이에'제도가 폐지되어 전형적인 '핵가족'으로 전환되었다. 교육분야에서는 〈교육칙어〉가 폐지되고 《교육기본법》이 제정되어 교육에 있어서의 기회균등이 보장되었고, 1945년 12월에 공포된 〈신도지령〉을 계기로 '국가신도'가 폐지되어 일본 국민은 신앙의 자유를 획득하게 되었다. 또한 전 국민의 최저생활보장을 위한 후생 분야의 개혁도 포함되었다(竹前栄治, 2007).

산이 부족함에도 불구하고, 화폐자산은 퇴적되었고, 전쟁 중의 정부의 부채를 반납하기 위한 임시군사비의 방만한 지출이나 예금인출이 증대 됨으로써 통화량이 팽창해 버린 것이다."⁴⁾ 이를 극복하기 위해 '금융긴급 조치'가 발효되어, "모든 돈을 은행에 예금하는 것이 의무화되었고, 생 활에 필요한 최소한의 인출을 제외하고 나머지는 '봉쇄'되었다."⁵⁾ 예금과 마찬가지로 패전 전의 국채·사채·주식 등도 모두 그 가치를 잃어버 렸다.⁶⁾

또한 1945년의 흉작과 암거래의 증대로 인해, 그해 말의 쌀의 출하는 30%에 이르지 못했고, 1946년의 상반기의 식량사정은 지극히 악화되었 다. 5월에는 노동절에 쌀 요구운동이 일어나는 등 사회불안이 확산되었 다. 이러한 식량위기는 연합군의 수입식량을 대량 방출하여 간신히 넘길 수 있었다. 이 원조는 '점령지 구제자금'이었고, 점령정책에 지장을 줄 위 험이 있는 사회불안을 방지하는 것을 주요한 취지로 삼고 있었다(土志田 征一, 2001: 9-13).

하지만 무엇보다도 심각한 문제는 산업 활동의 기초가 되는 석탄의 생 산이 침체를 계속하고 있었고, 1946년 가을 이후의 가뭄으로 인한 발전 량의 저하였다. 이에 대처하기 위하여 1947년부터 "석탄·철강의 생산 을 상호 순환적으로 상승시켜, 확대재생산을 도모하고자 하는 경사생산

---

4) 1945년부터 1950년까지의 5년간 물가는 정부 발표의 공정가격이 70배나 되었고, 당시 에 성행하던 '암시장'의 가격은 공정가격의 5~7배나 되었다고 한다(吉川洋, 1997: 15).

5) 그 결과 전 예금액의 70%가 봉쇄되었는데, 인플레이션으로 인해 그 실질 가치가 1/4까 지 줄었다고 한다(吉川洋, 1997: 16).

6) 물자부족으로 인해 특이한 현상도 발생하였다. 도시의 노동자나 법인기업의 소득이 대 폭으로 저하된 반면, 거꾸로 개인업주(농업, 상업, 제조업)의 소득이 급상승한 것이다. 절대적인 물자부족 상황에서는 물건을 손에 쥐는 사람이 '승리자'였다. 쌀을 생산하는 농민 그리고 다양한 지하경로를 통해 물건을 입수한 자영업자는 정부가 정하는 공정가 격이라는 간판 뒤에서 암시장 가격에 의한 이득을 자기 마음대로 취득하였던 것이다.

방식이 도입되었다. 그리하여 수입(중유 등)의 활용, 자금의 석탄·철강에 대한 중점 배분(부흥금융금고융자), 가격차 보충금의 활용이 이루어졌다."(土志田征一, 2001: 10) 이러한 방식으로 생산의 회복은 어느 정도 실마리를 잡았지만, 재정지출이 증가하여 생활비가 늘어나 임금 인상이 불가피하게 되는 등, '물가와 임금의 악순환'이 진행되었다.

이 무렵 1948년에 커다란 전기가 찾아왔다. 냉전의 시작이다. 연합국의 일원이었던 소련과 서방 국가들 사이의 균열은 더욱 심화되었고, 유럽에서는 '마샬 플랜' 원조가 시작되었으며, 그와 병행하여 극동에서의 일본의 위치도 재검토되었다. 그때까지 오로지 일본의 비군사화, 경제적 소국화를 기본방침으로 삼았던 미국이 일본을 극동지역에서 공산주의에 대한 방벽으로 자리매김하고 그를 위해 중화학공업도 포함한 일본경제의 재건을 최우선 과제로 내세우게 되었던 것이다.[7] 당시에 제강용 중유 수입을 허가한 것은 이러한 점령정책의 변경을 상징하는 것이었다.

또한 그해 말 미국은 인플레이션을 수습하고 환율 설정을 목표로 하는 〈경제안정 9원칙〉을 GHQ의 지령으로 공표하였다. 1949년 2월에 돗지(Dodge J.) 공사가 부임하여 9원칙을 구체적으로 적용하여 경제안정계획(이른바 "Dodge Line")을 입안하였고, 4월에는 1$=360엔의 단일 환율이 설정되었다. 돗지가 강행한 초긴축재정은 인플레이션을 종식시키지만, 일본경제에 큰 불황을 초래하였다. 이러한 불황 중에 한국전쟁이 발발하였다. 이 전쟁의 와중에 패전 후 처음으로 설비투자 붐이 일어났던 것이다. 그리고 그 몇 년 후에 고도성장이 시작되는 것이다. 이와 같은 패전 후의 대혼란은 1950년이 되면 거의 해소되었고, 1952년 4월의 〈샌

---

7) 이를 '역코스(reverse course)'라고 부른다.

프란시스코 강화조약)으로 오키나와를 제외하고 미군의 일본 본토점령이 끝났다. 그리하여 전쟁 직후의 대혼란은 끝이 났다.

2) 고도경제성장의 전개과정과 규모

일본경제가 패전 후의 부흥에서 성장의 궤도에 진입하는 것은 이른바 '55년 체제'[8]의 확립부터라고 간주되어 왔다. 일본 현대사에서 1955년은 매우 중요한 해이다. 일본의 경제 수준이 패전 전에 정점이었던 시기(1934~36년)의 수준을 회복한 것이 바로 그 해이기 때문이다. 1955년의 일본경제를 총괄한 것이 이듬해에 발표된 ≪경제백서≫였다. 이 백서에서 사용된 "이제 더 이상 전후가 아니다"라는 표현은 유행어가 되었다. 민간설비투자의 증가, '3종의 신기'의 등장에 따른 왕성한 소비가 뒷받침하는 '진무(神武)[9]경기[1954~57]'로 국면이 전환되면서, 일본의 고도경제성장시대의 막이 열린 것이다.

그런데 이 '진무경기'는 그 확대 속도가 너무나 급속도였기 때문에 생산에 '병목현상'이 발생하여 애로를 겪었고, 수입이 급증하여 국제수지가 악화되기도 하였다. 하지만 1959년이 되면 경기가 회복되기 시작하고 경제 전체로 침투하여 이른바 '이와토(岩戸)[10]경기[1958~61]'라 불리는 번영기를 맞게 된다. 이 시기에는 생산력 효과가 나타남에 따라 소비와 수출 등에도 수요가 다양화되어, 42개월에 걸친 지속적인 경기 확대

---

8) 정치적으로는 자민당의 보수합동과 사회당의 좌우통일로 갖추어진 체제를 가리킨다.

9) 일본의 초대 천황으로서 전설의 존재이다. 이와 같이 자신들의 초대 천황을 내세울 만큼 유사 이래의 호경기를 강조하는 말이다.

10) 앞서의 '진무경기'를 상회하는 호경기였기 때문에, 진무 천황보다 더 거슬러 올라가 건국신 '아마테라스(天照大神)'가 '아마노이와토(天の岩戸)'에 숨은 이래의 호경기라는 의미에서 이름 붙여졌다.

가 이루어졌다.

이 '이와토경기'를 지속시킨 것이 바로 '국민소득배증계획'이었다. '60
년 안보' 사태로 퇴진한 기시(岸) 내각의 뒤를 이어 등장한 이케다(池田)
내각이 '경제주의'를 표방하면서 1960년 12월에 발표한 자신감 넘치는
비전이었다. 이 계획은 국민생활수준의 현저한 향상과 완전고용의 달성
을 궁극적인 목적으로 내세우며, 그를 위해서는 경제의 안정적 성장의
극대화를 도모해야 한다고 하였다. 성장력의 원천을 민간의 자유로운 활
동에 있다고 선언한 이 계획은 1961년도부터 1970년도까지의 10년간
에, 실질 소득을 2배로 올리겠다는 것이었고, 기준연차(1956~58년도 평
균)의 수준에서 연평균성장률은 7.8%로 설정하였다. 그 결과, 일본경제
는 실제로 계획기간 중에 연평균 10%로 성장하여, 그 목표가 10년이 되
기 전에 달성되었다.

그 후 도쿄올림픽 직후의 짧은 구조불황을 겪고 난 후, 1965년 가을부
터 '이자나기(イザナギ)경기'[11]를 맞게 된다. 1970년 7월까지 약 4년 9개
월에 걸친 패전 후 최장기간의 호황을 지속하였는데, 특히 1966~69년
도의 경제성장률은 연평균 11~13%에 달하였다. 이 고도성장의 과정에
서 일본경제는 완전고용이 정착하였고, 국민총생산은 1968년에 서독을
제치고 자유세계에서 제2위가 되었다. 이 시기의 경제성장률의 추이는
아래 〈그림1〉과 같다.

---

11) '진무경기'와 '이와토경기'를 상회하는 호황이라는 의미로 칭하는 용어이다. 이자나기
는 일본 신화에서 천신의 명을 받아 일본열도를 만들었다고 하는 남신 '이자나기노미
코토(伊弉諾尊)'를 가리키는데, 아마테라스의 부신(父神)이라고 한다.

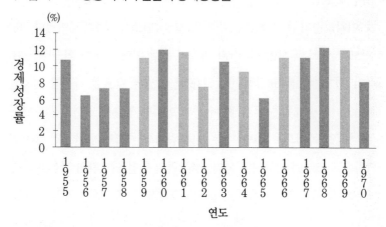

〈그림 1〉 '고도성장'시대의 일본의 경제성장률

출처: 경제기획청, ≪1971년도판 경제백서≫, 1971년.

이자나기경기가 끝나면서 고도경제성장도 끝이 난다. 그런데 이 경제 성장은 단순히 경제적 성장만으로 끝난 것이 아니라, 근본적인 사회변화를 초래하여, 1970년대 초의 일본은 이전과는 전혀 다른 사회로 변하였다. 그로부터도 많은 시간이 흘렀지만, 현재의 일본사회는 이 1970년대 초와 비교할 때 그다지 다르지 않다고 할 수 있을 것이다. 이제부터는 그 '고도성장'의 내면을 들여다보도록 하겠다.

3. '고도성장'의 배경과 기제

1) GHQ의 정책 전환: 냉전과 역코스(reverse course)

패전과, 이어지는 GHQ의 점령이 일본경제에 끼친 가장 큰 영향은 신헌법 9조에 명기된 전쟁 및 군비의 포기로 인해 식민지와 전쟁에 의존하던 기존의 체제를 전환시켰다는 점일 것이다. 패전 전의 일본은 식민지에 국민들을 송출하는 제국주의 국가, 침략과 영토 확장주의의 나라였으나 패전으로 인해 과거의 식민지를 모두 잃어버리고, 제국주의형의 발전을 추구하는 선택지를 빼앗겼다. 자원 소국인 데다가, 전쟁이나 식민지 경영과 같은 외수확대를 바랄 수 없게 된 일본에 남은 것은 결국 내수확대뿐이었다. 물건과 돈을 이리저리 돌리는 사이에 눈사람처럼 GNP가 증가하게 되는 체제를 일본은 만들어냈다. 이러한 일본의 고도성장을 '평화형 성장' 또는 '내수확대형 경제성장'이라고 부른다. 이러한 유형의 경제성장이 "욕망자연주의"와 맞물려 일본을 "고도대중소비사회"로 견인하게 된다.

그리고 '역코스'라 불리는 점령정책의 변화도 일본경제에 크게 영향을 미치게 된다. 1945년 여름부터 시작된 미국의 점령정책은 당초 일본에 대해 징벌적인 것이었다. 패전 후 일본인의 생활수준은 일본이 전쟁 중에 점령한 아시아 국가들의 수준을 상회해서는 안 된다는 방침 하에, 일본을 섬유산업을 중심으로 하는 경공업 국가로 만드는 것이 점령군의 기본정책이었다. 일본이 유지해 오던 산업기반을 해체하여 피해국으로 이전시키자고까지 하였다.[12] 이러한 점령군의 정책은 일본기업의 설비투자를 위축시켰다.

그런데 점령군의 정책이 미·소 냉전의 시작을 계기로 크게 전환된다. 일본을 소련과 중국으로 대표되는 공산주의에 대한 극동지역의 방벽으로 위치 지우게 되면서, 우선 전시 배상의 규모를 축소시켰다. 그로 인해 일본의 실질적 부담이 경감되었다. 노동자들의 단체교섭권과 단체행동

---

12) 실제로 제철 제강 설비를 필리핀으로 옮기려는 계획도 세웠었다. 하지만 이 계획은 중지되었다(竹前榮治, 2007).

권이 제한되었을 뿐 아니라 강력한 긴축재정 하에서 대량해고가 강행되었고, 이에 저항하는 노동운동에 대해 GHQ는 강경하게 대응하였고, 기업의 경영권 재확립을 적극 후원하였다. 흥미로운 것은 이러한 역코스가 노동자의 소득증가에 영향을 끼치게 된다는 사실이다. GHQ가 제정한 〈노동조합법〉에 의해 노조가 합법화되었고, 이후 노동쟁의가 급증하였다. 이때의 노동자의 요구는 주로 기업경영에 대한 요구이거나 인사에 관한 요구가 큰 비중을 차지하고 있었다. 하지만 노동운동이 사회주의 운동으로 확대되는 것을 염려한 GHQ의 강경한 대응으로 인해 노동쟁의는 크게 후퇴하였다. 그 후 인플레이션으로 인해 실질 임금이 줄어들면서 다시 노동쟁의가 증가하지만 이때의 요구는 주로 임금에 관한 것이었다. 하지만 "GHQ의 노동운동억제방침은 지속되었고, 이후의 노동쟁의는 대부분 임금확보나 해고반대 등의 방위적인 성격으로 변해 갔다(中西 聰 編, 2013: 272)." 즉 노동운동으로 인해 주로 노동자의 임금이 상승하는 결과를 초래했던 것이다. 경영자측도 '민주적 대응'을 요구받았고, 경제부흥의 이념 하에 노사협조노선이 강조되면서, 일본형 경영의 '3점 세트'라 불리는 종신고용·연공서열·기업내 조합이 성립한 것도 바로 이 시기이다.

1949년에 노동조합법이 개정되어 관리직이 노조에서 이탈하게 되었지만, 노사관계가 긴박하게 대립한 것이 아니라, 경영과 노동을 명확하게 구분한 후, 노동자측은 '총평(日本労働組合総評議会)'을 결성하여, 노동협약의 산업별 통일화를 지향하는 통일적 단체교섭(이른바 '춘투[春鬪]')을 추진하였고, 경영자측은 협조적인 기업 내 노사관계를 구축하여, 사원들에게 생산성 향상을 요구하였다.

2) 기업의 기술혁신과 설비투자

고도성장의 배후에는 생활의 근대화에 대한 절실한 요구, 좀 더 분명히 말한다면 '미국적'인 생활에 대한 강렬한 동경이 존재했었다. 이러한 잠재적인 요구를 배경으로 기업은 기술혁신과 그것을 실현하기 위한 설비투자를 시행하였다. 설비투자야말로 고도성장의 수수께끼를 풀 수 있는 열쇠라고도 할 수 있을 것이다.[13] 즉 일본의 고도성장은 설비투자를 중심으로 한 내수기반의 확대에 의해 촉진되었다고 할 수 있다.

설비투자가 이루어지면 대량생산의 이점도 살리고 제품의 비용도 저하되고 품질은 향상된다. 가격이 낮아지면 당연히 수요도 증가한다. 설비투자와 기술혁신은 노동생산성을 높이고 임금과 소득을 상승시킨다. 가격이 내리고 소득이 향상되면서 내구소비재는 '열광적'이라고 할 정도의 속도로 보급되었다. 이러한 내구소비재의 보급은 금속이나 플라스틱 등의 소재에 대한 수요를 낳기 때문에 소재산업의 설비투자가 더욱 촉진된다. 이것이 하나의 '순환'체계를 이루게 된 것이다.

또한 도시공업부문에서 생산성이 상승되고 임금이 인상되자, 젊은층을 중심으로 농촌에서 도시로 인구가 대거 이동하였다.[14] 그 결과 '독신세대'나 '핵가족세대'가 고도성장기에 급증하였다. 세대수의 증가는 수요를 확대함으로써 고도성장을 낳는 '원인'이 되었다. 3세대가 동거하던 세대에서 생활하던 젊은이들이 도시로 나와 새로운 세대를 구성하면, 내구소비재에 대한 수요, 전력에 대한 수요가 배증한다. 이와 같이 농촌에서 도

---

13) 하지만 그것은 결코 패전 직후부터 성행한 것은 아니었다. 전쟁에 의해 파괴된 일본경제에서 최초의 본격적인 투자 붐이 일어난 것은 한국전쟁 특수 때문이었다.

14) 패전 후 대량생산체제가 갖춰지면서 제조업계에서 많은 노동력을 필요로 하여, 농촌에서 도시로 대규모의 "집단취직"이라는 사회현상이 나타났다.

시로의 인구 이동, 그에 수반되는 세대수의 증가는 경제성장과 인과관계를 이루는 또 하나의 '순환'이 되었다.

기업의 투자는 만든 물건이 팔려야만 의미가 있다. 팔리기 때문에 기업은 투자를 하는 것이다. 고도성장기에 많이 팔린 물건은 무엇인가? 세탁기나 TV 등의 내구소비재였는데, 내구소비재는 제품가격의 저하와 소득의 상승이 맞물리는 지점에서 비약적으로 보급되었다. 이러한 의미에서 소비자로서의 국민들이 고도성장의 수혜를 입게 되었다고 할 수 있는 것이다. 수요의 증가에 맞추어 활발한 설비투자가 이루어지면, 새로운 기술과 규모의 이점(scale merit)이 생겨나 생산성이 향상된다. 향상된 생산성은 임금상승의 여지를 확대한다. 그리하여 종종 임금의 정체가 나타났던 패전 전의 일본경제와는 대조적으로 고도성장기에는 임금상승이 국내수요주도의 성장을 지탱하는 하나의 요인이 될 수 있었다.

임금의 상승은 소비수요의 창출뿐 아니라, 설비투자와 관련해서는 개인의 저축률을 상승시키는 효과를 가져왔다. "고도성장이 시작되는 1955년의 개인저축률은 10%를 넘었고, 그 이후에는 경제성장과 거의 평행선을 긋다가 1970년대 중반에 정점에 이르렀다."[15] 저축을 하는 사람들은 주로 근로세대 즉 샐러리맨 가정이었다. 1960년대에 들어 과반수를 점하게 된 샐러리맨은 고도성장의 과실을 가장 직접적으로 누리게 되었다. 그들의 소득은 매년 10%를 웃도는 경이적인 비율로 상승하였다. 이와 같이 예상을 웃도는 소득의 상승이 저축률을 높이게 되었다. 개인의 높은 저축률은 소비수요를 어느 정도 억제하고 자원을 투자로 돌림으로써 왕성한 설비투자를 측면에서 지탱하였던 것이다.

---

15) 1947~1950년까지의 도쿄의 근로세대의 저축률은 각각 1.9%, -2.2%, 1.6%, 1.5%로 매우 낮았다(吉川洋, 1997: 20).

3) '신중간층'의 형성

세계의 발전도상국의 실상을 들여다보면 '중산계급'의 형성에 성공했
는지 실패했는지의 여부가 그 후의 정치적 운명을 갈라놓는 경우가 많
다. 패전 후의 인플레이션 시대에 이루어진 예금봉쇄는 농지개혁·재벌
해체와 맞물려 패전 전의 '부자'들을 일거에 몰락시켰다. 전후 사회의 출
발점에서 패전 전의 부유계급은 몰락하였던 것이다. 이와 같이, 일본은
여러 가지 문제를 내포하면서도 유별난 이도 없고 큰 부자도 없는 대신
에, 거지나 아사자도 지극히 적은, '평화와 번영'을 누릴 수 있는 기반이
마련되었던 것이다.

"신중간층이란 20세기 초에 소유자나 부르주아도 아니고, 육체적인 노
동도 하지 않는 새로운 계층 즉 화이트 칼라, 중하급관리자, 전문직 종사
자, 사무원, 판매원, 봉급생활자들이 나타났는데, 이들을 가리키는" 말이
다.[16] 일본에서는 이를 미스터/미시즈 애버리지(Mr./Mrs. Average)라고
부르기도 하였다. 1960년대가 끝나갈 무렵에 자신들의 살림살이를 '중
류'라고 답한, 즉 중류의식을 가진 사람이 일본 국민의 80%를 차지하기
에 이르렀다.[17]

---

16) 자본주의사회에서 자영농민층, 소공업자, 소상인층 등 자기의 노동과 생산수단을 가
지고 생산활동에 참여하는 사람들을 구 중간층이라고 부른다(村上泰亮, 1984: 13).

17) 중류사회형성이라는 사회적 배경이 아니라, '따라붙기(catch-up)효과'를 지적하는 이
들도 있다. '따라붙기 효과'란 일본 국내에서 '높은 수준에 있는 소프트웨어에, 뒤처지
고 파괴된 하드웨어가 따라붙는 효과'를 가리킨다. 전쟁으로 인해 하드웨어는 파괴되
었지만, 일본인은 식자율이 높고, 회사에서 상사를 따르는 피통치성(governability)이
강하고, 경영의 노하우를 지닌 중간관리자나 중견기능자들 중에는 그에 걸맞은 교육
을 받은 사람이 많은 사실이 패전을 당해도 그다지 변하지 않았기 때문에, 사회적으로
축적된 소프트웨어는 높은 수준이었다는 것이다. 따라서 패전직후의 일본에서는 부족
한 하드웨어를 추가하기만 하면 염가로 고도의 소프트웨어를 풍부하게 사용할 수 있
었다. 즉 우수한 노동력을 낮은 임금으로 조직적으로 사용할 수 있는 상황이었기 때문
에 일본경제는 급속도로 성장하는 형태가 되었다는 것이다. 나아가 이러한 '따라붙기
효과'는 '성장의 선순환'구조를 만들어냈다고 한다. 이러한 논지의 대표적인 인물이 경
제기획청 장관을 역임한 사카이야 다이치(堺屋太一)이다(堺屋太一, 2002).

일본사회의 계층구성을 도표화하면 아래의 〈표 1〉과 같다(橋本健二, 1990: 55).

〈표 1〉 일본의 계층구성의 변화(단위: %)

	1955	1965	1975
자본가층	5.5	8.4	6.2
신중간층	17	23.1	25.9
노동자층	19.5	34.4	36.2
구중간층	58	34.1	31.7
농 민 층	39.3	18	14.3
자영업자	18.7	16.1	17.4

표에서도 알 수 있듯이, 앞서 언급한 '국민소득배증계획'의 성공으로 인해, 중간층이 더욱 두터워지고, 국민들의 액면소득은 3배, 실질소득은 약 2배로 증가하였다. 학력 간 격차나 기업규모 간 격차가 어느 정도 있기는 하였지만, 최소한 초임에 있어서는 그 격차가 대폭으로 줄어들었다. 화이트칼라도 블루칼라도 모두 자신의 직업을 '회사원'이라고 대답하는 획일적인 생활양식이 형성되었던 것이다. 그리고 이들이 소비할 수 있는 밑천을 부여하기 위해 일본 정부는 분배의 확대를 도모하였고, 그들의 욕망과 구매력 또는 소비능력이야말로 '내수확대형 경제성장'을 지탱하는 가장 중요한 요소가 되었다.

4. "욕망자연주의"와 "고도대중소비사회"의 형성

1) 욕망실현이 불가능했던 시대의 동경(憧憬)

패전 직후, 법률이나 경제구조가 급격하게 바뀌었지만 사람들의 생활

이 일거에 변하지는 않았다. 농지개혁으로 농촌에서의 토지와 소득의 분배가 평등화되었다고는 하지만 생활 자체는 크게 변하지 않았다. 초가지붕의 가옥, 수도도 가스도 없이 이로리(囲炉裏)와 화덕(カマド)에 숯을 때고, 사용하는 도구의 대부분은 나무나 대나무로 만들어졌고 주전자나 생선을 굽는 철망만이 예외였다. 전기는 천정에 달린 전구가 거의 전부였고, 동력 농기구도 없이 호미와 괭이를 사용하면서, 소와 말을 이용하여 농사를 지었다. "농가의 엥겔 계수는 1950년에는 0.56으로 높았다가, 그 후 1970년에 0.32가 되었다"(土志田征一, 2001: 37). 이와 같이, 오랜 전통을 생활 구석구석에 남기고 반자급자족적인 사회였던 농촌에 일본 총인구의 절반이 살고 있었다.

도시에서도 물자부족은 농촌과 마찬가지였다. 전쟁 직후의 혼란기에 최대의 희생자가 된 것은 도시의 근로자들이었다. 대다수의 근로자는 밑바닥생활을 하였고 모두 배급제여서 식량의 확보조차 어려운 지경이었다. 특히 심각한 것이 도시의 주택난이었다. 도쿄에서는 전쟁 직후 전 인구의 10%에 가까운 31만 명이 판잣집에 살았다. 다만 농촌과 달랐던 것은 수도와 가스의 보급이 이루어지고 있었다는 정도였다.

당시 일본인들에게 최대의 오락은 영화였다. "1950년에 상영된 〈바람과 함께 사라지다〉는 도쿄에서 28만 5천 명이 관람하였다. …일본영화계의 황금시대였다."[18] 아이들에게는 그림극(紙芝居)이 최대의 오락이었고, 최대의 사교장이었다. 다가시(駄菓子)를 먹으면서 그림극에 몰두하였다. 업자는 최전성기에 전국에 5만 명 정도가 있었다고 한다. 책을 빌려주던 가시혼야(貸本屋)도 중요하다. 당시의 만화책 《소년》, 《소년

---

18) 비슷한 시기에 상영된 영화로 〈로마의 휴일〉, 〈에덴의 동쪽〉, 〈금지된 장난〉 등이 있다(四方田犬彦, 2000: 115).

화보≫ 등은 모두 월간지였다. 테즈카 오사무(手塚治虫)의 〈철완아톰〉이 ≪소년≫에 연재되기 시작한 것은 1952년이다. 아이들은 모두 가시혼야에서 빌려서 보았다.

이와 같은 수준에서 '전후'를 출발하였던 사람들에게 겨우 안정이 되돌아 온 1950년대, 미국의 생활양식이 눈앞에 펼쳐졌다. 내핍생활 끝에 빛나는 동경의 대상으로 나타났다. 일본보다 더 일찍 1920년대에 고도성장을 경험하고, 자동차화(motorization)를 완료한 미국에서는 1950년대 초에 이미 고도대중소비사회가 실현되었다. 점령군을 통해 그 생활이 그대로 눈앞에 찾아왔던 것이다. 당시의 NHK의 라디오 방송 〈미국소식〉도 그러한 미국인들의 풍요로운 일상생활을 자세히 전했다. 스위치를 끌어내리기만 하면 빵이 구워져 나오는 토스터구이까지 있는 미국인의 생활에 대해 많은 일본인들은 믿지 못하는 심정으로 청취하였다. 자동차나 전기제품은 당시의 일본인에게는 아직 동경의 대상에 불과하였던 것이다.

그리고 그 동경은 실제생활의 모델이 된다. 1950년대 후반부터 일본에 소개된 미국의 홈드라마는 일본인들이 몹시 동경하던 '미국식 생활양식'의 모델이 되었다. 그 드라마의 가족들은 모두 교외중류가정들이었는데, 전기제품을 갖춘 교외주택과 소비의 즐거움을 아는 가족들이었다. 1950년대 초반에 미국에서 공산주의에 대한 이데올로기로 '욕망'되었던 교외 중류가정이야말로 당시의 일본인들에게 동경과 욕망의 대상이었다.

2) 욕망의 폭발과 사회변화의 실상

전술하였듯이 패전 직후에는 전시와 거의 유사한 경제통제가 실시되었지만 개인소비의 폭발적인 증가를 억제하는 것은 불가능했다. 특히 '암시장'은 초월적인 가치를 상실한 서민들이 그 역작용으로 폭발시킨 에고이즘(egoism)의 전형이었다. 폭로기사나 '에로·구로(エロ·グロ) 중심의 '카스토리(カストリ)잡지'도 패전 직후의 해방감을 상징하는 것이었다.[19] 물가가 급속도로 인상되는 가운데 '다케노코(竹の子)생활'[20]이라 불리는 사태를 보이기도 했지만, 1953년 전후에는 개인소비지출이 패전 전의 수준을 회복하였다.

욕망의 발현은 생활혁명의 형태로 나타났다. 우선 가까운 의복에서 일어났다. 몸뻬이에서 해방된 여성들 사이에 '양재(洋裁) 붐'이 일어나 발로 밟는 재봉틀은 라디오 다음으로 집안으로 들어온 '기계'였다. 라디오도 트랜지스터의 보급과 함께 고성능화·소형화가 진행되었고, 한 집에 한 대에서 일인당 한 대가 되어가고 있었다. 또한 나일론의 등장도 이 시대를 상징하는 것이다. 1951년 동양레이온은 거액의 특허료를 미국의 듀퐁사에 지불하고 나일론 제조의 신기술을 도입하였다. 나일론은 속옷을 비롯한 모든 의류에 사용되어 눈 깜짝할 사이에 보급되었다. 나아가 다른 제품들에도 영향을 미쳤는데 예를 들면 그때까지 돼지털이 사용되던 칫솔에 나일론이 사용되었다. 이러한 동양레이온의 성공은 기업에 신기술의 중요성을 널리 인식시키는 계기가 되었다.

---

19) 에로·구로는 선정적(erotic)이고 괴기함(grotesque)을 나타내는 말이며, 카스토리 잡지란 패전 후의 출판 자유화를 계기로 잇달아 창간된 대중용 오락잡지의 총칭이다.

20) 의류나 가재도구를 조금씩 팔아서 생활비를 충당하며 살아가는 것. 죽순의 껍질을 한 장씩 벗기는 것을 비유한 말이다.

이와 같이 의류나 형광등 등의 작은 물건에서 시작된 생활혁명은 내구소비재의 등장으로 본격화한다. 특히 세탁기·냉장고·TV는 '3종의 신기(神器)'라고 불리며 고도성장을 이야기할 때에는 빼놓을 수 없게 되었다. 3종의 신기 중에서 가장 먼저 등장한 것은 세탁기이다. "1949년부터 판매되었지만 너무나 비싼 가격으로 인해 1개월에 20대만 팔리는 정도였다. 그 후 근로자의 임금은 상승되는 반면 세탁기의 가격은 인하되어 1955년에는 전체 가정의 1/3이 보유하게 되었다."(吉川洋, 1997: 44) 시게카네 요시코(重兼芳子)가 표현하였듯이,[21] 각 가정에서 세탁기는 열광적으로 받아들여졌다. 1955년에 세탁기와 함께 새롭게 〈소비자물가지수〉의 품목에 들어온 것은, 고래 고기, 소시지, 화학조미료, 보온병, 라디오, 형광램프, 여행가방, 파마 요금, 샴푸, 자전거, 택시비 등이 있다. 이러한 것들이 당시의 소비의 첨단이었다. 반대로 이 목록에서 사라진 것이 곤로, 숯, 남성용 신발(足袋) 등이 있다.

세탁기보다 조금 늦게 등장한 TV에 사람들은 더욱 열광적인 반응을 보였다. 1953년 2월 1일, NHK의 도쿄방송국에서 TV방송이 시작되었고 8월에는 '니혼테레비'도 개국하였다. 하지만 평균 연수입이 31만 엔이던 근로자들에게 1대에 19만 엔을 호가하는 TV는 도저히 살 수 없는 물건이었다. 니혼테레비는 개국과 동시에 심바시(新橋)와 시부야(渋谷)의 역 전광장에 '가두TV'를 설치하였다.

영화의 황금시대에, TV는 영화 붐의 연장선상에 등장하였다. 하지만 TV에는 영화를 뛰어넘는 요소가 있었다. 영화는 극뿐이지만 TV에는 스

---

21) "일생 중에 가장 잊을 수 없는 감동은 전기세탁기를 사용하던 때였다. 또한 노인의 옛날이야기일까라고 젊은이들은 질려할 지도 모르겠지만 나는 그때 일을 생각하면 지금도 피가 끓는다. 남자들에게 메이지유신이 있다면, 여자들에게는 전화(電化)라는 생활유신이 있다"(重兼芳子, 1984: 67).

포츠중계, 가요프로, 버라이어티쇼 등 다채로운 장르가 부가되었다. '역도산'이라는 대스타를 중심으로 한 프로레슬링과 프로야구 붐은 TV에 의해 생겨난 것이다. 거꾸로 스포츠 붐은 TV를 보급시키는 원동력이기도 하였다. 역도산이 몸집 큰 서양인을 쓰러뜨리는 걸 보면서 흥분했던 일본인들에게는 아마도 패전국 국민으로서의 심정이 이입되어 있었을 것이다.

가두TV에서 시작된 TV는 1950년대 후반이 되면 급속도로 보급되기 시작한다. 1958년의 황태자의 결혼식 때 일어난 '미치 붐'[22]도 TV 보급에 공헌하였다. 두 사람의 결혼식은 '세기의 제전'이라고 불렸고, 결혼식 중계를 보려고 다투어 TV를 구입하였다. "결혼식 직전이 되자, NHK의 수신자계약이 200만 명을 돌파했다"(吉川洋, 1997: 47). 1958년에는 TV 시대를 상징하는 도쿄타워도 완성되었다. 이와 같이 TV가 보급된 최대의 이유는 세탁기의 경우와 마찬가지로 사람들의 소득이 상승하는 한편 가격이 급속도로 인하되었기 때문이었다. 그러나 사람들을 그렇게 열광적으로 TV로 끌어들인 요인은 스포츠와 황실의 결혼식 등, 영화와는 다른 흥분을 TV가 제공하였기 때문이다. TV는 끊임없이 흥분을 제공함으로써 사람들의 정신적 리듬을 바꾸어 나갔다. 1960년에 TV는 소비자물가지수의 품목에 포함되었다. 같은 해의 물품목록에는 전기밥솥, 토스터, 전기냉장고, 립스틱(口紅), 카메라, NHK수신료 등이 포함되었다.

이러한 내구소비재의 보급은 도시가 주도하였다. 인구 5만 명 이상 도시의 비농가세대에서 흑백TV는 1960년 전후에 보급률 50%를 넘어 1960년대 전반에 100% 가까이 육박하였다. 세탁기는 1970년대 전반에

---

22) 현재의 일본 황후인 평민 출신의 미치코(당시에는 쇼다 미치코[正田美智子])가 황태자인 아키히토(明仁)와 결혼함으로써 생겨난 사회현상을 가리킨다.

100% 가까이 보유하게 되었고, 전기냉장고는 1974년경에 100% 보유를 기록하게 되었다(橘川武郎, 2004). 도시에서 내구소비재의 보급이 선행된 이유는 두 가지 있다. 첫째 가두TV로 대표되듯이 새로운 상품은 우선 도시에 등장하고 주로 거기에서 선전되었다. 새로운 것이 가져오는 생활혁명은 농촌보다 도시가 받아들이기 용이하였기 때문이다(天野正子・桜井厚, 1992: 57-60). 더 중요한 것은 도시의 샐러리맨의 평균소득이 농가의 평균소득보다 높아졌다는 점이다. 1960년이 되면 도시근로자세대의 연평균수입이 농가의 그것보다 25% 정도를 상회하게 된다.

내구소비재로 인해 집안에서의 생활이 급속도로 변해가던 그 무렵, 거리의 모습도 변해갔다. 도쿄에서는 1964년 개최되었던 올림픽이 결정적으로 영향을 미쳤다. 도쿄올림픽이 결정된 것은 1959년이었다. 그로부터 5년간 도쿄는 '도시만들기', 일본 전국은 '나라만들기'에 몰두하였다. 올림픽은 문자 그대로 고도성장을 상징하는 이벤트였던 것이다. 빌딩건설과 도로공사는 가속화되었고, 전차(市電)는 버스나 택시 등의 발달로 인해 서서히 성가신 존재가 되었다. 1958년 소음방지조례의 강화로 인해 경적사용이 제한되었는데 그때 교통소음의 원흉으로서 도전(都電) 4노선의 폐지가 결정되었다. 천천히 달리는 전차가 자동차로 하여금 경적을 울리게 한다는 이유에서였다. "도쿄의 자동차수는 1955년에는 24만 대였던 것이 1959년에 50만대, 1964년에 100만대로 배증하였다(宇沢弘文, 2014: 8)." 도로건설도 병행하여 이루어졌고, 고속도로는 도로건설 붐의 상징이었다.

또한 매립공사도 빼놓을 수 없다. 에도시대 이래 도쿄의 물류는 수상교통에 의존해 왔다. 도쿄의 지명에 다리(橋)가 많은 것도 바로 그 때문이다. 매립은 전쟁으로 인해 생겨난 와륵더미나 토사처리가 발단이었다.

토사를 치우고 공동 토지도 조성하는 일석이조의 효과를 노렸던 것이다. 매립지는 자동차도로의 유력후보지가 되었고 이윽고 그 위를 고속도로가 달리게 된다. 고속도로를 건설하기 위해 '수도고속도로공단'이 설립되었다. 매립과 고속도로 건설은 거리의 경관을 바꾸어 갔다. 기존의 도로도 자동차 우선도로로 바뀌어 가로수나 안전지대가 사라졌고 아이들이 놀이터였던 좁은 골목에도 자동차가 달리게 되었다.

도로와 함께 빌딩건설도 추진되었다. 올림픽을 대비한 호텔[23]이 완성되었고, 각 도시에도 대표건물들이 들어섰다. 1960년대 전반은 '대 건설 러시'를 이루어, 1960년대 후반에는 초고층빌딩의 시대가 막을 열었다. 1969년에 신주쿠 서구의 '부도심계획'도 현재의 형태로 결정되어 수년 후에 준공하였다. 즉 도시도 1970년대 초기에 지금 볼 수 있는 경관으로 완성되었다.

이러한 것들과 함께 고도성장기에 건설된 것으로 단지가 있다. 도시로 유입해 들어오는 사람들을 받아들인 것은 주로 목조 민영주택이었다. "1968년에 주택의 38%가 싸구려(木賃)아파트였고, 1/4이 그 주민이었다." (吉川洋, 1997: 64) 그러한 사람들의 선망의 대상이 된 것이 단지(團地)이다. 단지란 '다이닝 키친(dining kitchen)'이 붙어 있는 2~3DK 구조의, 콘크리이트로 만든 집합주택이었다. 무엇보다도 '다이닝 키친'이 신기축이었다. 그때까지는 대부분 부엌에서 만든 식사를 방으로 가져와 밥상(ちゃぶ台)에서 하는 것이 통례였던 것이다. 그 외에도 수세식 화장실, 가스욕조, 남향의 테라스가 사람들의 선망의 대상이 되었다. 단지야말로 고도성장의 시대에 시대를 앞서가던 '모던 라이프(modern life)'의 첨병이었다.

---

23) 대표적인 것이 팔레스 호텔, 오쿠라 호텔, 호텔 뉴오타니였다.

그리고 의생활과 식생활도 확실하게 변하였다. 즉석요리 식품의 등장은 이 시대를 상징하는 것이었다. 1958년에 '닛신(日淸)식품'의 '치킨라면'이 인스턴트 라면의 제1호였는데, 1966년에는 매상이 30억 개에 달하였다. 그 외에 인스턴트커피, 볶음밥 원료, 프림 등이 등장하였다. 사람들의 미각도 변하여, 쌀의 소비량이 하강곡선을 그리고 빵을 먹는 사람이 증가하였다. 아울러 토마토, 상추 등 서양풍의 채소나 고기 소비도 증가하였다.

3종의 신기라 불렸던 세탁기 · 텔레비전 · 냉장고는 1960년대 중반이 되면 거의 전 가정에 보급되었다. 그리하여 생활혁명도 잠시 멈추는가 했지만, 이번에는 뉴3C라 불리는 소비재가 등장하였다. 자동차(Car) · 컬러TV(Color TV) · 냉방기(Cooler)이다. 이것들은 모두 1970년의 소비자물가지수의 품목리스트에 부가되었는데, 60년대 후반에 3종의 신기로부터 바통을 이어받듯이 그 후의 생활혁명을 추진하였다. 특히 자동차는 현대에 이르기까지 일본의 경제와 사회에 가늠할 수 없는 영향을 미치게 된다. "1967년의 승용차보유율은 농가 6.6%, 근로자세대 7.5%였으나 면허취득세대의 비율은 농가 63%, 근로자세대 39%로서 보유율보다 높았다"(宇沢弘文, 2014: 10). '마이카'라는 말이 생겨난 1960년대 후반에 본격적인 자동차의 생활화의 소지가 만들어졌던 것이다.

뉴3C를 비롯한 새로운 내구소비재의 등장으로 인해 생활혁명은 한층 더 진행되었고, 이 시기의 소비혁명에 의해 일본인의 생활은 한층 더 미국과 같은 생활에 가까워졌다. 이른바 '이자나기경기' 때의 생활의 변화는 그대로 현재로 이어지는 변화였다. 예를 들면 의복도 실용을 벗어나 패션이 중심이 되는 물건이 되었다. ≪헤이본 펀치≫(平凡パンチ; 1964 창간)는 패션이나 음악 등 미국풍의 라이프 스타일에 관한 정보를 젊은 남성들에게 발신하였다. 이러한 흐름 안에서 젊은이들은 '아이비 룩(ivy look)'이라는 말을 알게 되고, 이윽고 셔츠나 스웨터, 진(jean) 바지를 입게 되었다.

젊은 여성의 패션의 변화는 더욱 극단적이었다. 1967년 가을에 일본에 상륙한 '미니스커트'는 눈 깜짝할 사이에 젊은 여성 특히 '단카이 세대'[24]의 여성들에게 확산되었다. 이는 분명히 1960년대 말의 시대정신을 상징하는 것이었다. 1967년에는 컬러TV의 방송이 시작되었다.

한편, 1964년에 일본이 IMF 8개국의 일원이 되면서 해외여행도 자유화되었다. '유럽17일간'이라는 일본 최초의 해외여행은 대졸신입사원의 연봉의 두 배에 해당하는 금액이었다. "64년의 해외도항자수는 21만 명에 불과하였다. 하지만 73년에는 220만 명까지 증가하였다." 이러한 분위기에서 가장 화두가 되었던 단어는 "꿈"이었다. 꿈을 소재로 한 노래들이 유행하였고, '꿈에서 만납시다'라는 드라마가 인기를 모았으며, '무엇이든지 보러 다니자'는 소설도 유행하였다. 이러한 꿈은 TV의 보급으로 더욱 키워 갈 수 있었다. 1960년대 후반의 '이자나기 경기'의 시기에 일본인들은 그 "꿈"을 현실로 만들었고, 지금의 일본과 거의 다르지 않은 현대 일본의 골격이 만들어졌던 것이다.

'욕망'이란 무엇일까? 사람들이 특정의 물건이나 지위 등에 집착하는 것은 결국 그것이 자신 이외의 타인들이 원하는 것이기 때문이 아닐까? 타인의 욕망이 물건의 가치를 발생시킨다. 대중소비시장은 이 욕망의 생산기계가 되고, 대중사회에서는 '원하면 손에 넣을 수 있다'는 관념을 가지게 된다. 즉 대중사회는 타인의 소유물을 부러워하는 '자유'를 서민들에게 부여하는 것이다. 그렇기 때문에 '선망'과 '질투'가 대중사회의 핵심

---

24) 1947년~1949년 사이에 태어난 일본의 베이비 붐 세대를 가리킨다.

어가 되는 것이다. '3종의 신기'나 '뉴3C'와 같이 상품이 정형화(standard package)하는 것은 누구나가 같은 물건을 욕망하는 대중소비사회의 특성을 보여준다. 그것을 모두가 소유하게 되는 상태를 '고도대중소비사회'라 한다. 그 다음은 욕망하는 것이 무엇인지를 알 수 없는 '난숙(爛熟)대중소비사회'로 변모하여, 물건의 소비에서 경험과 같은 사실의 소비가 중시되고, 물건을 통한 자기표현이 강해지는 상태가 도래하는 것이다.

3) '고도성장'의 빛과 그림자

대략 살펴보았지만, '고도성장'은 일본사회와 일본인의 생활을 근본적으로 바꾸어 놓았다. 인간의 욕망 중에 가장 큰 것이 있다면, 그것은 장수(長壽)가 아닐까 한다. 일본인들도 예외가 아닐 것이다. 고도성장 시대에 일본인들의 평균수명이 급격하게 늘어나 지금은 세계 최장수국 중의 하나로 부각되었다. 1950년대 초의 일본인의 평균수명은 남자 59.6세, 여자 63.0세였다. 이것이 고도성장이 종언을 맞이하였던 1975년경이 되면 남자 71.7세, 여자 76.9세로 늘어난다.[25] 평균수명은 단순히 의료기술의 발전·보급 뿐 아니라 여러 가지 경제적·사회적 요인의 복합적 작용에 의해 정해지는 것이다. 경제성장 즉 소득의 상승은 그러한 많은 요인 중에서도 큰 영향을 끼치는 가장 중요한 것 중의 하나이다.

그렇다면 고도성장기에 일본인의 수명은 왜 이렇게 연장되었을까? 최대의 원인은 물론 1955년에 결핵을 거의 극복하였다고 할 정도로 보급된 항생물질 등의 신약이었다. 1950년대에 들어서서 도시의 사망률이 농촌의 사망률보다 낮아졌다. 인구밀집으로 인한 감염률의 상승 등 불

---

25) 2014년에는 남자 80.0세, 여자 87.0세이다.

리한 조건을, 높은 소득이 가능하게 해 주는 좋은 영양수준이나 주택, 우수한 의료서비스 등과 같은 도시의 장점이 농촌을 능가하게 되었던 것이다. 그 결과, 농촌으로부터 도시로의 '민족대이동'은 사망률을 낮추는 요인이 되었던 것이다. 그리고 의료시설 출산으로 인해 유아사망률이 매우 낮아지는데,[26] 이러한 시설의 보급과 이용은 개인소득 수준에 따라 크게 영향을 받는다.

그리고 고도성장기에 국민 전원에 대한 의료보험이 정비되었다는 사실도 빼놓을 수 없다. 1958년에 개정된 〈국민건강보험법〉을 계기로 하여, 1961년에 '개보험(皆保險)' 즉 국민 전원을 포괄하는 의료보험이 탄생하였던 것이다. 이러한 '국민 개보험'의 실시로 진료를 받는 사람의 수가 급격히 늘어났고, 특히 고령자들이 충분한 의료서비스를 받게 된 것도 평균수명 연장에 크게 공헌하였다고 할 수 있다.

하지만 인간의 '욕망'은 찌꺼기도 남긴다. 그것이 바로 '산업폐기물'이고, 기호의 소비가 결국 자연과 대립하는 '환경파괴'를 불러온다. 특히 고도성장기의 대표적인 공해병인 '미나마타(水俣)병'의 사례를 보면, 생산성의 향상에 큰 위력을 발휘하였던 기업별 조합과 '노사협조노선'이 공해문제에서는 추한 모습을 드러냈다. 공해를 일으킨 기업의 노조는 종종 반공해운동에 적대적이었다. 그런데 이와 같이 '신일본질소비료'가 전기화학을 고집하다가 '미나마타병'을 발생시킨 것을 목격한 다른 화학계 기업은 일제히 '석유화학'으로 진출하였다. 이 석유화학산업이 만들어내는 플라스틱은 생활을 일변시켰다. 이처럼 석유화학산업은 '고도성장'을 상징하는 산업이지만, 그들이 생산해 내는 플라스틱은 '썩지 않아 처리가

---

26) 1950년에 출생 대비 60.1명이었던 유아사망률이 1960년에 30.7명, 1970년에 13.1명, 1975년에 10.0명으로 저하한다. 厚生省 ≪厚生白書≫1997年版 참조.

곤란한 쓰레기'로 일본사회를 덮치고 있는 것이다.

5. 결론: '고도성장'의 종언과 "픽션"의 추구

1973년 석유위기를 거치면서 '고도성장'은 막을 내리고, 일본경제는 고도의 성숙단계로 돌입하게 된다. 실질 GNP의 평균성장률도 1973~1990년대의 4%까지 저하된다. 고도성장이 끝나는 궁극적인 이유는 무엇일까? 고도성장은 내구소비재의 보급, 인구이동과 세대수의 증가를 바탕으로, 왕성한 설비투자에 의해 성취되었다고 평가된다. 결국 이 바탕이 무너지면서 필연적으로 다가왔다고 할 수 있다.

이러한 사회구조의 변화와 석유파동 등으로 인해 산업구조를 재조정하여야 했고, 마이크로일렉트로닉스(micro-electronics)혁명의 시대를 맞게 되었다. 사회 내에서는 계층 간의 차이를 거의 찾아볼 수 없을 정도로 평준화되었다. 이와 같이 매우 균질적인 특징을 보이는 일본대중사회는 사회적 관계를 희박하게 만들거나 심지어는 사회적 관계를 거절하는 단계에까지 이르게 되었다. 자녀보다는 애완동물을 갖기 원하는 사람들이 나타나는 것도 그 때문이라 할 수 있을 것이다. 그리고 도쿄디즈니랜드에서 발현된 획기적인 전자기술은 일본인들을 현실이 아닌 "픽션"[27]의 세계로 인도하였다. 이 "픽션"은 사회 각 영역에서 나타나는데, 정치에 대한 무관심은 '무당파(無黨派)'를 낳았고, 삶과 죽음의- 경계가 애매해져 어린

---

27) 미타 무네스케(見田宗介)는 패전 후 일본인의 사회심리의 변화를 설명하면서, '현실'에 대한 세 가지 반대말을 제시한다. '이상', '꿈', '픽션'이다. 미타에 따르면 일본인들은 1945년~1960년에는 '이상'을 추구하였고, 1960년~1970년대 중반에는 '꿈'을 좇았으며, 1970년대 중반 이후에는 '픽션'을 추구하였다고 한다(見田宗介, 1995).

이의 자살이 증가하였다. 활자문화보다는 영상문화에 익숙해지면서 영상세계만이 진실이라고 생각하게 되면서 사진주간지가 크게 유행하기도 하였다. 1980년대 이후의 일본사회는 이러한 픽션을 통해서 새로운 욕망을 창출하고 있다고 생각된다. 즉 고도성장이 끝난 다음에도 지속적인 성장을 추구하기 위해 허구로 창출된 수요라고 생각하는 것이다.

이와 같이 생각해 볼 때, 성장은 과연 진보일 수 있는지에 대해 깊이 생각하게 한다.

참고문헌

家庭総合研究会編. 1990. 『昭和家庭史年表』, 東京：河出書房新社.

間宏編. 1994. 『高度経済成長下の生活世界』, 東京：文真堂.

見田宗介. 1995. 『現代日本の感覚と思想』, 東京：講談社.

高度成長期を考える会. 1985–86. 『高度成長と日本人』(전3권), 東京：日本エディ
タースクール.

橋本健二. 1990. "階級社会としての日本社会," 直井優・盛山和夫編, 『現代日本の
階層構造 1 社会階層の構造と過程』, 東京：東京大学出版会.

橘川武郎. 2004. 『日本電力発展のダイナミズム』, 名古屋：名古屋大学出版会.

吉川洋. 1997. 『高度成長：日本を変えた6000日』, 東京：読売新聞社.

堺屋太一. 2002. 『日本の盛衰』, 東京：PHP研究所.

色川大吉. 1990. 『昭和史世相篇』, 東京：小学館.

石毛直道. 1993. 『昭和の世相史』, 東京：ドメス出版.

四方田犬彦. 2000. 『日本映画史100年』, 東京：集英社.

宇沢弘文. 2014. 『自動車の社会的費用』, 東京：岩波書店.

竹前栄治. 2007. 『GHQ』, 東京：岩波書店.

重兼芳子. 1984. 『女の揺り椅子』, 東京：講談社.

中西聡 編. 2013. 『日本経済の歴史』, 名古屋：名古屋大学出版会.

中村隆英. 1993. 『昭和史 II 1945～1989』, 東京：東洋経済新報社.

直井優・盛山和夫編. 1990. 『現代日本の階層構造 1 社会階層の構造と過程』, 東
京：東京大学出版会.

天野正子・桜井厚. 1992. 『モノと女の戦後史』, 東京：有信堂高文社.

村上泰亮. 1984. 『新中間大衆の時代』, 東京：中央公論社.

土志田征一. 2001. 『経済白書で読む戦後日本経済の歩み』, 東京：有斐閣.

丸山真男. 1946. "超国家主義の論理と心理." 『世界』5월호.

Rowstow, W. 1960. *The Stages of Economic Growth: A Non-Communist Manifesto*, Cambridge University Press.

Andrew Gordon, ed. 1993. *Postwar Japan as History*, University of California Press.

〈인터넷 자료〉

内閣府. ≪経済白書≫, http://www5.cao.go.jp/keizai3/keizaiwp/

_____. ≪国民生活白書≫, http://www5.cao.go.jp/seikatsu/whitepaper/

総務省統計局. ≪消費者物価指数≫, http://www.stat.go.jp/data/cpi/

7장
중국의 압축성장과 농민공의 형성[*]

이정덕 · 이태훈 · 朴光星

1. 서론

중국은 1978년 개혁개방을 시작하면서 사회주의 경제에서 시장경제로 이행하게 되었다. 이러한 이행은 중국경제를 근본적으로 변화시켰을 뿐만 아니라 결국 중국의 세계사적인 경제성장으로 이어졌다. 중국도 다른 동아시아 국가들과 마찬가지로 성장률 목표를 제시하고, 이를 달성하기 위하여 국가가 자본과 국민을 적극 동원하고 기업을 선도하여 성장률 목표치를 달성하기 위하여 모든 노력을 다하였다. 중국은 사회주의국가이기 때문에 다른 동아시아 국가들보다 훨씬 강력하게 자본, 자원, 인력을 동원할 수 있었고, 더욱 적극적으로 기업들을 주도하였다(개혁개방 초기에 기업들이 대부분 공기업이었기 때문에 더욱 강력하게 국가가 기업을 선도하고 목표를 할당할 수 있었다). 또한 향진기업이나 중소기업들이 수출을 하여 외화를 벌 수 있도록 적극 지원하였다.

이러한 수출지향형 압축성장에서 가장 핵심적인 역할을 한 것이 적극

---

* 이 글은 피아오광싱 · 이정덕 · 이태훈(2016)의 앞부분을 이 책의 취지에 맞추어 보충한 것이다.

적인 국내외 자본의 동원, 적극적인 기술도입, 그리고 광범위한 저임금 노동자의 동원이었다. 특히 중국에서 농촌인구들이 대거 도시로 이주하여 저임금노동자로 일하게 되면서 중국 상품들이 세계적인 가격경쟁력을 확보할 수 있었다. 중국의 경우 1979년 개혁개방 이후 2009년까지 도시인구는 4억 4천만 명이 증가하여 6억 2,200만 명이 되었다. 증가한 4억 4천만 명 중 3억 4,000만 명이 농촌에서 이주해왔거나 또는 농촌이 도시로 변경되어 나타난 현상이다(Chan and Bellwood, 2011). 2013년 현재 자신의 호구(戶口)가 있는 곳에서 벗어나 거주하는 인구는 2.9억 명이고 유동인구(流動人口)[1]는 2.5억 명이다(中國統計局, 2014).

이러한 과정에서 농촌공동체는 광범위하게 와해되었다. 개혁개방 이후에는 집단농장이 사라지고 농민가구 스스로 생존해야 하는 상황이 되었다. 농촌에는 한계생산인구가 많았기 때문에 추가소득을 위해서는 도시로 이주하는 것이 더 나았다. 자신의 또는 가족의 경제를 개선하기 위하여 많은 농민들은 도시로의 이주를 선호하게 되었다. 특히 사람들의 연줄이나 네트워크를 통하여 정보를 얻고 기회를 찾기 때문에 같은 마을 사람들이나 친족을 통한 연쇄이주가 나타났다(Fan, 2003: 24). 이러한 농촌이주민들은 1980년대 중반까지는 주로 농촌 및 주변 소도시로 이주하였다. 그러나 1980년대 후반부터 대도시로의 이주가 나타났고 1990년대에 들어서는 향진기업이 발전하지 못한 내륙지역에서 동부해안 대도시 권역(특히 선전권역, 상하이권역, 베이징권역)으로의 이주가 본격적으로 가속화되었다(이민자, 2001: 150-151). 이들은 대체로 반절 정도

---

1) 중국정부는 유동인구를 호구를 지니지 못한 이주자를 지칭하는 용어로 사용하고 있다. 이러한 용어를 사용하여 결국 이들을 고향에 돌아갈 때까지 임시적으로 거주하는 임시 거주자라는 프레임에 가두고 있다.

가 홀로 도시로 이주하며 10대에서 20대가 많은 편이다(Fan, 2003: 31). 대체로 비정규직에 종사하며, 농민공의 임금은 정규직에 근무하는 시민과 비교하여 통상 2분의 1 정도이며(이민자, 2007: 14-15), 도시가 농촌보다 평균적으로 3.31배 정도의 소득을 올리고 있기(中國社會科學院, 2011)때문에 많은 농촌가족들이 여러 가지 차별에도 불구하고 도시로 이주를 하고자 한다. 그 결과 주강삼각지와 같은 지역은 수출기업 노동자의 70% 내지 80%가 농촌출신으로 충당되었다(Chan, 2010a: 359).

  많은 여성들이 농촌에서 초등교육을 마치면 도시로 이주하는 경우가 많다. 예를 들어 안후이성(安徽省)의 한 여성은 초등학교 2학년만 마치고 16살에 저장성(浙江省) 우시(無錫)의 식당으로 일을 하러 갔다. "학교를 2년 다닌 후에 집에서 어머니를 도와드리고 있었다. 도시로 일하러 갔던 다른 여성들이 멋있는 옷을 입고 돈도 가지고 마을로 명절에 귀향하는 것을 보고 나도 그러고 싶어서 식당으로 일하러 갔다. 춘절이 지나면 다시 식당으로 갈 것이다. 우리 집은 경작지가 적기 때문에 내가 없어도 농사에 지장이 없다"(Fan, 2003: 32에서 재인용). 이처럼 가족 경제에 도움이 되고자 하는 것이 도시로 이주하는 가장 커다란 이유이다. 대체로 아들은 교육을 더 많이 받는 경향이 있지만 딸들은 교육을 덜 받고 좀 더 일찍 도시로 나가는 경향이 있다. 중학교를 중퇴하고 도시로 이주한 다른 여성의 예를 들어보자. "어머님이 3년간이나 병석에 있었다. 경작지로는 입에 풀칠하기도 힘들었고 교사인 아버님의 월급으로는 어머님 병원비 대기도 바빴다. 3년 전 오빠가 대학에 입학하였을 때 집안상황을 보면 나는 학교를 그만 두고 돈을 벌어야 가족 운영이 가능했다. 그래서 상하이의 의류공장에 취직하게 되었다"(Fan, 2003: 32에서 재인용) 안후이성의 24살의 다른 여성은 다음과 같이 말했다. "내가 가정부로 일하고 있는 상하이에서 결혼할 생각을 전혀 안 했다. 그곳에서 결혼하려면 나이가 두 배가 많거나, 사별한 사람이거나, 장애인들과 결혼해야하기 때문이다"(Fan, 2003: 33에서 재인용). 뒤에서 설명할 호구제도 때문에 농촌 이주민이 도시민과 결혼하는 것에는 많은 어려움이 있어서 좋은 배우자를 얻기 힘들다.

이러한 농민출신 도시이주민은 농민공(農民工)이라 불리면서 중국이 세계적으로 저렴한 가격("중국가격", Harney, 2009)에 상품을 생산하는 데 중요한 기여를 하였다. 리커창(李克强) 총리도 "노동력 이동을 허용하여 억만명 농민공이 도시노동력 시장에 진출함으로써 중국의 경제기적을 창조할 수 있었다"라고 밝혔다(林巧婷, 2015). 하지만 이들은 도시에 호구를 가질 수 없기 때문에 정당한 도시민으로 대우받지 못하고 다양한 차별을 경험하고 있다. 중국에서는 호구를 가져야 도시의 정당한 구성원으로 간주되어 아이를 학교에 보낼 수 있고, 시에서 제공하는 다양한 복지나 보호를 받을 수 있기 때문이다. 호구가 없는 이주민들이 도시에서 사회적으로나 법적으로나 경제적으로 주변화되는 모습은 그동안 많이 보고되어 왔다.

개혁개방 이후의 급속한 산업화과정에서 도시로 진출하여 사실상 산업노동자로 변신한 농민들이 "시민"으로서의 신분을 인정받지 못하고 계속하여 "농민"신분을 유지함으로써, 시민으로서 향유할 수 있는 권리와 공공정책에서 배제되어왔다. "농민공"이라는 개념은 이와 같이 사실상 도시의 산업부문에서 근무하고 있는 산업노동자이고, 시민이지만, "시민"의 신분을 인정받지 못한 채, 공공정책 혜택에서 배제된 산업화 과정에서 도시로 진출한 농민노동력집단을 가리킨다. 이로 인해 이들은 저임금의 비정규직 노동력집단으로 남을 수밖에 없게 되었다.

호구제도는 중국만의 독특한 제도이기 때문에 다른 나라에서는 호구제도를 이용한 이주민의 차별이 나타나지 않는다. 중국에서는 호구제도를 통해 합법적으로 이주민을 차별하여 이들을 저임금노동자로 활용하는 방식이 널리 나타나고 있다. 한국에서도 불법체류민이나 노동허가제를 통해 합법적으로 차별하여 고용하는 집단이 나타나며, 또한 미국에서도 3,000만 명이 넘는 불법체류민이 있어 이들이 다양한 산업에서 저임금노동자로 동원되고 있지만 이들은 외국인들이다. 다른 국가들에서도 물론 국가 내의 내부적 이주자들을 다양한 사회적 기제를 통해 분절된 노동시장으로 편입하는 기제가 작동하고 있지만 중국처럼 농촌 이주자들을 법률로서 차별하는 경우는 드물다. 호구제도는 중국만의 중요한 특징이며 호구제도에 기반을 둔 농민공도 중국도시의 독특한 특성이 되고 있다. 이 글의 목적은 이러한 농민공의 특성을 이해하는 것이다. 특히 어떠한 사회적 구조와 맥락에서 이러한 일상생활에서의 배제와 차별이 나타나는가를 이해하고자 한다.

2. 호구제도와 농민공

농민공이라는 중국의 독특한 현상은 중국에서 시행되는 호구제도와 밀접하게 관련되어 있다. 1949년 중국을 통일한 사회주의정권은 농민을 이용해 농업부분에서 잉여를 축적하여 중공업화에 투자하기 위해 농업을 집단농장화하고 농토의 비농업적 사용을 금지하였다. 또한 농민의 도시이주를 막기 위하여 다양한 이주통제제도를 실시하였고 1958년 호구제도를 통하여 이러한 인구이동의 억제를 체계화하였다(Chan, 2010b:

659-661). 특히 도시의 계획경제와 배급제도를 위하여 국민을 농민과 시민으로 구분하고 농민의 도시로의 이주를 엄격히 제한하면서 호구가 도시로 되어 있는 사람만 도시에서 거주할 수 있게 만들었다. 시장을 없애고 일자리와 상품, 주택을 국가에서 배급하였기 때문에 도시에 호구가 없는 사람은 도시에서 일자리와 상품, 주택을 공급받을 수 없어 생존하기가 어려웠다. 반면 도시의 호구를 가지고 있는 주민들에게는 도시정부가 일자리, 주택, 식량, 교육, 의료, 연금 등을 제공하였다. 1978년 개혁개방의 시기까지는 농업호구를 비농업호구로 변경하는 것도 엄격하게 통제되었고, 도시로의 이주도 철저히 금지되어 농민과 시민의 구분은 평생 바꾸기 힘든 신분제로서의 역할을 하였다(이민자, 2007). 이러한 체제를 중국에서 "二元結構"라고 부르는데, 이는 한편에는 산업적 일자리와 복지에의 권리를 지닌 시민권자가, 다른 한 편에는 농민출신으로 권리를 박탈당한 하류층이 위치하는 이중적 구조를 의미한다. 이러한 도시민과 농민출신의 분리는 사회주의 정권 수립 이후 60여 년간 중국의 사회, 정치, 경제구조의 근간으로 작동하여 왔다(Chan, 2010b: 662).

1978년 개혁개방을 실시하면서는 이주를 공식적으로 허용하였지만 농민들이 도시로 이주해도 호구를 주지는 않았다. 호구를 주면 시정부가 일자리, 주택, 교육, 의료, 연금 등을 제공하는 부담을 져야했기 때문이다. 이들 이주자들은 호구가 없기 때문에 무자격 거주민이 되어 도시민으로서의 합법적인 권리를 주장할 수 없었다. 도시정부가 합법적인 도시민에게 제공하는 혜택은 오로지 호구를 가지고 있는 사람에게만 주기 때문에 타지역에서 이주해온 사람들이 해당 도시의 호구를 받지 못하면 도시정부의 보호나 복지를 제공받기 어렵다. 결국 호구를 갖지 못한 사람들은 도시에 불법적으로 거주하는 셈이기 때문에 합법체류자가 아니어서 사회적으로 다양한 차별에 직면하게 된다.

1978년 개혁개방 이후 중국경제가 점차 시장경제로 전환하면서, 일자리, 주택, 식품, 의료, 교육 등이 시장을 통해 공급되고, 호구가 없어도 도시에서 생존이 가능하게 되었다. 농민공은 국가적으로는 수출경쟁력, 각 도시로서는 개별 기업의 경쟁력과 직접적으로 관련되어 있기 때문에 중국의 중앙정부와 도시정부들이 농민의 도시유입을 막는 호구제도를 유지하면서도 농민공의 도시로의 대대적인 유입을 묵인하고 있다. 그러나 호구를 주지 않음으로써 이들을 위한 혜택을 시가 제공할 필요가 없게 되었다. 이들은 도시에 거주하고 있고 도시에서 일을 하고 있지만 도시의 호구를 받지 못하여 법적으로는 호구가 있는 자신의 고향의 농민으로 남아있게 된다. 또한 도시에 살고 있더라도 합법체류자가 아니어서 자녀교육, 주택, 의료, 복지 등의 문제에서 도시정부의 도움을 받지 못하게 된다. 예를 들어 농민공이기 때문에 저소득임대주택을 신청할 수 없으며, 자녀가 학교에 다닐 수 없으며, 의료보험에 가입할 수 없거나 있더라도 병원비를 감면받을 수 없으며, 회사가 농민공인 직원에게 보험을 제공하지 않고 있으며, 따라서 아프면 이를 스스로 처리하여야 한다(림가, 2014: 28-41). 농민공은 시민이 아니기 때문에 사회적인 차별에 대응할 수 있는 힘이 미약하고, 따라서 기업이나 상점들은 열악한 환경에서 저임금으로 장시간 노동을 시켜도 저항하기 어렵다. 따라서 이들은 저항하기보다는 조금이라도 나은 다른 직장으로 옮기는 경우가 많다.

중국에서 1980년대 중반부터 수출지향 산업화가 빠르게 진행되면서 정부는 정책적으로 농민들이 이러한 공장에 저임금노동자로서 빠르게 유입될 수 있도록 만들었다. 결국 1990년대 중반부터는 농민공이 수출공업단지의 주력 노동자가 되었다. 대도시로 농민이 집중하는 것을 막기 위하여 대도시의 호구는 허용하지 않지만, 1983년부터 소도시에서는 농민들이 호구를 획득할 수 있도록 허용하였다. 1984년에는 이농민이 스스로 식량을 해결할 수 있으면 소도시로의 정착을 허용하였다. 대도시에서도 농민의 이주를 전면 금지할 수 없기 때문에 1985년부터 임시거주증 제도를 만들어 3개월 이상 거주하려면 임시거주증을 반드시 발급받게 만들었으며 1995년에 이르러서는 임시거주증 제도가 전국에서 실시되고 있다. 또한 1990년대부터는 일부 도시에서 돈을 받고 호구를 판매하는 정책을 실시하기도 하였다. 또는 상해처럼(1994년) 상해에 백만 위안 이상 투자한 사람, 일정한 면적 이상의 주택을 구입한 사람, 상해에 안정된 직장과 고정주거지를 가진 사람에게 남색(藍色)호구를 주도록 하였다. 이러한 제도는 선전(1996년), 광저우(廣州, 1998년), 샤먼(廈門), 하이난(海南) 등으로 확산되었다. 베이징(北京)은 1998년 첨단기술자나 다국적 기업 직원이 근무거류증(工作寄住證)을 받도록 허용하여 베이징 시민과 동일한 대우를 받도록 하였다. 하지만 농민공은 도시에 거주하기 위해 다양한 증명서를 발급받고 거주비용을 납부하여야 한다. 예를 들어 건강진단비용, 외지취업 허가증 발급비, 관리서비스비, 농민공 취업허가증 발급비, 시공관리비, 치안관리비, 임시거주증발급비, 가족계획증발급비 등을 내야 한다. 하지만 이러한 비용조차 부담스러워 각종 증명서를 발급받는 것을 기피한다(이민자, 2007: 79-80).

광저우에서 자동차 정비점에서 일하는 쓰촨성(四川省) 출신 남자는 다음과 같이 말한다. "광저우에 사는 것이 좋냐고? 전혀 그렇지 않다. 호구가 없기 때문에 정말 살기가 팍팍하다… 고향에서 부모님이 내 자녀를 돌봐주고 계시지만, 이들도 이제 학교에 들어가야 한다… 내 고향으로 돌아가서 나도 자동차 정비소를 차리고 싶다." 베이징의 건설현장에서 일하는 또 다른 남자는 "내가 여러 여자친구가 있었는데 내가 도시에서 일할 때 농경지를 잘 경작하고 집안일을 잘 하는 사람과 결혼하고자 했다. 내 아내는 정말 능력이 있어 농사도 잘 짓고 있다"(Fan, 2003: 41에서 재인용). 이처럼 결혼을 통해서 집안일을 맡길 수 있으면 남자들은 더 쉽게 도시에서 이주노동을 나갈 수 있게 된다.

2003년부터는 〈도시유랑자 수용 및 송환규정(1982년 제정)〉을 폐지하고, 〈도시유랑자 구제관리방법〉을 공포하여 호구제도가 지속되더라도 농민공의 도시취업 및 거주권을 합법적으로 인정하고 함부로 농촌으로 추방하지 못하도록 만들었다. 2010년에 이르러서는 많은 성(省)들이 농업호구와 도시호구를 구분하는 제도를 폐지하고 하나의 '주민호구제'로 통일하였다. 따라서 이들은 이제 '불법체류자'는 아니지만 그렇다고 하여도 시민도 아닌 상태에 머무르고 있다.

2010년 중국공산당 중앙위원회에서 50만 명 이하의 중소도시에서는 이들이 도시호구를 지닌 주민과 같은 대우를 받고 평생 거주할 수 있도록 제안되었다. 그러나 대도시는 인구의 흡인력이 크고 이들에 대한 비용이 크게 들기 때문에 아직 호구제도를 완전히 없애기는 매우 어려울 것으로 보인다. 현재는 사회보장, 저렴한 의료보험, 사회서비스를 전국민의 3분의 1 정도만 제공하고 있는데, 만약 이주민을 차별하는 호구제도를 없애고 모든 이주민에게 해당 도시의 시민권을 주게 되면 전국민에게 사회보장과 저렴한 의료보험과 사회서비스를 제공한다는 것을 의미하게 되는데, 이는 재정적으로 불가능한 것으로 평가되고 있다(Tao, 2010).

3. 농민공의 생활상

2008년 미국의 심각한 금융위기는 중국에도 심각한 영향을 미쳤다. 이에 따른 실업자가 주로 농민공에 집중되어 2009년 초까지 농민공 실업자의 수가 2,000만 명이 발생하였는데 이는 세계의 공장지대로 불리는 주강삼각지 지역에서 심각한 노동소요로 이어졌다(Chan, 2010b: 660). 농민공은 정부제도에 의해 창출된 산업예비군으로서 임시적, 유동적 저임금 노동자이며 경제상황이 악화되면 가장 먼저 해고당하는 계층이다. 즉, 농민공은 도시 및 수출공업단지가 농촌으로부터 젊고 능력 있는 노동력을 흡수하여 저임금으로 사용하고 늙고 약해지면 다시 농촌으로 되돌려 보내는 체제로 사용되고 있다. 그래서 "打工无前途, 回乡无意思(도시에서 노동자로 일해 봐야 전망도 없고, 농촌으로 돌아가 봐야 아무런 의미도 없다)"라는 말이 농민공들에게서 널리 회자되고 있다.

이렇게 악화된 경제상황에서 가장 먼저 농민공들이 배제되도록 만든 제도가 호구제도이다. 호구제도를 통해 중국의 농촌이주민들은 동아시아의 다른 국가와 다른 독특한 포섭과 배제의 과정을 경험하고 있다. 도시의 노동력 부족에 대응하기 위하여 도시정부는 임시노동허가증을 발급하여 농민들이 도시에 일시적으로 거주할 수 있게 만들었다. 하지만 이들은 도시의 호구를 받을 수 없으며 도시의 사회복지나 서비스도 받을 수 없었다. 그리고 결국 도시민들이 원하지 않는 하층노동에 주로 종사할 수밖에 없었다. 물론 도시주민들도 하층노동에 종사하고 있다고 하지만 비율적으로 농민공이 압도적으로 높다. 대부분의 농민공은 도시빈곤선의 밑에서 생활하게 되며 도시민이 받는 최소한의 복지도 받을 수 없다. 이들은 잉여노동자로서, 비숙련 하층노동에 종사하게 된다. 법적 정보도 부족하고 법적 보호도 제대로 받지 못한다. 게다가 농민공의 상황을 개선하기 위한 중앙정부의 노력도 그리 효과적이지 못하다(Chan and Buckingham, 2008).

농민공과 관련된 표현에서 농민공에 대한 배제의 정서가 잘 담겨져 있다. 농촌에서의 이주민을 '盲流', '流動人口'라고 표현하였으며 유동인구라는 표현은 지금도 사용되고 있다. 맹류(盲流)는 맹목적으로 이주해 들어온 인구라는 뜻이며, 유동인구(流動人口)는 항시 움직이는 인구라는 뜻이다. 이러한 용어들은 농민공을 맹목적으로 도시로 진출하거나, 항시 떠돌아다니는 사람처럼 인식하게 만들어 농민공도 안정적인 일자리를 구하여 정착하고자 한다는 사실이 무시되고 있다. 이처럼 농민공이라는 용어에는 도시민들이 농민공을 같은 노동자로 보기보다는 자신과 신분이 다른 이질적인 계층으로 보고 있는 정서가 잘 나타나고 있다(장영석, 2008: 57).

농민공인 지톄젠(姫鐵見)의 『멈출 수 없는 꿈: 한 농민공의 생존일기(止不住的夢想: 一个农民工的生存日记)』는 농민공이 이러한 차별적 포섭을 일상적으로 어떻게 경험하고 있는지를 잘 보여준다(피아오, 2015a). 참기 힘든 저임금과 모욕적인 차별에 대한 농민공들의 소요와 저항은 지속적으로 증가하고 있지만 지톄젠의 일기에서도 볼 수 있듯이 이러한 저항은 조직화되지 못하고 개인들의 다양한 불만과 일탈적 행동으로 표출되고 있다. 시민권으로부터 배제된 채, 저임금노동자로 포섭된 농민공들의 열악한 지위와 스스로를 유동노동자로 인식하는 관점이 주체적인 자기권리의 주장과 이를 위한 집단적인 조직화의 노력을 어렵게 한다.

이들은 다른 농민공들과의 조직화를 통한 집단활동이 쉽지 않기 때문에 개별적으로 고립되어 있다. 그저 가까운 친구들 또는 동향사람들과 네트워크를 형성하고 이들의 자문과 도움으로 문제를 해결하려고 한다. 또는 개별적으로 또는 일시적으로 국가나 공장주에 항의하고 저항하면 그들이 시혜를 베풀어 문제를 해결해줄 거라 기대한다.

농민공은 농민공끼리 거주하는 경우가 많아 시민들과 주거지가 단절되어 있다. 지톄젠의 일기에서도 이러한 저렴한 숙소의 형태를 보여주고 있다. 대도시의 경우에는 도시 외곽에 동향끼리 독자적인 촌락을 형성하여 주거비용을 대폭 낮추고 동향끼리 공동으로 도시생활에 적응하면서 어려움을 극복하는 경우가 많다. 특히 농민공의 집단거주지는 행정이나 경찰의 보호가 매우 빈약하기 때문에 치안공백지대로 남게 되는데, 동향조직을 매개로 사회질서를 구축하는 경우가 많다. 베이징 외곽에는 200여 개의 빈민촌에 약 200만 명이 거주하고 있다(이민자, 2007: 137). 일기에서 나타나는 지톄젠의 숙소와 같은 거주형태도 시민들로부터 격리된 농민공들끼리의 생활집단과 질서를 잘 보여주고 있다.

농민공들끼리 격리된 주거공간을 형성하는 경우가 널리 나타나고 있지만, 농민공은 자신을 노동계급으로 보기보다는 '民工', '農民工', '外來工'으로 인식하여 도시 밖에서 일시적으로 들어와서 돈을 버는 외부인으로 스스로를 규정한다. 따라서 자신들을 호구를 지닌 시민들과 지나치게 차별하여 대우하는 것에 불만을 가지고 있지만 스스로를 외부인으로 규정하고 있기 때문에 농민공들이 시정부에 시민들과 동등하게 대우해달라고 요구하는 경우는 많지 않다. 그보다는 인간다운 대우를 해달라고 요구하면서 어느 정도는 차별을 감수할 수 있다고 생각한다.

지톄젠도 결국 스스로를 "漂泊的 生活(姬鐵見, 2013: 173)" 또는 "獨自一人漂來漂去(姬鐵見, 2013: 175)", 즉 홀로 표류하는 생활을 하는 것으

로 인식하고 있고 또한 스스로를 유동인구로 인식하고 있다. 도시에 정착할 것이 아니기 때문에 도시에서 조직화하고 권리를 주장하는 것에 대한 관심을 표명하지 않는다. 물론 집단적 조직화가 공안에 의해 철저히 탄압당하는 이유도 작동했을 것이지만 일기에는 그러한 내용이 전혀 나타나지 않고 있다. 그보다는 지톄젠도 농촌의 집을 생명의 근원(姬鐵見, 2013: 180)이라고 생각하고 집으로 돌아갈 생각에 부풀곤 한다. 지톄젠도 도시의 고단한 생활을 떨치고 고향에 돌아가는 꿈을 자주 꾼다. 농촌으로 돌아간다고 생각하여 도시현장에서 나타나는 저임금과 멸시는 일시적인 문제로 간주하게 된다. 저임금도 농촌에서의 돈벌이보다 많은 것이기 때문에 나은 상황으로 인식된다. 시민들에 의한 차별과 멸시도 마음에 상처를 주지만 도시에서 경험하는 일시적인 것으로 생각한다.

정부가 유동인구와 농민공이라는 용어를 사용하여 농민출신 도시이주민들을 범주화하고 농민공들도 이를 자신들을 표현하는 당연한 범주로 받아들이고 스스로의 꿈도 도시의 시민권리를 쟁취하는 것이 아니라 집으로 돌아가는 것으로 설정하고 있다. 결국 이들은 '농민공은 시민이 아닌 고향으로 돌아갈 일시적인 유동인구'라는 정부가 설정하는 범주를 내면화하면서 농민공이라는 중국적 제도를 대체로 수용하게 된다. 이러한 과정은 농민공에 대한 차별적 포섭을 매개로 시민들의 노동시장과 구분되는 분절된 노동시장이 지속되는데 기여하고 있다(피아오, 2015a).

참고문헌

림가. 2014. 『중국 이농민의 도시사회적응』, 한울아카데미.

얀샹핑 저, 백계문 역. 2014. 『중국의 도시화와 농민공』, 한울아카데미.

이민자. 2001. 『중국농민공과 국가―사회관계』, 나남출판.

_____. 2007 『중국호구제도와 인구이동』, 폴리테리아.

장영석. 2008. "농민공: 중국계급문제의 지구적 맥락," 『황해문학』 61: 56-75.

조동제. 2012. "중국 농민공 권익보호제도에 관한 소고," 『중국법연구』 18: 245-275.

피아오, 광싱. 2015a. "중국의 압축적 성장과정 속의 포섭과 배제의 논리," 전
 북대 개인기록연구실 국제학술대회 발표문집 Comparative Study on the
 Compressed Modernity in East Asia, 전북대, 2015.4.15., pp. 59-77.

_____. 2015b "압축된 경제성장, 약화된 사회연대, 지체된 문화발전: 중국의 압축
 적 근대성에 대한 탐색," 전북대 개인기록과 압축근대 연구단 학술대회 발표문
 집, 『압축근대를 경험 하는 동아시아』, 전북대, 2015.11.20, pp. 1-26.

피아오, 광싱 · 이정덕 · 이태훈. 2016. "중국 압축성장 속의 농민공의 삶," 『건지인
 문학』, 15: 221-263.

劉愛玉 2012. "城市化 過程 中的 農民工 市民化 問題," 『中國行政管理』 1: 112-119.

李强. 2012. 『農民工與中國社會分層』, 中國社會文獻出版社.

李瑩. 2013. 『中國農民工政策變遷』, 中國社會文獻出版社.

林巧婷. 2015. "李克强: 推动创业创造让更多的人富起来," 『中国政府网』, 2015년 3
 월 16일.

中國 國家統計局 編. 2014. 『中國統計年鑑』, 中國 國家統計局.

中國 社會科學院. 2011. 『中国城市发展报告』, 中國社會文獻出版社.

姬鐵見. 2013. 『止不住的梦想 - 一个农民工的生存日记』, 九州出版社.

Chan, Kam Wing. 2007. "Misconceptions and Complexities in the Study of

China's Cities," *Eurasian Geography and Economics*, 48(4): 382–412.

_____. 2009 "The Chinese Hukou System at 50," *Eurasian Geography and Economics*, 59(2): 197–221.

_____. 2010a "The Household Registration System and Migrant Labor in China," *Population and Development Review*, 36(2): 357–64.

_____. 2010b "The Global Financial Crisis and Migrant Workers in China," *International Journal of Urban and Regional Research*, 34(3): 659–677.

Chan, Kam Wing and Peter Bellwood. 2011. "China, Internal Migration," In Immanuel Ness(ed.). *The Encyclopedia of Global Migration*. Blackwell Publishing, pp. 1 - 46.

Chan, Kam Wing and W. Buckingham. 2008. "Is China Abolishing the hukou System?," *China Quarterly*, 195: 582 - 606.

Fan, C. C. 2003. "Rural–Urban Migration and Gender Division of Labor in Transitional China," *International Research of Urban and Regional Research*, 27(1): 24–47.

Harney, Aldexandera. 2009. *The China Price: The True Cost of Chinese Competitive Advantage*, London: Penguin Books.

Tao, Lan. 2010. "Achieving Real Progress in China's hukou Reform," East Asia Forum, 2010.02.08.,http://www.eastasiaforum.org/2010/02/08/achieving-real-progress-in-chinas-hukou-reform/

8장
농민의 근대적 관광경험*
『아포일기』를 중심으로

손현주 · 유승환

1. 머리말

이 글은 경상북도 김천의 농민인 권순덕(1944년생~)의 일기 『농민 권순덕의 삶과 기록: 아포일기 1~5』(이정덕 · 송기동 외, 2014; 이정 덕 · 소순열 외, 2014; 이정덕 · 진양명숙 외, 2015; 이정덕 · 소순열 외, 2015a; 2015b)를 바탕으로 급속한 근대화 과정에서 겪게 되는 노동과 관광에 대한 개념, 관광활동의 특징, 그리고 관광을 체험하면서 나타나 는 양가성(ambivalence)의 모습을 살펴보고자 한다. 한국에서 일상생활 을 벗어나 새로운 장소의 즐거움과 휴식을 추구하는 근대적 형태의 관광 은 일제식민지 시대에 '기생관광'을 중심으로 관광지 조선을 성적 즐거움 의 대상으로 여성화함으로써 식민지자본주의와 남성지배의 논리에 의 해 시작되었다(정수진, 2009: 84). 제도화된 형태의 한국관광은 1960년 대 국가 주도로 형성되었고, 주한미군과 일본인 관광객을 대상으로 하는

---

* 이 글은 『비교문화연구』 제22집 1호에 수록된 "『아포일기』에서 나타난 농민의 근대적 관광 경험에 대한 연구"를 이 책의 취지에 맞추어 수정한 것이다.

외화벌이가 주된 관광개발의 목적이었다(최석호, 2004: 126). 1980년대는 여가생활의 저변이 확대되면서 관광생활이 본격화되었고, 1990년대는 관광의 세계화가 이루어졌으며, 2000년대 이후에는 자아실현과 문화체험 등과 같은 지속 가능하고 다양한 여가문화가 중시되었다(최석호, 2004: 126; 이무용, 2008: 494).

권순덕에게 관광은 근대적 경험을 할 수 있는 통로 중의 하나로서 근대성을 생산하고 소비하는 중요한 기회가 되었다. 권순덕은 관광을 통해 도시, 교통수단, 항구, 휴양지, 문화유적지, 산업시설, 전시시설 등과 같은 근대적 문물을 접하면서 새로운 세계에 대한 호기심에 고무되고 점차 개방적이 되어 간다. 또한 그는 관광을 통해 전통과 옛 것이 존재하는 농촌사회에서 좀 더 근대적이고 역동적인 공간으로 이동할 수 있었고 농촌과 농촌생활을 타자화시키고 외부세계에 대한 관심을 증폭시켜 자신의 세계관을 확장시킬 수 있었다.

관광의 대중화는 한국의 급속한 근대성 발현의 결과이자 근대적 인간형성을 구성하는 중심적인 현상 중의 하나임에도 불구하고 미시적 차원의 심도 있는 연구가 부족하였다. 그동안 한국 관광의 근대화에 대한 연구는 관광근대화의 제도적 의미를 분석하는 데 주된 관심을 가지고 있었던 반면에 급속한 산업화 과정의 일상생활 속에서 겪게 되는 개인적 측면의 근대적 관광 경험에 대한 관심이 적었다. 일기와 같은 개인기록물은 사회구조적 변화로 야기된 개인의 의식, 태도, 행동 등을 포함하는 개인의 생활 특징을 파악하는데 중요한 정보를 제공한다. 또한 미시적 접근에 의한 개인의 근대적 경험에 대한 분석은 근대화 과정에서 발생하는 모순과 갈등을 이해하는 데에도 기여를 한다.

2. 근대성, 관광, 그리고 양가성

노동시간과 여가시간의 구분이 명백한 산업사회의 발전과 여가문화가 상업화에 노출되는 근대화 과정에서 근대적 경험을 나타내는 대표적인 것 중의 하나가 관광활동이다. 관광 및 이동성은 근대성을 경험하는 상징적 주제이다(Wang, 2000: 1). 전근대 사회에서의 삶은 특정한 지역에 정착해 농사를 짓는 것으로, 관광과 이동성은 인간 조건의 본질적 요소가 아니었다. 이동성은 비정상적인 것, 혹은 반문명적인 것으로 간주되어, 전쟁, 전염병, 홍수, 기근 등과 같은 재난이 발생하였을 때 가능한 일이었다. 그래서 자유롭게 이동한다는 것은 특정 장소에 근거하고 있는 전통사회의 규범에 반하는 것이다. 비록 상류층을 중심으로 친구 · 친척을 방문하거나, 오락이나 치료를 위해서 휴양지를 찾는 등의 여행은 있었지만, 정주성(定住性)은 전근대 사회의 특징이라 할 수 있다. 반면에 근대사회는 새로운 지역과 세상을 경험하고 싶어 하는 지리적 · 사회적 이동성에 대한 열망이 강하게 나타난다(Wang, 2000: 43-44). 산업화의 영향으로 자신이 살고 있는 지역을 떠날 수 있는 경제적 · 시간적 여유를 갖게 되었고, 노동 생산성과 휴일의 증가로 일로부터 벗어날 수 있는 기회가 많아졌다. 특히 근대사회에서 여행은 자동차 · 기차 · 배 · 비행기와 같은 교통수단의 발달과 식당 · 호텔 등과 같은 여행객을 위한 서비스 시설이 생기면서 더욱 활발해졌다.

전통적으로 근대성 논의는 베버(M. Weber)가 '서구, 오직 서구에서만'(in the West, in the West only)이라고 주장하였던 것처럼 서구 중심의 근대성 담론과 제도적 과정의 변동에 초점을 맞춘 거시적 분석과 깊은 관련이 있다(Mirsepassi, 2000: 1-2; Inglehart et al., 2004: 6; 손현주 · 이태훈, 2015). 서구 중심의 근대성 논의는 서구의 문화와 역사적 경험이 근대화의 본질적 부분이라고 주장하고 비서구사회의 문화와 전통은 근대성에 적대적이거나 근대화 과정과 양립할 수 없다고 본다 (Mirsepassi, 2000: 2). 이들에게 근대성이란 서구 중심의 헤게모니가 발현되어 비서구 사회가 서구 사회의 발전경로를 답습해야 한다는 가정 하에 기본적으로 서구화된 사회를 창출해내는 것을 의미한다. 거시적 접근은 물리적 조건의 변화를 강조하게 되어서 물질적 풍요로움을 가장 중요한 근대화의 비전으로 간주하고 개인의 근대적 경험과 같은 미시적 접근을 등한히 본다. 이러한 전통적인 근대성 분석은 비서구 사회의 다양한 문화적 · 역사적 근대화 경험과 비전을 인식하는데 실패하고 다양한 지역적 경험의 가능성들을 배제하여, 이들이 근대화에 끼친 공헌을 등한시한다(Mirsepassi, 2000: 1).

이와 같은 맥락에서 버먼(M. Berman)은 근대성이란 사회경제적 변화과정과 같은 근대화와 문화적 비전과 같은 모더니즘으로 환원될 수 없으며 일상생활의 경험에 근거한 근대성의 재해석이 필요하다고 주장한다 (Mirsepassi, 2000: 2). 버먼에게 근대성은 기획되고 틀에 박힌 청사진이나 프로젝트가 아니고 각 개인들이 일상생활의 맥락에서 느끼는 성찰적 경험이다. 근대성은 서구의 경험과 서구에서 만들어진 문화적 신념일 필요가 없이 지구에 존재하는 모든 사람들이 공유할 수 있는 것이다. 특히 인간은 모순 속에서 살아가고 있기 때문에 근대성에 대한 올바른 이해는 내재적 모순성이나 다원적 대립구조를 파악했을 때 가능하다. 버먼에게 근대성은 자본주의적 근대화와 같은 역사적 경험과 더불어 지속적인 분열과 상호 모순적인 경향과 가치 등이 공존하는 개인적 · 사회적 경험을 통하여 자신과 세계를 발견하는 것이다. 근대성과 근대적 경험의 밀접한 관계에 대한 버먼의 주장은 근대적 현상은 본질적으로 양가성이라는 특징이 저변에 깔려있다고 본다.

대립적인 태도와 행위, 상호 배타적인 생각과 욕망, 이중 가치의 동시적 공존 등을 특징으로 하는 양가성 개념은 심리학자인 블로일러(E. Bleuler)에 의해서 최초로 사용되었다. 그는 양가성을 정신분열증 증상 중의 하나로 간주하였고, 긍정적이고 부정적인 요소가 동시에 나타남으로써 생기는 다양한 심리적 경향으로 정의하였다(Raulin and Brenner, 1993: 201). 개인의 성격과 내적 경험을 중시하는 심리학적 접근의 양가성과는 다르게, 사회학적 접근의 양가성은 모순적 구조로부터 파생된 모순적 관계에 관심을 갖는다. 사회학적 양가성(sociological ambivalence)은 머튼(R. Merton)과 스멜서(N. Smelser)에 의해 주장되었지만(Merton, 1976; Smelser, 1998), 이것을 이론적으로 구체화시킨 사회학자는 바우만(Z. Bauman)이었다. 그는 『근대성과 양가성(Modernity and Ambivalence)』(1991)에서 한편으로 근대성을 비판하는 개념으로, 다른 한편으로는 사회질서를 구성하는 핵심 개념으로 양가성을 광범위하게 사용하였다(Ritzer, 2005: 37). 바우만은 양가성을 긴장관계에 있거나 적대적인 반대에 존재하는 개념으로 보지 않고, 사회질서를 구성하는 하나의 과정에서 나타나는 두 가지 측면의 인식, 지식, 행동 및 경험으로 규정한다(Junge, 2008: 43).

확실성, 완결성, 이분법적 사고 등과 같은 근대적 사유체계를 비판하면서 등장하는 양가성 개념은 다원주의와 모순적 상태가 가득한 근대적 관광 현상을 이해하는 데 적용되고 있다. 왕(N. Wang)에 따르면 관광은 기본적으로 양가적인 속성을 갖는다고 주장한다. 그는 오늘날 근대성은 비합리적인 요구와 욕망을 나타내는 에로스적 근대성(Eros modernity)으로부터 이성과 합리성에 기반을 둔 로고스적 근대성(Logos modernity)을 제도적으로 분리하는 과정으로 본다(Wang, 2000: 39). 관광도 이러한 경향을 잘 반영한다. 근대성이 갖는 구조적 양가성의 측면에서 보면, 관광의 발달은 "생활수준의 향상, 자유시간과 소득의 증가"와 같은 근대성이 가져온 풍요로움 때문에 가능했고, 다른 한편으로 "소외, 따뜻한 가정의 부재, 스트레스, 단조로움, 도시 환경의 악화"와 같은 근대성의 부정적인 측면에 의해 촉진되었다(Wang, 2000: 15). 관광은 집과 일상의 책임 등을 포함하는 모든 것으로부터 벗어나고자 하는 욕구이자 탈출로, 근대성이 갖고 있는 문제들에 대한 반응인 것이다(Wang, 2000: 15). 다시 말해 근대성의 실존적 조건에 대한 애증의 다른 표현이다(Wang, 2000: 15). 관광은 이성의 세계에서 감정의 세계로의 이동을 가능하게 하고 로고스적 근대성으로부터 억눌렸던 욕구와 욕망을 만족시킨다. 또한 관광객들은 여행의 진정성을 추구하지만 상업화된 관광산업은 이득 추구를 위해 관광객의 진정성에는 관심이 없다. 그리하여 관광은 관광객이 지향하는 목적과 관광산업이 제공하는 생산물과 지속적인 갈등관계를 유지할 수밖에 없다.

3. 『아포일기』와 권순덕

『아포일기』는 경상북도 김천시 아포읍 대신리에 살고 있는 농민 권순덕이 직접 손으로 쓴 약 70여 권의 원고를 엮어 낸 것으로, 1969년부터 2000년까지 약 31년 동안의 세월이 녹아 있는 일상생활의 이야기이다. 권순덕은 1944년 3월 20일에 태어났으며, 권영조의 1녀 5남 중 셋째로,

위로 누나와 형이 한 명씩 있고 아래로는 남동생이 셋이다. 그는 초등학교 교육만을 마쳤으며, 1972년 스물아홉의 나이에 25세의 소농 가정 출신의 이윤심과 중매결혼을 하여 슬하에 3남매(1남 2녀)를 두어 핵가족을 형성한다. 권순덕은 600평 정도의 소유지와 소규모 소작지를 경작하는 영세농으로 시작하여 벼, 보리, 밀, 축산, 과수 등의 생산을 통한 농업수입, 고속도로 및 건설 현장의 농업 외 노동 수입, 그리고 국수, 자전거점 등의 겸업 수입을 통해 부농으로 계층 상승한다. 그는 농업의 급속한 자본주의화 과정에서 나타나는 농업의 위기, 농민층의 하강분해와 몰락을 근검절약의 생활, 새로운 기술의 적극적 수용과 이용, 착취수준의 가족노동 의존, 개인적 근대성(individual modernity)의 개발 등을 통해 극복하였다.

권순덕은 군대를 다녀 온 후인 25세 때부터 일기쓰기를 시작하여 지금까지 습관적으로 쓰고 있는 일기작가라 할 수 있다. 『아포일기』는 권순덕에게 크게 네 가지 기능이 있다. 첫째, 일기는 성공을 이루는 도구이자 성공을 위한 결심의 공간이었다. 권순덕이 일기를 쓴 첫 날 "사람이란 조금한 일이라도 취미을 부쳐서 하여야만 성공할 수 있따고 생각함"(1969. 1. 1.)이라고 적고 있으며, 셋째 날에는 "전 세계의 갑부의 유세을 더려보면 30세 미만에 기반을 잡아서 사라간다는데 나는 35세에는 기반을 잡으리라고 결심"(1969. 1. 3.)한다. 가난한 가정에서 자란 20대의 권순덕은 경제적 성공에 대한 강한 열망을 갖고 있었으며 일기를 통해서 성공에 필요한 하루하루의 성과를 점검하고 향상시켜 삶의 목적을 달성하고자 하였다. 둘째, 자신의 삶을 반성하고 성찰하는 것이다. 그는 한 신문사와의 인터뷰에서 일기를 쓰게 된 동기에 대해, "세상이 모두 잠든 시각에 홀로 앉아 하루를 되돌아보면 누구에 대한 원망보다는 자신에 대한 반성과 다른 이에 대한 감사함만 남게 된다"(『경북일보』, 2013/06/20)고 말하고 있다. 셋째, 권순덕에게 일기는 자아형성과 크게 관련이 있다. 권순덕은 일기에서 농사일, 날씨, 선거, 정치적 견해, 애·경사, 돈 거래, 노름, 가족사 등과 같은 일상생활을 구체적으로 적고 있다. 하지만 그가 삶을 어떻게 살았는지에 대한 문제를 넘어서서 일기를 통해서 그의 삶을 재해석·재구성하면서, "인간은 심중하게[신중하게] 생각을 해서 말을 해야 한다고 절시리 너켜다"(1986. 1. 16.)와 같이 그가 누구인가를 알아가는 과정이었다. 이야기 정체성(narrative identity)이란 개인에게 내재화되고 서서히 전개되는 인생이야기를 통해 과거를 재구성하고 미래를 상상함으로써 삶에 어느 정도의 통일성과 목적을 부여함으로써 자신만의 자아를 형성하는 것이다(MaAdams and McLean, 2013). 권순덕은 일기를 통해서 개별적인 사건에만 치중하지 않고 그의 삶에서 영향을 미치는 가족, 친척, 마을 공동체, 국가라는 맥락에서 자신을 이해하고 있다. 그는 그의 과거, 미래 등을 이야기할 때 현재와 관련하여 재구성하고, 이러한 과정을 통해서 자신만의 정체성을 형성해 간다. 넷째, 권순덕의 기억을 돕고 자신의 행동을 정리할 수 있는 메모의 기능이 있다. 그는 일기 본문과 구분하여 일기 말미에 자신의 결심, 각오, 계획, 수입과 지출 내역 등을 간단하게 정리를 하곤 한다. 특히 월말에는 그 달의 수입과 지출의 결과를 한 눈에 볼 수 있도록 적어 놓는다. 권순덕의 기억에는 한계가 있으므로 일기는 그의 기억의 한계를 보완해준다. 또한 일종의 가계부 역할을 하여 권순덕이 채무관계 및 소득과 지출에 관한 금융거래 상황을 종합적으로 알려 준다. 이러한 예는 1969년 5월 31일 일기에 잘 드러나 있다:

月末 메모

"표준말 사용"
나에 성격을 계성[개선]하고
표준말을 이용하며
무선 말을 해도 침착 이깨
말을 하며 남에깨 축잡피지[책잡히지]
안깨 노력하며 6月 말까지는
나에 성격을 180도로 병경을
할 개핵을 새우고 있씀.

5月에 총지출   1,145원
(병아리 예방약에) (수입금) 70원(1969. 5. 31.)

일기는 한 사람의 과거사와 그 개인이 살았던 시대를 알게 해 주는 중
요한 자료 중의 하나이다. 일기를 통해서 현재와 완전히 다른 새로운 과
거의 현실을 느낄 수 있다. 일기는 성격, 사고방식, 그리고 어떻게 개인
이 살아왔는지를 이해할 수 있는 개인에 대한 이야기이다. 일기는 독자
와 같은 제3자를 고려할 필요가 없이 붓 가는 데로 쓰는 것으로 하루를
성찰하는 자신과의 자유로운 사적인 대화이다. 서론, 본론과 같은 틀이
없이 자유로운 형태가 권순덕의 일기에서도 잘 드러내고 있다:

보리밭에 인분 줌. 향군교육에 정훈교육 바덤.
교관, 아포지서 주임.
향군 보초 서는 방에 시새한 것이 억망이라서 나와 친구 일명이 솔선수
범하여서 보초병들이 잘 잘 수 있게 만들려 노와다.
※ 눈님 병한 문안 같는대 나의 생각보다 몸이 조금 나원 편이라서 기분
좋게 집으로 왔다(1969. 1. 8.).

권순덕의 일기는 전반적으로 이야기 서술의 전형성을 전혀 고려하고 있지 않다. 또한 일기에 표현되는 문체는 꾸밈이 없고 단조롭다. 그의 일기는 완전한 문법적 구성을 가진 서술형 문장을 사용하지 않고, 서술 내용은 요점과 중심어 위주의 개조식 문장을 취하고 있다. 이러한 것은 일기란 제3자를 전혀 고려하지 않고, 독자를 생각하지 않는 사적인 글쓰기 양식이라는 권순덕의 인식을 반영한다. 그러나 사적인 사유공간으로서의 일기는 80년대 중반부터 조금씩 변화를 보여준다. 일기의 내용에 인물, 배경, 사건들이 구체화되고 권순덕의 내적인 감정변화, 고민, 정치적 사고, 사회적인 관습과 가치, 상징적이고 감성적인 다양한 이야기 등이 등장한다. 일기의 표현도 개조식 문장 중심에서 서술식 문장이 많이 나타난다. 문장은 만연체가 됨으로써 다양한 비유가 가능해지고 권순덕의 세상에 대한 이해와 사고의 폭이 확장됨을 알 수 있다.

이 세돼가 어떠게 도라갈련지는 몰라도 농민들 살 길이 제일 막막하다고 생각을 한다. 왜냐 수입은 제일 적은 사람들인돼 저녁으로 서넛만 돼어도 화도만 하며 오륙 천은 우섭게 알고 낭비만 하고 있쓰니 이것이 봄이 와야 업쓰절 판이니 이 낭비을 기제을 해본다면 서로가 낭비을 만이 했따고 후예도 할 사람이 더로 있따고 보는돼 대다수가 벌로 살라간다고 생각을 하며 나중에 돈이 궁할 끄시며 자신들이 낭비을 만이 해서 돈이 기한 줄 모러고 과용에 지출이 만아서 그른 줄 아는 사람도 만을 껏으로 자신은 생각을 하며 낭비을 하고 있는 사람들이 돈이 만원 사람보다 업는 사람들이 오락을 절기서 낭비을 만이 하고 있다(1986. 1. 17.).

4. 근대적 관광 경험에 대한 분석

1) 노동에 대한 인식과 관광 개념

한국에서 근대적 형태의 관광은 시대와 개인의 요구, 그리고 다양한 여행 관련 산업과 제도 등의 발전과 더불어 변해왔듯이, 권순덕에게도 개인 생애사의 발달과정과 근대화 과정 속에서 관광이 하나의 문화로 정착되었고, 다양한 형태의 근대적 관광을 경험함으로써 일상의 영역에서 관광의 의미를 재해석하였다. 권순덕은 기본적으로 노동과 여가를 이분법적으로 생각하고 노동의 가치를 신성시하는 노동중심의 가치관을 갖고 있다. 노동과 여가를 동전의 양면으로 여기지 않고, 노동은 유용하고 경제적인 반면에 여가는 비경제적이며 노동과 대립적 관계에 있는 것으로 간주한다. 권순덕은 노동은 긍정적이지만 여가는 부정적인 것으로 생각하여, "친구들가 바둑으로 시간을 보내고 있쓰니 자신이 생각을 했도 너무 실속 업는 일과을 보내고 있따고 생각을"(1980. 1. 10.)하고 있으며, "농촌사람들은 구슬 같은 탐방울을 흘리면서 일을 하고 있는데 고속도로 뻐스들은 여행객을 실어서 줄비하게 있쓰니 어뒤 일 할 마음"(1971. 4. 22.)이 없다고 푸념을 한다. 또한 그는 "농부들이 제일 기분이 상쾌할 때는 일을 고대개 하고 집에 들어와서 온수로 새멘을 하고 땀방울을 안전희 재그하고 저녁식사 전의 그 기쁜으로 산다고"(1971. 10. 23.) 말을 함으로써 인간의 본질은 놀이에 있다는 호모 루덴스(homo ludens)적 관점보다는 인간 존재는 생존과 사회적 생산을 위해 땀을 흘릴 때 진정한 가치가 있다는 호모 파베르(homo faber)적 관점에 서 있다. 그리하여 권순덕은 관광을 통해서 심신의 피로를 회복하고, 기분전환을 통해 재생산의 의욕을 증진시키겠다는 생각보다는 현재 살아가고 있는 장소가 진정한 공간이라고 여긴다. 그는 나이가 들면서 여가에 대한 관심이 많아지지만 여전히 여가란 남는 시간에 하는 활동이라는 태도를 견지하고 있어서 "우리가 힘이 들드래도 아들딸 다 출가 식키고 우리 부부 손을 꼭 잡고 관광유람을 하면서 남은 여생을 지낼라고 작정을"(1996. 9. 1.) 할 정도로 근면한 노동을 생활습성으로 지속시키고 있다. 그는 자기 행복감이나 자아발전의 수단으로서의 여가라는 폭넓은 생각을 하지 못하고 있다. 그리하여 권순덕은 적극적으로 여가활동에 참여하지 못하고, 심지어 관광을 휴식의 일환으로 간주하지 않고 향락적이고 낭비적인 일이라고 생각한다.

> 우리 마을 사람들의 나들이을 생각을 할 때에 중년 여자들은 1년에 평균 3회 이상 하고 (사십대) (70대) 이른 사람들도 3회 이상 관광을 절기며 그 나머지 우리 또래는 1년에 한 번 정도 하는 편이 됀다고 본다. 이것을 볼 때에 우리 국민은 흥청거리는 것을 좋아하는 것은 사실이다. 우리나라가 부강을 할려면 절면 사람이 건전해야 부강을 바라는데 절면 사람들이 건전하지 못하고 흥청거리는 것을 좋아하니 부강을 바랄 수가 업따고 보니 가슴 아푼 일들이다(1991. 8. 18.).

비록 권순덕은 여가생활에 부정적인 인식과 태도를 보이고 있지만 힘든 농업노동의 스트레스를 해소하고 권태로운 일상생활을 탈피하기 위하여 여가활동을 하곤 한다. 예를 들면 춤연습, 영화관람, 바둑, 화투, 동전치기, TV 시청, 윷놀이, 낚시 등이 있다. 춤과 영화는 권순덕이 20대 후반인 1970년대 초까지 관심을 가졌고, 바둑은 20대 후반부터 30대 중반까지 주로 1970년에 친구들과 두었고, 낚시는 가끔씩 하는 여가였다. 권순덕은 TV시청, 화투, 윷놀이를 제외하고 별다른 여가활동의 모

습을 드러내지 않고 있다. 권순덕의 제한된 여가활동은 자본주의적 생산
관계로 급속히 변하는 농촌사회에서 능동적으로 대처하기 위한 전략이
다. 그는 전통적인 농촌의 노동방식을 버리고 자본주의적 농업경영을 추
구하기 위하여 기술을 습득하고 다양한 농업외 소득을 얻기 위한 과정에
서 전통적인 여가보다는 근대적인 기술습득과 교육이 더 중요하다고 생
각하게 된다. 또한 전통적인 삶의 방식은 구습이라고 생각하여 전통적인
여가활동을 멀리하게 된다. 그러나 권순덕이 화투 및 윷놀이 같은 도박
성 대중오락에 심취하는 것은 농한기인 겨울의 무료함을 달래고 판돈을
벌기 위한 것이다. 그는 도박의 문제점을 자주 지적하고 앞으로 도박을
하지 않겠다고 다짐하면서도 다시 도박을 한다. 이러한 딜레마는 옛날부
터 도박은 좋은 오락이 아니라는 전통적인 도덕윤리와 도박을 통한 개인
적 욕구 충족 사이의 갈등으로, 근본적으로 개인의 삶은 자율성과 능동
성에 기초하여 스스로 개척해야 된다는 근대적 의식의 부재에 기인한다
고 볼 수 있다.

변화된 노동방식과 생활양식 속에서 가장 대표적인 여가 중의 하나가
관광이다. 권순덕에게 관광의 의미는 많은 장소를 방문하는 장소의 이동
성에 있다. 장소방문 중심의 여행은 수박 겉핥기식 관광을 초래하고 여
유 있는 자연경관이나 문화유적을 감상하는데 많은 한계가 있음에도 불
구하고, 권순덕과 동네 주민들은 관광할 때 가능한 한 많은 관광지를 방
문하려고 한다. 예를 들면, 1985년 3월 21~22일 여행에서는 1박 2일
동안 7곳(여수 오동도→ 진도교→ 목포 유달산→ 금강댐→ 전주 동물공
원→ 김제 금산사→ 대전 유성온천)을 방문하다 보니 여행일정에 노예가
되어, "목포 유달산으로 가는돼 사람이 다들 지쳐서 구경에 헝미가 업는
것 같더라. 목포에 도착을 하니 오후 7시가 돼더라"(1983. 3. 21.)고 푸

념한다. 이처럼 권순덕의 관광은 다양한 자연경관과 문화에 대한 체험을 통해서 새로운 지식과 경험을 증가시켜 자아를 돌아보고 사고를 전환할 수 있는 여행의 본질에서 벗어나 외형적인 형식에 집착하는 경향이 있다. 그러다 보니 중요한 이벤트에 참석하거나, 의미 있는 사람을 만난다거나, 새로운 지식을 습득한하는 것에 대한 관심이 많지 않았다. 심지어 하루의 여행이 끝난 후인 저녁에 휴식보다는 술을 마시거나 노름하는 것이 전부일 때도 많다. 권순덕은 장소방문 중심의 관광에 대해 불만을 나타내면서도 패키지화되고 예정된 코스를 많이 방문함으로써 여행의 만족감을 느낀다.

2) 관광활동의 특징

오늘날 현대인들에게 관광은 필수적인 생활양식이 되었지만 권순덕에게 관광은 큰 관심사가 아니었고 꼭 필요한 문화생활의 일부는 더욱더 아니었다. 그는 바쁜 농촌생활에 적응하여 한 곳에 머무는 것에 만족해 하였고, 경제적·시간적으로 여행을 즐길 수 있는 여유는 없었다. 그럼에도 불구하고 권순덕에게 관광은 자녀들인 삼남매를 위한 선물이어서, "우리 현영이가 2박 삼일 여행을 아무 탈 업씨 돌라오니 반갑터라. 그리고 멀미도 하지 않코 구경도 잘 했다고 하니 자신이 구경을 갔다 온 기분 모양 좋더라"(1988. 4. 9.)고 마냥 즐거워한다. 권순덕은 생존과 저축을 위해 관광을 멀리함으로써 일중심의 생활을 하였지만, 경제적으로 안정되고, 삶에 여유가 있으며, 관광에 대한 인식이 바뀌면서 점차 관광에 관심을 갖게 되었다. 또한 그는 청년회, 부녀회, 노인회, 마을총회, 계모임 등을 통해 단체관광을 함으로써 마을의 연대를 증진시키기 위하여 농한기를 중심으로 주기적으로 관광을 하게 되었다.

〈표 1〉 권순덕 가족의 관광활동(1969~2000년)

1970년대 (총 2회) 당일관광: 2회	권순덕, 아내	아내 관광(1975.5.20), 보은 속리산, 대전 보은사 관광(1976.4.27).
1980년대 (총 13회) 당일관광: 7회	권순덕, 아내	아내 관광(1980.5.10), 남해대교(아내, 1982.3.20), 광주 무등산, 남원 광한루(1984.7.27), 여수 오동도, 진도교, 목포 유달산, 금강댐, 전주 동물공원, 김제 금산사, 대전 유성온천(1박 2일, 1985.3.21~22), 충무 한산도(아내, 1985.4.2), 천안 삼거리, 성불사, 독립기념관, 당진 삽교천(1987.8.15), 수안보 온천(1988.1.21), 남해군 남해대교, 여수 오동도, 순천 송광사, 김제 금산사, 유성 온천(1박 2일, 1989.3.6~7), 북한 남침용 땅굴(아내, 1박 2일, 1989.3.28~29), 포항제철(1989.12.18)
	자녀	현주 수학여행(1박 2일, 1987.6.20~22), 현영 수학여행(1박2일, 1988.4.7~9), 훈 수학여행(서울, 1988.11.1~?)
1990년대 (총 26회) 당일관광: 15회	권순덕, 아내	강원도 설악산(아내, 1990.4.4~7), 제주도(부부동반, 1990.9.12~14), 진해 벚꽃(아내, 1991.4.8), 강원도 일대(신광사 포함)(아내, 1992.4.15), 통일 전망대, 설악산, 울진 석류동굴, 포항, 경주(1992.10.6~8), 대전 엑스포(아내, 1993년 9월 16일~17), 대전 엑스포(1993.10.31), 울릉도(1994.8.27~29), 진안 마이산, 남원 지리산, 남원 민속촌(1994.9.11), 광주 비엔날레, 정읍 내장산(1995.10.11), 김천 직지사(1996.11.10), 지리산(아내, 1997.3.27), 삼척 환선동굴(1997.11.27), 경주여행(부부만의 처음 여행, 1998.4.2), 포항·경주(1998.4.13), 경주 문화엑스포(1998.9.17), 삼천포 유람여행(철도국 모집, 1999.3.22), 삼천포 여행(부녀회 주최, 아내, 1999.5.1), 동해바다 철도관광(무릉계곡과 추암 촛대바위, 1999.7.6), 부산 태종대와 용두산공원, 울산 자수정 동굴(1999.9.16), 제주도(두번째 제주도 여행, 1999.9.29~10.1)
	자녀	현주, 훈 수학여행(1990.5.7~8), 훈 수학여행(설악산, 1993.5.18~21), 현영 수학여행(제주도, 1993.10.19~21), 현주 대학교 수학여행(제주도, 1994.11.8~11), 훈 수학여행(제주도, 1995.11.6~9)
2000년 (총 7회) 당일관광: 6회	권순덕, 아내	설악산과 백담사(아내, 2000.4.3~4), 동해(세위돈?, 2000.4.18), 부산 청과, 부산 농협 공판장, 부산 항도청(조합 주선, 2000.7.20), 무차포 해수욕장, 무령사, 부여 낙화암(2000.9.1), 부산 청과, 경주 엑스포(2000.9.27), 대구 팔공산 갓바위(부부여행, 2000.11.5), 문경 석탄박물관, 수안보 온천(아포 농협, 2000.11.16)

일기에 나타난 권순덕과 그의 가족의 관광활동(〈표 1〉 참조)을 살펴보면 다음과 같은 특징이 있다. 첫째, 권순덕 가족의 관광활동은 여행의 성격이 패키지화된 단체관광에서 소집단화 된 관광, 개인단위 관광, 체험 중심의 관광으로 조금씩 변하기 시작하고 있다. 1970년대의 권순덕 가족은 여행지를 알 수 없는 아내의 관광을 포함하여 75년, 76년 단지 2번의 여행을 하였다. 이 시기의 여행은 전통사찰과 같은 문화유적지를 주로 방문하였고, 기분전환과 친목도모를 위한 사교활동의 성격이 강하였다. 1970년대는 권순덕이 결혼을 한 후의 가족 형성기로 소농으로 농사를 짓는 등의 경제적 어려움, 미래를 위해 소비를 줄이고 저축에 신경을 써야 하는 등의 경제적, 시간적 여유가 없었을 때이다. 이 당시 한국의 관광개발은 외국인 중심의 관광시대였고 '서울 구경'이라는 말이 있을 정도로 여행은 일반 대중들에게 흔한 일이 아니었다.

1980년대는 권순덕에게 자녀 양육기와 교육기 초반의 시기였다. 권순덕 가족은 학령기인 자녀들의 수학여행을 포함하여 총 14회의 관광을 하였고, 관광 횟수가 1970년대 비해 급격히 증가하였다. 관광횟수가 증가한 것은 권순덕 개인 소득의 증가와 대중교통의 발달로 관광의 수요가 늘었을 뿐만 아니라, 국가의 관광 전략이 "외래관광객 유치에서 국내관광 활성화로 전화되면서"(문화체육관광부, 2011: 11) 대중관광의 시대가 시작되어 관광에 대한 인식이 긍정적으로 전환되었기 때문이다. 이 시기 권순덕의 여행은 자연명승, 문화유적지, 휴양지, 땅굴(안보관광), 산업시찰 등으로 여행장소의 다양성을 보여 주고 있다. 수안보 및 유성 온천, 땅굴, 포항제철 등의 관광은 여행사의 기획상품으로 관광산업의 발달에 따른 주최여행의 특성이 나타나고 있다. 또한 여행의 목적도 기분전환 및 친목도모 외에 휴식 및 교육체험지향도 함께 추구되고 있다.

1990년대는 관광이 총 26회로 1980년대의 거의 두 배에 이른다. 권순덕에게 90년대는 자녀들이 고등학생·대학생인 자녀 교육기 및 독립기 시기였고, 그가 부농으로 성장하여 지역사회에서 일정한 영향력과 경제적 안정을 동시에 획득한 때였다. 국가적으로는 국내외 관광 수요의 증가와 더불어 관광산업이 부흥하여 관광을 국민의 기본권으로 인식하는 국민관광의 시대였다(정병웅, 2002: 138). 1990년대 권순덕 여행의 특징은 지금처럼 제주도여행이 쉽지 않았을 때임에도 불구하고 제주도를 2번이나 갔다 왔고, 자연명승 및 전시시설 중심으로 관광을 하였다. 특히 그는 대전 엑스포, 광주 비엔날레, 경주 문화엑스포 등과 같은 기술 및 문화자원과 연계된 지역축제에 참석을 하였다.

권순덕에게 2000년은 자녀들이 모두 독립하여 떠나버린 노후기로, 여행의 한 해라 칭하여도 무색하지 않을 만큼 1년 동안 총 7회의 여행을 하였다. 이 시기는 자연명승, 문화유적지, 휴양지, 박물관, 수산물 시장 및 농업 공판장 등을 여행하여 교육, 행락, 관람, 휴식 등 다양한 여행 목적을 추구하고 있다. 2000년은 관광의 세계화, 문화로서의 관광이 강조되면서 관광의 다양화와 개성관광이 중시되는 사회적 현상과 맞물려 권순덕의 관광의 성격도 조금씩 개인여행과 목적여행으로 변하기 시작한다.

일반적으로 한국에서 전통적인 대중관광이란 많은 사람들이 관광버스를 빌려서 표준화되고 패키지화된 형태로 여러 관광명소를 구경하는 것이다. 1990년대까지 권순덕의 여행도 전통적인 단체관광의 형태를 띠고 있고, 그가 방문한 여행지를 살펴보면, 자연명승 및 경관감상, 문화유적 및 사적지가 대부분이고, 그 외에 위락·휴양 관광, 전시시설 및 예술관람, 산업시설, 안보관광(땅굴 방문) 등이다. 1990년대 후반부터는 권순덕의 여행의 성격이 개별화, 다양화를 보여 주고 있다. 권순덕의 여행은 마을 주민들과 함께 하는 단체 관광이 대부분이었다. 하지만 1998년 처음으로 아내와 단 둘이 하는 부부여행을 가게 되어, "우리 부부는 둘리서 여행은 처음이라고 생각을 하며 오늘 관광은 부인과 단 둘리라서 그른지는 몰라도 절거운 여행이라고 생각을"(1998. 4. 2.) 하게 된다. 2000년 11월에는 두 번째로 부부만이 하는 대구 팔공산 갓바위 여행을 한다. 또한 2000년에 들어와 2번에 걸쳐 부산에 있는 농산물도매시장을 견학하는 교육관광을 하였다. 그리하여 관광의 의미가 다른 지역의 유형·무형의 자연 및 문화적 관광자원을 단순히 소비하는 욕구의 해소행위에서 관광자원의 참뜻을 경험하고 교육프로그램을 통해 새로운 지식과 만남을 충족시키는 방향으로 변해가고 있다. 전반적으로 권순덕의 관광은 단체관광에서 개인관광으로, 사교활동 목적에서 휴식, 교육, 관람 등 다양한 여행 목적을 추구하였고, 그리고 관광장소의 성격도 자연명승 및 문화유적지 중심에서 위락, 휴양, 산업시설, 전시시설 등으로 변하였다. 그리하여 그는 문화관광, 생태관광, 모험관광, 야생동물관광, 쇼핑관광, 업무관광 등과 같은 진정한 의미의 대안관광은 아니더라도 조금씩 자아를 성찰하고 문화를 체험하는 질적인 관광에 대한 관심이 증가하고 있다.

둘째, 권순덕의 관광은 가족여행 및 해외여행을 전혀 하지 않았고, 자기개발적·휴식적 활동이라기보다는 농촌 공동체나 특정 조직의 연대를 증진시키는 통합적 기능이 강하였다. 자녀들의 수학여행을 제외한 권순덕과 그의 아내의 여행 유형과 기능을 살펴보면 다음과 같다. 여행기간에 의한 분류를 보면, 75%가 당일 여행을, 25%가 숙박여행을 하여 숙박여행보다는 당일여행을 선호하였다. 당일 여행은 숙박여행보다 비용이 적게 들고 시간적으로 제약이 덜하기 때문에 농민인 권순덕은 장기 여행보다 단기 여행을 하였을 것이다. 권순덕이 행한 여행기간은 한국 국민의 그것과 큰 차이가 나지 않는다.

권순덕의 일기에서는 2번의 부부여행을 제외하고 가족 전체가 관광을 하는 가족여행에 대한 언급이 전혀 없다. 핵가족이 전형적인 가족유형으로 등장하면서 가족은 중심적인 여가집단이 되었고, 가족여가는 증가하는 경향을 보여 준다(황희정, 2008: 118). 한국 국민들의 전체 국내여행 중 가족 · 친지와 다녀오는 가족여행이 가장 큰 비중을 차지하는 데서 알 수 있듯이 가족여행은 가족관계를 향상하는데 중요한 역할을 한다(윤소영 · 윤지영, 2003; 한국관광공사, 2009: 6). 권순덕의 관광여행은 한국 국민의 일반적인 가족중심의 여행과는 다르게 마을 주민조직 중심의 단체여행을 주로 하였다. 그는 가족들과의 관광여행을 즐기는 것보다 동네 주민들과 함께 즐기는 것이 더 합리적이고 유익한 여가라고 생각하고 있기 때문이다. 권순덕은 그의 삶의 목표가 가족의 행복임에도 불구하고 가족과의 여행을 등한히 한 것은 대외활동에서 이웃 및 친구와의 관계가 가족보다 더 중요하고 가치 있는 일이라고 생각하기 때문이다. 또한 그는 유교 중심의 가부장적인 농촌사회에서 지나친 가족에 대한 관심은 남성의 체면과 체통을 지키기 어렵다고 생각한다.

권순덕 관광여행의 또 다른 특이점은 그가 국내관광만 했지 해외관광은 전혀 하지 않았다는 것이다. 한국은 1986년 아시아게임, 1988년 올림픽 개최, 1989년 해외여행 전면 자유화 조치, 세계화의 물결 등으로 해외여행이 국내여행 못지않은 여가문화로 정착하게 되었다(이무용, 2008: 495). 1990년 해외여행자수는 1990년에 약 121만 명, 2000년에는 약 550만 명으로 인구대비 각각 3.6%, 11.7%를 차지하였다(정병웅, 2002: 145). 1990년대 이후로, 한국 국민들은 해외여행을 할 수 있는 다양한 기회가 주어졌다고 볼 수 있다. 그럼에도 불구하고 권순덕이 해외여행에 관심이 없었던 것은 1년 내내 농사를 지어야 하는 농촌의 특성, 초등학교 교육수준에 근거한 외국문물에 대한 두려움, 경제적 부의 축적이 가장 중요한 사회적 가치, 외국 여행은 낭비라는 의식 등과 같은 이유 때문이다.

　권순덕에게 여행은 자연경관이나 유명한 장소를 구경하는 것으로 일상적 공간에서 벗어나 새로운 공간을 소비하는 공간의 거리 두기에 있다. 이와 더불어 정기적으로 같은 공간을 방문하는 것은 여행의 낭만성, 감성적 측면보다는 여행을 통해 마을공동체의 결속을 다지는 주기적인 행사로 마을의 강한 연대성을 만들기 위한 기능적 측면이 강하다. 관광의 동기는 한두 가지 사실로 규정할 수 없지만 대부분의 관광이 마을 자치조직에 의해 주도된다는 점에서도 관광이 마을의 화합과 통합을 위해 중요한 역할을 했음을 알 수 있다.

> 오늘은 우리 마을에 절면 노소 업시 40명이 무창표와 무령사, 부여 낙화암, 관광을 잘 같다왔다. 그리고 절면 사람들은 잘들 놀드라. 관광도 마을 단체 가는 것도 동네 하합도 돼고 유대을 할 수 잇는 기해라고 생각을 이른 여행은 동네 단합을 위해서는 상당이 도음이 대리라고 생각을 한다. 우리 부부는 이번관광을 잘 같다 왔따고 생각을 한다(2000. 9. 1.).

3) 양가성

　권순덕의 관광활동에서 볼 수 있는 가장 큰 양가성은 관광활동의 합리화와 객관화된 성적 욕망의 상호모순적인 공존이다. 권순덕의 관광활동은 계몽주의의 영향을 받아 합리성에 의해 여행계획을 세우고 계획된 여행일정과 농한기라는 시간적 여유를 즐기는 등 이성에 근거한 체계적인 여가활동으로 자리 잡고 있어서 즉흥적이거나 관광지에 대한 정보 부재와 같은 비합리적인 측면이 최소화되는 과정이었다. 권순덕이 사는 공동체의 관광은 공식적 · 비공식적 마을 조직에 의해 주관되었다. 관광을 주도하는 마을 주민들이 교통편, 숙박시설, 기타 편의시설들의 이용에 대한 계획을 관광회사와 사전에 조율을 하게 되는데, 권순덕은 1994년 8월에 단체관광 흥정을 하면서, "오후는 구 동장과 둘리서 울릉도 예약을 하로 갈쓰며 예약을 하는돼 가격은 남추지 못하고 달라는 돈을 다 주고 좀 잘해달라고만 하고 마랐다"(1994. 8. 19.)며 관광회사와의 계약에 불만을 나타낸다. 관광을 위해 여행경비 지출, 여행 동안 먹을 술과 음식물 준비 등을 통해서 관광경험의 틀을 만들어 가는데 짜임새 없는 관광계획에 대해 짜증을 내기도 한다.

> 오후에는 내일 광주로 여행 간다고 돼지 잡는 일을 하여쓰며 오늘 돼지 102斤[근] 짜리을 잡아다. 여행 준비로 돼지 잡는 일은 좋찌만 확실한 구경 갈사람의 수을 모르고 잡는 것은 잘못이 아니냐 하는 생각도 든다. 이번 여행 준비도 동신회원에서 주최해서 가는데 명학성이 업고 두서업는 주최가 돼어따고 본다(1995. 10. 10.).

권순덕은 관광이 끝나면 항상 '속풀리' 혹은 '속푸리'(뒤풀이)를 하는데, 동네주민들과 점심이나 술을 하면서 여행경비를 결산하는 등의 여행 뒷마무리를 한다. 마을 주민들은 반복적인 여행계획, 예약, 준비과정, 뒤풀이 등을 통해서 관광을 위한 새로운 절차와 체계를 만들고 관광생활의 발전을 추구하게 된다. 관광생활의 합리화는 마을 수준을 넘어서서 권순덕 개인의 차원에서도 이루어져 개별적 근대적 주체성 형성과 같은 근대적 인간의 특성을 보여 준다. 권순덕은 오락 및 친목을 위한 농촌조직의 하나인 계('동신계')를 통해 자주 여행을 하게 된다. 그는 관광활동을 주도적으로 이끌고 적극적으로 참여하여 자신에 대한 잠재력, 자율성 및 효능감을 높일 수 있어서 수동적이기보다는 능동적인 삶의 양식을 추구하게 된다.

> 이번 구경을 하면서 자신의 실력을 과쉬했따고 생각을 하여본다. 남들이 너무나 조용한 사람이라고 생각을 한 사람이 많아 쓸끈데 이번 관광을 하면서 나의 잠재력을 발희 했따고 생각을 한다. 외냐 사회보고 노래까지 다들 잘한다면서 나의 목소리을 불버하는 사람이 잊쓰니 자신은 이번에 가쉬 했따고 생각을 한다(1992. 10. 8.).

권순덕의 관광 활동은 새로운 사상과 경험에 대한 개방적인 태도를 보여 주고 있다. 먼저 그는 기술적인 혁신과 삶의 진보에 대한 관심을 갖고 있다. 충청남도 홍성군에 있는 삽교천 방조제를 구경했을 때 그것의 규모와 실용성에 감명을 받아 "수문을 한 것을 보니 웅장하며 정말 물 심이 저려깨 샌가 하는 생각이 들며 먼저 와서는 그저 둘러본 정도여는돼 이번에는 수문을 상세하게 본 셈이며 이재는 관광을 가면 여사로 보고 오는돼 이재는 생각을 만이 하는 관광객이 돼어야 하겠다"(1987. 8. 15.)고 다짐한다. 권순덕이 기차를 이용해 포항제철 관람을 할 때, 일반열차로는 여행의 즐거움을 제대로 느낄 수 없자, "철도청에도 관광객을 유치할려며 별도로 관광차을 만들어서 시설만 잘한다면 이용하는 관광객을 유치할 수"(1989. 12. 18.) 있다고 생각하면서 관광전용열차의 필요성을 주장한다. 전통적인 농민들은 새로운 사상과 지식을 수용하고 배우는 것에 대해 주저하는 경향이 있는데 권순덕은 관광이 주는 다양한 문물과 기술의 경험을 적극적으로 수용하고 즐거운 마음으로 받아들인다.

이러한 권순덕의 개방성은 아내의 관광생활에 대한 태도에서도 드러난다. 그는 아내가 농촌의 어려운 상황에서도 관광을 할 수 있도록 자신감을 불어 주고, 경제적 · 심리적 지원을 하여 아내의 관광생활을 향상시킬 수 있도록 도와준다. 권순덕의 아내의 관광에 대한 적극적인 지원은 아내가 어려운 농촌생활에서 안정성을 갖고 더 열심히 농업활동, 가사노동, 육아노동 등을 할 수 있도록 도와준다. 아내 이윤심은 자녀양육(1976. 5. 1.), 여행비용(1980. 5. 10.), 차멀미 등과 같은 건강상의 사정(1980. 5. 10. ; 1982. 3. 20. ; 1985. 4. 2.), 기타(1989. 3. 28.) 등의 이유로 여행을 취소하거나 주저한다. 권순덕은 이처럼 여행을 망설이는 아내를 설득하여 관광을 할 수 있게 한다. 그리하여 아내 이윤심은 남해대교(1982. 3. 20.), 충무 한산도(1985. 4. 2.), 안보관광(땅굴 구경, 1989. 3. 20.), 설악산(1990. 4. 4), 진해 벚꽃 구경(1991. 4. 8.)등 다양한 관광을 할 수 있었다. 심지어 권순덕은 20,000원의 빚(1980. 5. 10.)을 내어서 아내가 여행을 할 수 있도록 하고 항상 여행하는 아내를 걱정하고 염려한다.

> 그리고 집사람이 설악산 2박 4일 동안 여행길에 갈쓰며 오늘따라 날씨가 추어서 여행에 불편하지나 안는가 염려가 돼며 항상 멀미을 하여서 관광을 가도 마음이 노이지 않으며 시달림을 받는 생각을 하며 내 고통이 심하며 이것을 생각을 하지 않코 여사로 생각을 할려고 해도 그것이 돼지 않으며 마음이 쓰이는 것이 부부의 정인가바(1990. 4. 4.).

권순덕이 관광을 통해서 표출하는 다른 면은 성적 욕망의 발산을 통한 새로운 경험이다. 관광은 의도를 했던 하지 않았던지 간에 일상생활에서 벗어나 즐거움, 놀이, 쾌락과 같은 새로운 욕구에 대한 만족이 기대된다. 근대적 인간 이미지를 상징하는 주제인 낭만적 사랑과 연애는 육체적 정욕이라는 새로운 애정의 형태를 동반하여 관습에서 벗어나 자율적 개인의 확립이라는 의미를 갖는다. 권순덕이 지향하는 성적 욕망과 행동에 대해 어떠한 가치관과 태도를 갖고 있었는지 명확하지는 않지만, 그는 엄격한 금욕주의적 세계관을 갖고 있지는 않았다. 그는 결혼하기 전에 동네에서 친구들과 춤 연습(1971. 3. 11.; 1971. 3. 12.)도 하고, 어떤 때는 동네 처녀들과 함께 춤을 추는(1971. 3. 15.) 등의 비교적 연애에 개방적이고 남녀의 연애나 성(性)에 관심이 있었다는 것을 알 수 있다. 그러나 권순덕의 일기에는 1980년대까지 성욕, 욕정, 음란, 외설 등의 성적인 욕구를 나타내는 단어가 전혀 등장하지 않는다. 성적 욕구의 대상을 상징하는 '술집 아가씨' 단어는 대중관광이 시작되는 1980년대 이전에 1회 등장한다. 권순덕은 예비군 훈련이 끝나고 친구들과 함께 아가씨 있는 술집에 가서 먹지도 못하는 술에 취하고 노래하며 술집 아가씨 옆에 죽치고 앉아 있으면서, "그 아가씨 남자 다류는 데 도 터따고 생각을 하며 그 지능적인 머리을 다른 데 쓴다며 사랑 바들 수 있따고 생각을 (하)며 아기작이한 말 남편에깨 한다면 복 바들 사람인데 그 추집한 술집에서 생활하는 것이 불상한 감이 들더라"(1979. 4. 18.)고 말한다. 일기는 권순덕이 여성을 성적 대상으로 보고 성적 접촉을 시도하거나 자신의 욕망을 채우기 위해 여성과 성적 관계를 가졌는지에 대해서 언급하지 않고 있다. 그러나 성에 대한 논의를 자제하고 금기시한다는 점과 근면과 검소한 생활을 강조하고 술과 도박 등을 낭비로 생각하고 죄악시 한다는 점에서 올바른 성규범을 주장하는 계몽주의적 금욕주의 입장에 있다 할 수 있겠다.

권순덕의 계몽주의적 금욕주의 세계관은 1980년대 관광의 횟수가 빈번해지면서 변하기 시작한다. 권순덕은 동네 청년들만 가는 1박 2일의 관광에 대해 "아이들마냥 바람난 처녀 모양 일들이 손예 잡피지 않는 상태"일 정도로 들떠 있었고, 여행 후에 김천시에서 밴드와 더불어 술판을 벌이고 신나게 여흥을 즐긴다(1989. 3. 5.). 권순덕이 언급한 '바람난 처녀'는 육체적 타락과 퇴폐적인 사람을 상징하는 것으로, 관광지는 육체적 쾌락과 성적 욕망이 충족될 수 있는 일탈의 공간이 될 수 있음을 암시하는 것이다. 또한 제주도 여행을 갔을 때, "저녁 식사을 하고 다들 잠자리에 들으가는데 여자들이 제주도 와서 잠 잘라고 여기 왔는가 하며 여자들이 노래을 부려면서 놀든가 디스크 홀에 가자고 아우성"이어서, 마을 주민들이 단체로 클럽에 가서 춤추고 "성행위 시범을 보이는 여자들"도 구경한다(1990. 9. 12.). 관광은 일상의 권태로움과 규칙적인 생활에서 벗어나 새로운 장소를 추구하는 것에서 쾌락과 개인적 욕망을 분출하고 해소하는 공간으로 변화된다. 권순덕은 일상생활 속에서 성 담론과 성적인 지향은 일탈적인 것으로 간주하지만 관광지에서의 성적인 담론과 관심은 용인되고 사회적 규범에서 벗어난 것으로 간주하지 않는 경향이 있다. 권순덕은 1992년 통일 전망대를 경유하는 설악산 관광을 동네주민 35명과 갔었을 때 밤에 몰래 동네 주민 6명과 속초에 있는 아가씨가 있는 술집에서 술을 먹고 거금 25만 원을 지출하게 된다.

술상을 바다서 술을 먹는데 아가씨 둘리가 술가 안주을 먹는데 매달을 불면 사람모양 부어라 마쉬라 하는데 엽패서 보기가 급이 날정도며 정말 잘먹는다 하는 생각밖에 업드라. 아가씨 딱 들어오더니 처음부터 내 부럽에 가대 안드니 가진 예교을 다부리고 잇쓰며 가진 외을 쓰고 잇쓰니 나 자신 돈 때문에 놀지 못하는 내가 마음이 부끌어저고 잇드라. 그러저 부라자만 두고 옻을 다 벗드라… 오늘 저녁도 역시 아가씨가 무렵에

안저서 별짓을 다하며 알몸에다 부라자만 딱 걸치고 잇쓰니 생각보다 숭
해보이며… 자신도 놀기는 좋아는 하고 잇찌만 오늘 같은 날은 과정 지
키고 잇는 과장으로 할 일이 안돼며 이것은 한쪽에서 멍들고 잇다고 바
야한다. 남자가 외이 여자 몸을 실어 할 사람은 아무도 업따고 바야하며
사람이란 예이을 가지고 살아가야 가정도 바로 돼고 삶매 생활 윤택하
여 저며 부부생활도 절거어 저며 서로가 소중이 일생일 살라가지 그리치
않으며 삶매 생활이 바로 될수가 업따고 본다. 내 알몸의 여자을 가지고
하로밤을 절급게 노라찌만 이것은 하로만 절급찌 그 이상은 절거운 일
못댄다고 본다. 내 자신 저녁에 생각을 하여찌만 과정의 한구석에 불씨
을 떠려뜨린것이나 다름이 업는 일이라서 아푸론 절때 이른 술집배는 가
지 않캐다(1992. 10. 7.).

권순덕은 속초의 아가씨 있는 술집을 통해서 쾌락과 성적 욕망을 충족
시키고 즐기면서도 관광객의 욕망과 쾌락으로 객관화시키는 이중적인
태도를 보인다. 그는 본인이 성적 욕망을 소비하는 주체임에도 불구하고
술집에서 일어나는 성적 행동과 성을 매개로 한 상호작용을 객관적 현상
으로 간주하여 술집 아가씨들의 성적 행위를 대상화하고 권순덕 본인의
욕망도 관광객의 욕망으로 타자화시킨다. 일상생활이라면 이러한 성적
욕망에 사로잡혀 있지 않았을 것이고 관광지였기에 가능한 사건으로 치
부한다. 그리하여 권순덕은 수동적인 성적 욕망의 행위를 보여 주고, 연
극이나 어떤 이벤트를 구경하는 관찰자처럼 술집 아가씨와 자신의 행동
을 묘사한다. 그는 성적 욕망과 실천이 자신의 정체성과 존재방식을 성
찰할 수 있는 성적 활동으로 생각하지 않고 도덕적인 구속을 받고 있어
서 적극적으로 자기의 욕망을 드러내지 못한다. 권순덕의 성에 대한 규
범 내지 의식은 관광지에 들어가는 순간 바뀌어 일상생활 속에서 가지고
있던 규범은 변형되어 일탈의 새로운 기회로 생각하여 저항하는 것이 없

이 단지 고민하고 염려하는 정도이다. 그는 항상 술자리가 끝나면 성적인 욕구를 위해 돈을 낭비하고 쾌락에 빠진 것에 후회하고 다시는 이런 행동을 하지 않겠다고 다짐한다. 이러한 일련의 과정은 여성은 남성의 욕망의 대상이고 부차적인 존재일 수밖에 없다는 남성 중심적 시각이 일탈과 새로움으로 상징되는 관광에 대한 동경과 이미지가 중층적으로 나타나기 때문이다. 또한 일상생활이라는 공적인 영역에서 엄격한 도덕적 기준 때문에 억압되었던 성적 욕망과 행동이 관광이라는 사적인 영역에서 자유롭게 성적인 담론을 말하고 성적인 욕망을 분출해도 된다는 개인의 내면화와 이것을 제도적으로 부추기는 상업화된 관광산업이 성적 욕망에 대한 왜곡된 의미를 창출하게 된다.

5. 맺음말

본 논문은 농민일기에서 나타난 관광의 근대적 경험의 특징을 살펴보았다. 구체적으로 권순덕이 인식하는 노동과 관광의 개념, 관광활동의 구체적인 내용, 그리고 관광활동에서 드러나는 양가성을 조사하였다. 권순덕은 노동중심의 가치관에 근거하여 노동과 여가를 이분법적으로 생각하고 여가는 낭비적인 일로 여겨 노동만이 삶의 진정한 가치를 가져다준다는 호모 파베르적 사고를 하고 있다. 권순덕에게 관광은 여러 곳의 장소를 방문하는 장소의 이동성이어서 자연경관과 문화유적지 중심의 관광을 하고, 관광지에서 맛볼 수 있는 다양한 문화적 체험과 지식에는 크게 관심을 갖지 않는다. 그럼에도 불구하고, 관광은 1970년대부터 1990년대까지 근대화의 과정에서 권순덕 문화생활의 일부가 되어간다.

권순덕 가족이 경험한 관광활동의 특징은 크게 두 가지가 있다 첫째, 패키지화된 단체관광에서 소집단 관광, 개인관광, 체험관광으로 변하고 있다. 둘째, 가족여행과 해외여행을 하지 않고, 농촌 공동체 연대를 목적으로 하는 통합적 기능을 중시하는 농촌주민들의 관광패턴을 보여 주고 있다. 또한 일상에서 벗어남으로써 정상적 공간에서 일정한 거리를 두기 위한 이성적 행위와 관광활동에서 욕망·욕구·감정이 지배하는 에로스적 행위가 상호작용하는 갈등적 관계를 나타낸다. 그리하여 권순덕에게 관광은 관광생활의 합리화와 객관화된 성적 욕망이 갈등하는 긍정적이고 부정적인 측면이 공존하는 양가성을 노출한다.

권순덕의 여행 전체를 살펴볼 때 여행과 관련된 자원도 풍성해지고, 여행횟수도 늘고 기간도 길어지고, 여행목적도 기분전환과 사교활동에서 휴식 및 교육체험을 중시하고, 여행장소도 참으로 다양해진다. 권순덕은 다양한 여행 경험을 통해 자아정체성을 회복하고 근대시민의 주체로서 주체의식을 높여왔다. 관광을 주도하는 과정에서 낭비적인 것을 줄이고 적절한 절차를 중시하여 합리성을 확대하고, 동네 주민들과 협력하고 본인이 적극적으로 관광활동에 참여하여 자신에 대한 자긍심과 효능감을 넓혔으며, 기술적인 혁신과 아내의 관광을 적극적으로 도와주어 삶의 진보와 여성의 새로운 문명에 대한 노출을 위한 새로운 사상과 흐름에 개방적인 태도를 보여 주었다. 이러한 권순덕의 태도는 근대화 과정에서 나타나는 근대적 인간이 갖는 특성의 일면을 드러낸다.[1] 다시 말해, 관광을 통해서 근대적 문화양식을 경험하게 되고 근대적 주체

---

1) 잉켈스(A. Inkeles)는 근대적 인간이 표출하는 태도, 가치, 행동방식의 특성으로 "새로운 경험에 대한 개방적인 태도, 부모의 권위로부터 독립, 그리고 공적인 일에 대한 적극적인 참여"를 들고 있다(Inkeles, 1969: 208).

로서 자리매김을 하여, 전통적 개인이 근대적 사회로 통합할 수 있는 계기이자 통로가 되었다. 하지만 권순덕은 근대적 관광을 통해서 관광의 진정한 의미를 찾기보다는 관광의 상품화에 의해 관광의 진정한 의미가 왜곡되는 경향을 드러낸다. 정해진 일정에 쫓기다 보니 짜인 시간에 여행이 진행되는 수동적 관광이 되고, 자유로움의 확대보다는 자유가 없는 여행이 되고, 생산적이기보다는 소비적이고 쾌락적이 되고 만다. 그리하여 관광지의 역사적 · 문화적 이해를 증진시키고 개인의 삶을 성찰할 수 있는 진정한 의미의 개인 여행이 부족하였고, 마을 공동체의 연대성을 증진하기 위한 목적에서 벗어난 사적인 영역의 형성과 발전이 부족할 수밖에 없었다.

참고문헌

김혜숙. 1991. "한국 관광정책에 관한 연구: 진행정책을 中心으로," 『정책과학연구』
　　3: 259-282.

박찬호. 2007. "관광산업 발전을 위한 정책 추진 방향: 관광자원 개발정책 중심으
　　로," 『한국관광정책』 30: 23-27.

손현주, 이태훈. 2015. "한국의 압축근대성 개념에 대한 비판적 검토." 2015년 국제
　　학술대회, 『동아시아 압축근대 비교연구: 개념, 사회변동』 발표집, 전북대학교
　　인문대학, 2015년 4월 14일, pp. 14-21.

안종윤 · 손대현 · 이연택 · 이충기. 1995. "한국관광산업의 경제적 파급효과 분석에
　　관한 연구: 산업연관모델을 중심으로," 『한국행정학보』 29(1): 123-142.

윤소영 · 윤지영. 2003. "가족여가의 활동유형 및 본질에 대한 연구," 『여가학연구』
　　1(2): 11-31.

이무용. 2008. "제7장 관광 및 여가활동," 『한국지리지 총론편』, 수원: 국토지리정보
　　원, pp.493-548.

이정덕 · 소순열 · 남춘호 · 문만용 · 안승택 · 송기동 · 진양명숙 · 이성호. 2014.
　　『아포일기: 농민 권순덕의 삶과 기록 1』, 전주: 전북대학교 출판문화원.

이정덕 · 소순열 · 남춘호 · 문만용 · 안승택 · 이성호 · 김민영. 2014. 『아포일기:
　　농민 권순덕의 삶과 기록 2』, 전주: 전북대학교 출판문화원.

이정덕 · 소순열 · 남춘호 · 임경택 · 문만용 · 안승택 · 이성호 · 손현주 · 진양명
　　숙 · 이태훈 · 김예찬 · 박성훈 · 김민영. 2015. 『아포일기: 농민 권순덕의 삶과
　　기록 3』, 전주: 전북대학교 출판문화원.

이정덕 · 소순열 · 남춘호 · 임경택 · 문만용 · 안승택 · 이성호 · 손현주 · 이태훈 ·
　　김예찬 · 박성훈 · 김민영. 2015a. 『농민 권순덕의 삶과 기록: 아포일기 4』, 전
　　주: 전북대학교 출판문화.

이정덕 · 소순열 · 남춘호 · 임경택 · 문만용 · 안승택 · 이성호 · 손현주 · 이태훈 ·

김예찬 · 박성훈 · 김민영. 2015b.『농민 권순덕의 삶과 기록: 아포일기 5』, 전주: 전북대학교 출판문화원.

인태정 · 양위주. 2006. "세계체계이론을 통한 한국 근대 국민관광의 형성과정에 관한 연구,"『관광레저연구』18(4): 173-189.

정병웅. 2002. "관광전성시대, 한국 국제관광의 위상과 역할: 현대 관광에 대한 역사 사회적 분석을 중심으로,"『사회연구』4: 127-152.

정수진. 2009. "관광과 기생: '전통예술'의 성립에 관한 일 고찰,"『민속학연구』25: 77-96.

정연국 · 박종호. 2002. "관광산업의 구조와 발전방향에 관한 이론연구,"『관광서비스연구』2(1): 207-224.

최석호. 2004. "Giddens의 근대성 이론으로 분석한 한국의 관광자원개발 과정: 근대관광의 세계화와 한국의 관광자원개발에 대한 논의,"『관광학연구』28(1): 125-143.

_____. 2006 "관광의 세계화: 유산관광개발 한 · 영 비교사례연구,"『관광학연구』30(3): 29-49.

황희정. 2008. "가족여가문화에 내재된 가족 담론의 위험성 고찰: 가족여가연구 분석을 중심으로,"『관광연구논총』20(2): 117-134.

Inglehart, Ronald et al. 2004. *Human Beliefs and Values: A Cross-cultural Sourcebook Based on the 1999-2002 Values Surveys*, Buenos Aires: Sieglo XXI Editores.

Inkeles, Alex. 1969. "Making Men Modern: On the Causes and Consequences of Indiidual Change in Six Developing Countries," *American Jouranl of Sociology* 75(2): 208 - 225.

Junge, Matthias. 2008. "Bauman on ambivalence: fully acknowledging the ambiguity of ambivalence," in Michael Hviid Jacobsen and Poul Poder, eds., *The Sociology of Zygmunt Bauman: Challenges and Critique*, London: Ashgate, pp. 41-56.

MaAdams, D. P. and Kate C. McLean. 2013. "Narrative Identity," *Current*

Directions in Psychological Science 22(3): 233 - 238.

Merton, R. K. 1976. *Sociological Ambivalence and Other Essays*, New York: Free.

Mirsepassi, Ali. 2000. *Intellectual Discourse and the Politics of Modernization: Negotiating Modernity in Iran*, Cambridge and New York: Cambridge University Press.

Raulin, Michael L. and Viktor Brenner. 1993. "Ambivalence," in Charles G. Costello, ed., *Symptoms of Schizophrenia*, New York: John Wiley, pp. 201–226.

Ritzer, George (ed.). 2005. *Encyclopedia of Social Theory*, Thousand Oaks, CA: Sage.

Smelser, Neil J. 1998. "The Rational and the Ambivalent in the Social Sciences." *American Sociological Review* 63: 1–16.

Wang, Ning. 2000. *Tourism and Modernity: A Sociological Analysis*, Oxford: Pergamon.

〈자료〉

『경북일보』, "시골농부가 기록한 농촌 근대사," 2013년 6월 20일자. http://www.kyongbuk.co.kr/?mod=news&act=articleView&idxno=624524&sc_code=1424856045&page=24&total=4192(2015년 12월 4일 접속).

문화체육관광부, 2011, 『제3차 관광개발기본계획(2012-2021)』, 서울: 문화체육관광부.

한국관광공사, 2009, 『가족여행실태조사 결과 보고서』, 서울: 한국관광공사.

이성호 · 안승택

1. 사채에서 공금융으로: '전통적인 것'에서 '근대적인 것'으로의 전환?

이 글은 개발독재 체제 아래 자본주의 시장경제가 급속도로 성장하던 1970~80년대 한국의 한 농촌에서 기록된 생활일기를 토대로, 촌락사회 그리고 지역사회의 수준에서 금전부채(money debt)가 하는 '사회적'인 일이 무엇이었는지 밝히는 것을 목적으로 한다. 무엇보다 이 글은 농촌 사회의 변화를 '전통적인 것'과 '근대적인 것', 그리고 '경제적인 것'과 '사회적인 것' 사이의 이분법적 대립관계를 중심으로 파악하는 것에 대한 문제 제기로 기획되었다.

따라서 이 글은 아래의 세 가지의 주제를 중심으로 농촌사회의 금전거래 관행의 변화와 그 의미를 분석하고자 한다. 첫째, 농민착취의 전형으로 비난받았지만 착취행위로서의 실체는 불분명했던 '전통적'인 농어촌

* 이 글은 『비교문화연구』 제22집 1호(2016)에 실린 "1970-80년대 농촌사회의 금전거래와 신용체계의 변화"를 이 책의 취지에 맞춰 편집 · 수정한 것이다.

고리채가 현대농촌사회에서도 지속되는 이유는 무엇인가. 둘째, 공금융 공급을 통해 이를 대체할 것으로 기대 또는 평가되었던 농협 중심 금융 체계의 '근대적'인 성격이 세부적으로 어떤 점에서 어떤 식으로 '전통적'인 거래와 차이를 보이고 있었는가. 그리고 셋째로 한국사회의 구체적인 역사적·문화적 맥락 위에서, 어떻게 이 과정 전체를 '사회에 묻힌 것으로서의 경제'라는 틀(폴라니, 2009[1944]) 안에서 이해하면서, 동시에 사회의 문화적·도덕적 토대에서 형성된 부채관계가 다시 그 토대를 바꿔가는 과정(백진영, 2014)으로 설명해낼 것인가.

해방 이후 농가부채, 특히 고리 사채는 농민의 생계를 위협할 뿐 아니라 국민경제를 위협하는 요소로 인식되고 있었다. 예를 들어 1950년대의 농촌 현실을 분석한 한 연구(주봉규, 1958: 72-77)는 당시 농촌 부채의 약 87%가 악성 고금리 사채로 이루어져 있고, 사채의 대부분이 소비에 충당되는 비생산적 부채라는 점을 농민 생활을 악화시키는 주요 요인으로 지적하고 있었다.[1] 이런 인식이 공식적·비공식적 언설 속에 주요 담론으로 존재했기에, 민심이 호응할 수 있는 지점에서 자신의 정당성을 주장해야 했던 군부 세력은 1961년 '농어촌 고리채정리사업'을 통해 전격적으로 농촌의 사채시장을 폐쇄한다는 결정을 내릴 수 있었다. 당시 군사정부는 "농어촌고리채의 제거 없이 농가경제의 향상을 기할 수 없"(한국은행, 1961: 14)다고 선언하고, 농민과 고금리 사채 간의 관계를 단절시키기 위한 조치를 급격히 단행했다. 이와 동시에 군사

---

1) "부채 없는 농가는 거의 없으며 부채의 성격도 소비부채가 압도적이고, 생산을 위한 부채 비중은 작다. 국가의 영농자금 지원은 미미하고, 이를 대신하는 것은 고리부채가 대부분이다. 절량농가는 농촌 일반에 파급되어 있다. 영세농의 절량은 물론이고, 중농에 있어서도 식량 사정은 결코 윤택하지 않다. 상환미와 토지수득세는 농민에게 식생활을 보장하지 않을 만큼 현실적으로 과중하다. 절량의 보충의 길은 초근목피와 부채의 길밖에 없다"(김준보, 1956; 허은, 2006: 12에서 재인용).

정부는 오랜 쟁점이었던 농업은행과 농업협동조합의 통합을 결정하고 1961년 8월 농협중앙회를 창립하였다. 군사정부의 농업은행과 농협의 통합·창립은 농어촌 고리채정리사업의 추진과 연계되어 있었다(전재호, 2010: 44).

그러나 농어촌 고리채정리사업은 결국 실패로 귀결되었다고 평가되고 있다.[2] 우선 정책적으로 애초에 선언되었던 과도한 목표가 바로 철회되었을 뿐만 아니라, 현실적으로도 1961년 겨울 이후 언제 그런 일이 있었냐는 듯 농촌의 사채시장이 복구되어 왕성한 활동을 재개했기 때문이다. 그 실패의 원인으로는 고리채정리를 위해 투입되어야 할 농업금융자금이 충분히 마련되어 있지 못했다는 농협 자금력 문제와 정책적 미비가 지적되기도 하고(농협중앙회조사부, 1965), 사채는 농촌사회의 전통적인 인간관계(이만갑, 1973: 305) 또는 전통적 신용체계를 기반으로 한 생계의 안전망(이명휘, 2010)이었다는 점을 제대로 이해하지 못했기 때문이라고 평가되기도 한다. 또 이런 농촌사회학적, 또는 정치경제학적 내지 제도경제학적 논의 외에 순수 경제학적 논의 안에서도, 농촌사회 내 사채의 순기능을 평가해야 한다는 지적도 있었다. 당시의 물가상승률과 위험률 등을 고려하면 약 40% 가량의 사채 이자는 농민들이 합리적으로 선택할 수 있는 수준이었다거나(곽병섭, 1981: 75), 공금융이 농업부문의 고정비용을 지원하고 단기 운영자금과 생계비는 사채가 담당하는 상호 보완적 관계가 존재했다는 지적(콜·박영철, 1984: 5장) 등이 그러한 예이다.

---

2) 한도현(1999: 119)은 '농어촌고리채정리'가 "미시적 측면에서 부정적 측면이 있다고는 해도 농촌금융의 개선이라는 거시적 측면에서는 성공적이었다"고 평가하고 있다. 그러나 농촌사회에서 저리의 공금융 융자가 사채를 실질적으로 대체할 수 있었던 것은 1980년대 이후이며, 이것과 고리채정리사업 사이의 인과관계를 그는 설명하지 않는다.

아쉽지만 그 세부적인 지점에 대한 평가는 이 글의 목적에서 벗어난다. 분명한 것은 1961년의 농어촌 고리채정리사업은 자신의 정치적 정당성을 주장해야 했던 군부 세력이, 자원의 한계와 인식의 오류에도 불구하고 1950년대의 사회적 조건을 배경으로 '근대화'의 명목 아래 급조한 정치적 결정이었다는 점이다. 그러나 이렇게 군부 세력의 정치적 아젠다로 제시된 농가부채에 대한 인식은 이후의 농업정책에서 거의 변하지 않았다. 현실에서 '농촌 고리채'가 잔존 · 지속되는 것에 대한 설명의 필요성을 무시한 채, 이러한 인식은 한국사회에서 농가부채의 문제를 이해하는 기본틀로 유지, 재생산되어 왔던 것이다.[3]

그러나 1961년의 농어촌 고리채정리사업과 1972년의 '8 · 3조치' 등 대대적인 국가의 사채 통제와 저리의 공금융 공급에도 불구하고, 적어도 1980년대 중반 이후까지 농촌의 사채 거래는 감소 추세를 보이면서도 지속되었다. 이는 무엇보다도 1970~80년대 저리의 공금융 공급이 농촌사회의 고질적인 고리 사채를 소멸시킬 수 있을 것이라는 정책적 기대를 거스르는 결과였다. 이에 대한 손쉬운 설명은 군부 세력이 농촌사회의 전통적인 공동체관계를 제대로 이해하지 못했고, 그에 따라 지나치게 관념적인 '근대화'의 목표를 설정한 결과 아무것도 이룰 수 없었으며,

---

3) 순수 경제학적 측면에서 보면, 농가부채는 농업경영을 위한 차입금과 농업생산물로부터 얻어지는 이윤의 격차에서 발생한다. 즉 차입금을 농업생산에 효율적으로 투자해서 적정 이윤을 얻고, 그것으로 차입 원금과 이자를 상환할 수 있다면, 농가부채 문제는 발생하지 않는다. 따라서 농가부채 문제는 부채의 이자가 (농업의 생산성보다) 너무 높거나, 농업부문에서 얻어지는 이윤이 (이자에 비해) 너무 낮은 데서 발생한다(박준서, 1976; 김영철, 1979; 최세균, 1990; 이건열, 1990; 유병서, 1998; 황홍도, 2002 등). 이 경우, 농가부채의 해결 방법은 공금융을 통해서 보다 낮은 이자율로 농업자금을 공급하거나, 재료, 원료, 기술, 도구 등을 낮은 가격으로 공급하여 농업 생산비를 (이자율 이하로) 낮추는 것이다. 이런 인식에 따르면, 농업생산자금은 농업의 저수익성, 생산의 장기성 등 때문에 낮은 이자율로 공급되어야 하는데, 일반자금은 고리이기 때문에 저리의 중장기 농업자금 공급을 통해 농업생산의 효율성을 높여야 했다(농업협동조합중앙회, 2011: 54~55). 소위 말하는 '농촌 고리채'에 대한 상투적인 비판은 이런 인식을 기반으로 한다고 할 수 있다.

이를 반영하여 이후 금융개혁 정책은 구래의 관행을 받아들이는 보다 온건한 방향을 취하게 되었다는 것이다(이명휘, 2010). 실제로 군사정부는 "반봉건적 전통에 사로잡혀 있는 농촌사회를 근대적 자각과 경제적 번영으로 이끌 동기를 마련"하고, "전통적인 비민주적, 주종적 인간관계를 불식"하기 위한 것이라고 고리채정리사업의 목적을 밝혔다(국가재건최고회의, 1962; 이명휘, 2010: 87에서 재인용). 이렇게 반봉건적, 전통적 인간관계와 근대적, 경제적 자각을 구분하는 이분법적 인식이 그동안 농촌사회의 금전거래를 바라보는 기본틀이었다.

그런데 이 글이 분석대상으로 삼는 1970~80년대 농촌사회의 실상을 들여다보면, 이 시기의 금전거래 양상이 군사정부가 개혁의 대상으로 삼았던 특징들을 고스란히 유지하고 있었음에도 불구하고, 이를 전통적 사회관계만으로 설명하기는 어렵다. 이는 '전통적인 것'과 '근대적인 것' 사이의 관계나 차이에 대한 이분법적 인식이 적용될 수 없음을 의미하는 것이다. 가령 '반봉건적 · 전통적 · 비민주적 · 주종적' 경제현상이라고 불리던 농촌의 고리대는 이미 자본주의적 시장체계에 흡수된 채 존재했고, 도시화와 광범한 이농현상으로 농촌사회에서 인구의 이동과 감소가 급격하게 이루어지던 시기에도 남아 있었다. '전통적' 금전거래라고 불리던 농촌사회의 사채거래는 일면적인 '공동체적 · 호혜적' 양상이 아니라 거래 당사자 간의 개인적 신용관계를 기초로 대단히 '타산적'이고 '개인적'인 지평 위에서 전개되고 있었던 셈이다.

이런 착오는 이른바 근대화론자들에게만 국한된 문제가 아니었다. 가령 그레이버(2011: 579)는 국가의 영향이 미치지 못하는 농촌 마을에서 신용은 명예와 평판의 문제라는 논의를 전개한다. 이에 따르면, 명예가 어느 정도 채무자가 자신의 신용을 평가하는 도덕적 기준이라면, 평판은 채권자 또는 잠재적 채권자가 타인의 신용을 평가하는 기준이다. 그리고 주민들 사이에 서로의 형편이 드러나 있는 상황에서 경제력은 신용 평가의 중요한 기준이 될 수 있었다. 이런 점에서 농촌사회에서의 주민 간 금전거래는 경제적 상환능력을 기반으로 한 신용체계에 의존한다는 것이 그의 논지이다. 그렇지만 이와 대비되어 시장은 "상호부조와 연대라는 역사 깊은 시스템이 깨지는 냉혹한 계산의 세계"(그레이버, 2011: 580)라고 파악되는 바, 이 역시 호혜적 · 공동체적 농촌경제와 타산적 · 개인적 시장경제라는 이분법적 인식에서 크게 벗어난 것이라고는 보기 어렵다.

이러한 과도한 이항대립적 구분에 대하여 한편으로 '전통적' 교환체계가 지니는 타산적 · 개인적 계기에 대해 인식할 필요와 함께, 다른 한편으로 '근대적' 교환체계가 지니는 호혜적 · 공동체적 계기에 주목할 것이 요구된다. 물론 공금융의 공급을 통해 농촌사회에 도입된 근대적 금융체계는 기존의 지역적 신용체계를 변화시키며, 이때의 '공동체적' 계기는 이전 시기의 그것과는 다른 양상과 효과를 보일 것이다. 가령 공금융의 공급이 확대되면서 농촌사회에서 사채거래가 줄어들었을 것이라는 점은 충분히 예측 가능한 일이다. 그러나 공금융의 공급 증가가 농촌사회에 '개인의 상환능력'에 기반을 두는 근대적 신용체계에 기초하여 이전과 질적으로 다른 돈거래 관행을 확립시켰는지에 대해서는 면밀한 검토가 필요하다. 뒤에서 차차 드러나겠지만, 근대적 신용이 개인의 상환능력을 공식적으로 증명하는 것을 의미한다면, 적어도 1970~80년대의 농업자금 공급이 근대적 신용체계에 바탕을 둔 것이라고는 말하기 어렵다. 오히려 농촌사회의 집단적, 공동체적 연대관계를 공적 신용체계의 형식 속으로 끌어들여, 부채에 대한 주민들의 집단적 부담을 강화시키기도 하였다. 따라서 이 과정의 논리와 양상의 특징, 그 의미와 효과에 대해 한국 사회와 문화의 전개라는 맥락에서 검토가 필요하게 된다.

이 글은 여기에서 출발하여, 사채의 고리를 끊으려는 정부의 강력한 정책적 통제에도 불구하고 고리의 사채거래가 농촌사회에서 지속된 이유가 어디에 있는지, 농협을 통해서 공급된 저리의 공금융이 농민들의 부채 부담을 줄여주지 못하고 오히려 농민들을 한계 상황으로 내몰게 된 것은 무엇 때문인지를 살펴볼 것이다. 이른바 농촌사회의 전통적 공동체성과 그 속에 내재되어 있을 것으로 기대하는 호혜적, 인격적 관계, 그리고 시장경제와 근대 금융의 확립의 조건이라고 간주되는 개인적, 비인격적 신용체계 사이의 구분이 생활세계에서 분명하게 드러나지 않았다. 시장 거래에서도 인간적, 호혜적 관계는 존재하고 또 필요하며, 반대로 농촌사회의 전통적 사회관계에서도 그 사회적, 문화적 조건 내에서 신용을 평가하고 이윤을 보장하는 장치는 존재하고 있었다. 자본주의 시장경제가 확대되면서도 재화와 서비스를 교환하는 사회적 관계 속에는 호혜적 관계가 내재되어 있으며, 따라서 시장 거래의 확대는 어느 정도의 호혜적 관계와 공존한다는 캐리어(Carrier, 1991: 132-133)의 지적은 농촌 사회에서의 돈거래 방식에서도 확인된다.

2. 창인리, 최내우 그리고 『창평일기』

이 글은 전라북도 임실군 신평면 창인리의 한 주민이 약 26년간 기록한 『창평일기』(1969-1994, 이하 『일기』)를 분석한 것이다. 『일기』의 저자인 최내우는 1923년 생으로, 만 46세이던 1969년부터 1994년 불의의 사고로 사망하기 전날까지 거의 하루도 빠짐없이 일기를 적었다.[4] 그동안 여러 일기를 검토하면서 갖게 된 인식은, 일기가 '개인의 사회적 관계'에 대한 '사실에 바탕을 둔 주관적' 기록이며, 물질적, 비물질적 거래를 기록한 일종의 장부의 성격을 지닌다는 점이다. 이런 '사회적 관계의 개인적 장부'로서 『일기』는 재물의 거래, 특히 부채관계와 관련하여 주고받는 상황과 내용을 세세하게 기록하고 있다. 이는 일기가 일상적인 경제활동에 대한 기록이기 때문이 아니라, 되돌려 받거나 갚아주어야 할 신세나 빚 즉 물질적, 감정적 거래를 잊지 않기 위하여 적어놓는 기록이기 때문이다.[5]

『일기』의 저자가 일생동안 거주했던 임실군 창인리는 임실읍과 약 6㎞ 그리고 전라북도의 중심도시인 전주와는 약 26㎞의 거리에 있는 마을이다. 이 일대는 진안고원의 남서방면 주변부 구릉지로, 산간을 돌면서 임실 읍내를 지나 흘러온 임실천이 마을 바로 앞에서 본류인 섬진강과 합류한다. 따라서 이 합류점을 중심으로 펼쳐진 천변 평탄지에는 논이 발달한 반면, 우기에는 하천범람과 교통두절을 겪는 일도 잦았다. 이로 인해 현재 4차선으로 확장된 마을 앞 국도를 통해 임실, 전주와 연결되기 전인 1970년대까지, 창인리는 마을 뒤쪽으로 나 있는 산길을 통해 임실 시장에 왕래해야 하는 상대적으로 고립된 마을이었다. 이 시절에는 마을에 들어오는 대중교통도 없었으므로, 전주에 가기 위해서는 3㎞이상 떨어진 임실역이나 관촌역까지 걸어 나와서 기차나 버스를 이용해야 했다.

---

4) 『일기』 및 저자에 대한 상세한 소개는 『창평일기1』(2012)를 참조할 것.
5) 금전거래 내역만을 기록하였다거나 모든 금전거래의 내역을 적은 것이 아니라는 점에서 '일기'는 거래장부와는 다르다. 저자 일가의 금전거래 내역 중 『일기』에 기록된 것은 저자 개인의 일상 속에서 비교적 의미 있는 사회적 관계 및 경제생활의 영역에 속하는 것일 가능성이 높다.

창인리는 임실향약을 기초하고 현감 조진석에게 그 실시를 건의했던 인물인 만류당(萬流堂) 이득환(李得奐)이 병자호란 후 전주에서 제자들을 이끌고 와 처음 정착한 곳이라고 전한다.[6] 그러나 만류당은 곧 이웃한 대리로 강학의 터전을 옮겼고, 창인리는 전형적인 각성바지 마을로 남은 가운데, 대리에서도 유력성씨인 삭녕 최씨가 이 마을에서도 지배적인 영향력을 행사해왔다.[7]

창인리는 크게 창평(昌平/倉坪, 챙평), 청운동(靑云洞, 처마니), 필동(筆洞, 붓골) 등 세 마을로 다시 나뉜다. 2010년 4월 마을회관에서 만난 80대 후반 여성 주민들은 예전에 사람이 많이 살 때 창평에는 육십여 호가, 청운동에는 여남은 집이, 필동에는 서너 집이 살았다고 했다. 청운동과 필동은 군부대 부지에 포함되어 방문 당시 이미 마을 자체가 사라진 상태였고, 창평에는 55호 가량이 거주하고 있었다. 도시이동으로 인한 급격한 인구감소 양상은 '원래 백여 가구에 달했던 마을이 1970년대 들어 90여 가구로 줄어들었고, 이중 30여 가구가 이미 마을을 떠났거나 떠날 예정'(1988. 2. 7. 이하 숫자는 『일기』의 날짜임)이라고 적은 『일기』기록을 통해서도 확인된다.[8] 위 80대 후반 여성주민들의 증언은 1970년대 본격적인 인구이동이 시작되기 직전의 상황에 대한 설명일 것이다.

『일기』의 기록자인 최내우는 어려운 가정환경, 특히 후처소생이라는 집안의 차별 속에 편모슬하에서 혹독한 가난을 겪으며 자란 일을 되새기며, 자신의 대에 마을과 지역사회의 유력자로 성장한 입지전적 인물이

---

6) 이 내력은 '신평면 대리 문하생 일동' 명의로 세워진 〈만류선생이공득환지묘〉 비석에 기록되어 있다. 전라금석문연구회(2007: 20).

7) 주민들은 "많이 살지는 않아도, 옛날에는 본토쟁이가 최씨들이야"라면서도 "여긴 민촌, 민촌, 고런 민촌이 없었어요"라고 마을의 상황을 설명하였다.

8) 그리고 저자는 이듬해의 『일기』(1989. 6. 25.)에 마을 주민 중 40여 가구가 서울에 거주한다는 사실을 확인했다고 적었다.

다. 1949년부터 17년간 이장(초임당시는 구장)을 지냈으며, 격심한 좌우대립과 빨치산 활동의 현장이던 창인리 그리고 신평면에서 우파를 대변하는 인물로서 성공적으로 마을을 지켜냈고, 이는 그의 정치적 성공과 위세로 이어졌다.[9] 또 1946년 처가의 도움으로 방앗간을 운영하게 되면서 남다른 근면함과 적극성을 바탕으로 경제적으로도 어느 정도 성공을 거둘 수 있었다. 이런 정치적 · 경제적 지위로 인해 그는 이 글에서 다루는 1970~80년대 내내 마을과 면을 대표하는 각종의 공식 · 비공식 직책을 맡아 사회적 활동을 벌이고 있었다. 즉 그는 정치 · 경제 · 사회 모든 면에서 창인리라는 공간과 외부공간을 연결하는 핵심고리와 같은 위치 ─물론 경쟁자들이 있었고, 그들에게 열위에 놓이는 일 역시 많았으나─ 를 점하고 있었다고 할 수 있다. 그의 이러한 위치로 인해『일기』는 창인리라는 마을 내의 경제적 거래, 그리고 이것이 국가기구 및 자본주의 시장경제와 맞물리는 방식을 검토하려는 이 글의 기획에 부합하는 자료가 될 수 있다고 판단되었다.

이 글에서는 저자가『일기』를 쓰기 시작한 1969년부터 1985년까지의『일기』원문에 나타난 금전거래 관련 내용을 분석하였다. 1985년은 저자의 나이가 만 62세가 되는 때로, 이때 이미 저자는 농사일과 정미소 일의 대부분을 자녀에게 물려주고 있었다. 그리고 이 시기를 전후로 농협 융자나 농업후계자 및 정책자금 지원 등이 자녀의 명의로 이루어지고 있어서,『일기』에 기록되는 저자 자신의 금전 거래 내용은 그 횟수나 유형에 있어서 현저하게 빈약해진다.[10] 여기에서 분석하고자 하는 부채

---

9) 이에 관해서는 이성호(2013) 참조.
10) 1980년대 중반 경부터 그의 활동은 자녀가 농어민후계자로 지정될 수 있도록 관계자를 만나 청탁하거나 농협 융자를 위해서 보증인을 구하는 등 자신의 사회적 인맥을 통해 자녀의 뒤를 봐주는 일이 중심이 된다.

는 현금 및 현물채무, 그리고 외상거래 등으로 이루어진다. 『일기』에서 돈거래와 관련된 내용에는 부채 이외에도 소득, 저축, 각종 회비 및 곗 돈 납부, 상품 구매 등이 포함되어 있지만, 여기에서는 부채 및 그 상환 과 관련된 내용들만을 분석 대상으로 삼아 농촌사회의 채무관계를 농촌 주민들의 생활세계 속에서 접근하고자 하였다. 『일기』를 통한 미시적 분 석이 농촌 부채에 접근하는 거시경제학적 방법으로 포착할 수 없는 농 촌사회의 돈거래 관행과 신용체계의 변화 과정을 보여줄 수 있을 것으 로 기대한다.

『일기』 원문에서 해당 내용을 골라내는 데는 '부채'와 관련된 어휘를 추 출하는 방법을 이용하였다.[11] 원문에 담긴 전체 어휘 중 부채와 관련이 없는 어휘를 여러 단계에 걸쳐 순차적으로 소거하는 방식을 통해 부채 관련 내용이 들어 있는 『일기』의 원문을 모두 추출하였다. 그리고 일차 적으로 그 속에 포함된 정보를 통계적으로 처리하고, 교차분석하여 농촌 사회의 부채 및 채무관계 일반적 특성과 그 변화를 파악하는데 활용하였 다. 그리고 다시 원문의 내용을 검토하면서 그 속에 담긴 의미를 해석하 고자 하였다. 부채와 관련된 내용이 담긴 『일기』 원문은 모두 1,423일 분 량이었으며, 이 내용들이 담고 있는 정보는 아래의 〈표 1〉에 제시된 바 와 같이 모두 12가지로 분류될 수 있었다.[12]

---

11) 이 작업에는 국립국어연구원에서 제공하는 어휘 분석 소프트웨어 「한마루 2.0」을 이 용하였다.

12) 다만 『일기』 원문마다 담고 있는 정보의 종류가 동일한 것은 아니다. 따라서 정보 간의 교차분석은 해당 정보를 담고 있는 내용만을 대상으로 실시하였다.

〈표 1〉『일기』에서 확인되는 채무 관련 정보의 내용

정 보	내 용
① 시간 (일시)	연. 월. 일.
② 공간 (장소, 지역)	거래 장소, 채무 · 채권자 거주지
③ 채권자	
④ 채무자	
⑤ 채권자-채무자간 관계	
⑥ 채무액	
⑦ 채무 기간	
⑧ 이자(율)	
⑨ 채권자별 채무의 성격	사채, 공금융 채무, 외상
⑩ 채무의 용도	생활비, 영농비, 부채상환금
⑪ 거래 내용	빌리기, 갚기, 빌려주기, 돌려받기
⑫ 거래형태	현금, 현물

3. 1970~80년대 농촌 채무의 일반적 특징

농림부(1976)에 따르면 1975년 가구당 평균 농가부채액은 3만3천 원이고 이중 사채 비율은 65.5%에 달했다. 그리고 가계비 충당을 위한 소비성 부채가 전체의 36.1%를 차지하고 있다. 같은 자료(농림부, 1981)에 따르면, 5년 후인 1980년에는 사채의 비중이 전체 부채의 절반가량인 49%로 줄어들고, 농협 부채가 48.7%로 나머지 절반을 차지하고 있다. 그러나 소비성 부채의 비중은 전체의 32.9%로 5년 전에 비해 크게 줄어들지 않았다.

아래의 〈표 2〉에 정리된 바와 같이 『일기』에 나타나는 부채 관련 돈거래 규모는 외상 거래를 제외하면 17년 동안(1969~1985) 약 1억1백만 원 가량이다.[13] 이 액수에는 부채액과 상환액이 모두 포함되어 있다. 이 중 돈을 빌린 순채무의 규모만 보면, 사채가 약 2천3백만 원, 농협 부채가 약 2천5백만 원 가량으로, 각각 전체 부채의 약 48%와 52%를 차지한다. 여기에서 확인할 수 있는 사실은 농협 부채가 거래 빈도는 낮지만, 1회당 평균 부채 규모는 사채에 비해 약 5.7배에 달할 정도로 크다는 점이다. 뒤에서 다시 확인하게 되겠지만, 이러한 부채 규모는 낮은 이자율에도 불구하고 농촌의 상환 부담을 가중시키는 주요 요인이 되고 있다.

〈표 2〉 부채 유형별 금전 거래액 규모(1969~1985) (단위: 원, 회, %)

	평균	빈도	합계액
〈전체 거래액〉			
사채	79,979.9	812	62,507,744 (61.7)
공급융 부채	308,335.2	126	38,850,237 (38.3)
합 계	108,057.5	938	101,357,981 (100.0)
〈순 채무액〉			
사채	65,275.9	353	23,042,408 (47.6)
공급융 부채	373,446.0	68	25,394,330 (52.4)
합 계	115,051.6	421	48,436,738 (100.0)

농촌 부채의 연도별 추이를 나타낸 것이 아래의 〈그림 1〉과 〈그림 2〉이다. 여기에서 확인할 수 있는 것은 1977년을 기점으로 농협의 공급융 부채가 증가하고, 사채 거래가 줄어들고 있다는 사실이다. 그러나 공급

---

13)『일기』에서 부채 및 외상거래의 일부는 현물로 기록되어 있다. 〈표 2〉와 〈표 3〉에 제시된 거래 빈도는 현금, 현물거래가 포함된 것이며, 금액은 현물거래를 제외하고 계산한 것이다. 특히 외상거래는 그 특성상 현금액이 아니라 물품으로 기록된 비중이 높다. 따라서 외상거래는 여기에 포함시키지 않고 따로 제시하였다.

융 공급의 증가가 사채거래를 완전히 대체하지는 못하고 있어서, 1970
년대 후반 이후에도 주민 간 사채거래는 일정한 규모를 유지하고 있다.

〈그림 1〉 부채 유형별 빈도 변화 추이

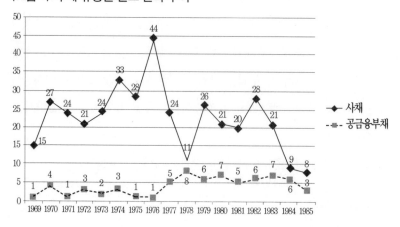

〈그림 2〉 부채 유형별, 연도별 부채 규모 추이 (단위: 천원)

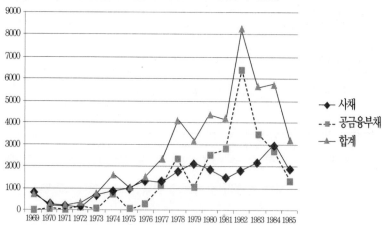

농림부의 조사(농림부, 각 년도)에서 1980년과 1985년 농가부채의 용

도별 비중은, 생산성 부채가 약 60%, 가계 소비성 부채가 약 30% 내외, 그리고 채무 상환용 부채가 11% 내외로 구성되어 있다. 『일기』에 나타난 부채의 용도별 구성(〈표 3〉)은 생산성 부채가 농림부 자료보다 약간 높은 약 67%, 가계 소비형 부채는 약간 낮은 약 21%의 구성을 보인다. 이것이 1969~1985년까지의 17년간의 자료임을 감안하면, 실제로는 생산성 부채의 구성이 더 높은 것을 알 수 있다. 그리고 농협을 통해 공급된 공금용 부채는 전체의 약 3/4이 생산성 부채로 구성되어 있다.[14] 전체 부채액 중 약 20% 가량이 생활비로 소비되고 있는데, 이중 약 80% 가량은 사채를 통해서 조달되었다. 공금용 중 정책자금으로 지원되는 몫은 대부분 농기계와 농자재, 농약·비료, 농지 및 가축 구입 등 농업생산자금에 집중되어 있었다. 이 때문에 생계자금과 농업생산에 소요되는 소소한 비용 등을 조달하기 위해 농촌사회에서 소액의 사채 거래가 지속적으로 이루어질 수밖에 없었을 것이다.[15]

부채의 용도별 규모를 연도별로 살펴보면 〈그림 3〉과 같다. 농업경영비 부채 규모는 1980년부터 가파르게 증가하여 1982년에 정점에 달했다가, 그 이후에는 일정 수준을 유지하고 있다. 반면 생계용 부채는 1981년과 1982년을 제외하면 분석 대상 기간 동안 조금씩 증가하는 추세를 보이고 있다. 또한 채무상환을 위한 부채는 줄곧 낮은 수준을 유지하다가 1982년과 1983년에 증가하고 있다.

---

14) 특히 농협 채무 중 생활비로 포함된 주택수리비 등은 1970년대 새마을운동 당시 주택과 부엌, 화장실 개량 등에 사용된 지원금이다. 이런 사실을 고려하면, 농협을 통해 공급된 공금용은 대부분 생산비에 집중된 것이다.
15) 사실 농촌에서 생산자금과 생활비용은 분명하게 구분되지 않는다. 예를 들어 식비 중 상당 부분은 농사일과 연관되어 소비된다.

〈표 3〉 용도별 부채 유형 (단위: 회, 원, %)

용도	거래 빈도			금액		
	사채	공금융 부채	합계	사채	공금융 부채	전체
생활비	101 (39.6)	15 (17.6)	116 (34.1)	6,235,770 (35.3)	2,167,570 (10.0)	8,403,340 (21.3)
영농비	123 (48.2)	64 (75.3)	187 (55.0)	9,403,430 (53.2)	16,976,046 (78.0)	26,379,476 (66.9)
채무 상환비	31 (12.2)	6 (7.1)	37 (10.9)	2,021,400 (11.5)	2,609,811 (12.0)	4,631,211 (11.8)
합계	255 (100.0)	85 (100.0)	340 (100.0)	17,660,600 (100.0)	21,753,427 (100.0)	39,414,027 (100.0)

주: 1) 채무유형 중 거래빈도는 현금, 현물채무 합계이며, 금액은 현금채무만 계산함.
   2) 생활비에는 교육비, 주택 임대 · 수리비 포함.
   3) 영농비는 농기계 및 도구 등의 구입비와 비료, 농약, 기타 소모성 농자재비, 노임 포함.

〈그림 3〉 용도별 부채의 연도별 추이

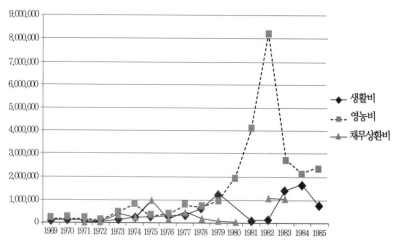

4. 농촌사회의 금전거래 관행

『일기』에서 채무 관계는 현금 및 현물(쌀, 보리 등)로 이루어진다. 1969년에서 1983년까지 현금이 아니라 곡물을 빌리고 갚는 행위는 모두 71차례 등장한다. 아래의 〈그림 4〉는 현금 채무와 현물 채무의 연도별 빈도 변화를 정리한 것이다. 1970년대 중반까지 비교적 빈번하게 쌀이나 보리를 빌리고 갚는 일이 발생하고 있다. 중요한 것은 1980년대 초반까지도 현물 채무가 유지되고 있었을 뿐 아니라, 토지를 사고 파는 경우에 쌀 시세를 기준으로 계산하고 거래하는 경우가 종종 있었다는 사실이다. 예를 들어 토지 매도가격과 소개비를 쌀을 기준으로 결정하고, 이를 다시 쌀값으로 환산하여 계산하는 거래의 사례(1980. 3. 10.; 1981. 12. 18.)가 1980년대에도 나타난다.

〈그림 4〉 채무 형태의 연도별 빈도 변화

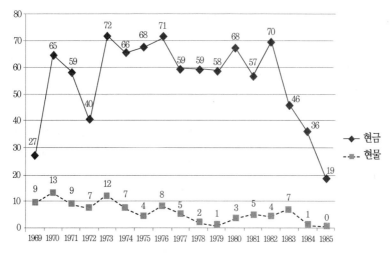

일반적으로 시장경제체제에서 현물거래의 관행이 유지되는 경우는 인플레로 인하여 화폐가치의 변동이 심한 때라고 이해되고 있다. 전쟁 이후 물가변동이 극심하던 1950년대의 현물 거래가 이러한 사정을 잘 설명해준다. 1970년대 말, 1980년대 초반까지 현물거래의 관행이 남아있었던 것은 농촌사회의 돈거래에서 안정성이 중요한 기준이라는 점을 시사한다. 『일기』에서 현물 채무는 1980년대 중반에 이르러서야 거의 사라지게 된다.

이러한 사정이 임실이라는 지역특성, 혹은 도정업자라는 개인특성에 기인하는 것이 아니라는 점은 경기도 평택 지역에서 작성된 신권식(1929~)의 『평택 대곡일기』(1959~2005)를 통해 확인된다(지역문화연구소 편, 2007: 49-54). 이 일기의 경우 역시 1983년까지만 해도 일기 말미에 장리쌀의 대차관계를 매년 소상히 기록하고 있었고, 이 무렵부터서야 장리쌀의 거래규모가 줄어들게 되었다. 특히 1982년 봄부터 늦여름에 걸쳐 장리쌀을 얻어간 주민이 채무를 갚지 못하는 사태가 발생했고, 이에 따라 채무자는 부동산으로 변제하겠다는 약속을 했지만 이조차 지켜지지 않아 결국 법정소송으로 비화되고 만 점이 눈에 띈다. 그 결과인 듯 신권식은 1982년 겨울 토지문서를 담보로 100가마의 장리쌀을 놓았다는 기록을 남기고 있다. 이어서 1986년 이 일기에 마지막으로 장리쌀 관련 기록이 나타나니, 개별 사건 특성이나 거래규모의 문제를 제외한다면 그 추세 자체는 『일기』에서의 그것과 완전히 동일한 양상이다.

『일기』는 1980년대 중반에 이르러서야 농촌사회의 채무 관계에서 농협이 중심을 차지하면서, 현물 부채는 완전히 사라지는 모습을 보여주고 있다. 이는 두 가지 점을 말해준다. 첫째, 이 글에서 다루지 않는 1985년 이후의 상황은 그 이전까지의 상황과는 판이한 것이며, 이는 1985년까지의 상황을 다루는 이 글의 시기구분을 정당화해준다. 둘째, 그럼에도 불구하고 1985년 이후의 상황을 지배하게 된 것은 그 이전 시기에 성장해오고 있던 어떤 경향의 산물이며, 이는 그 경향이 무엇이었는지를 밝히려는 이 글의 기획이 적절한 것임을 또한 말해주는 것이기도 하다. 이제 그 경향이 무엇이었는지를 확인하기 위해, 금전거래와 외상거래 두 영역을 좀 더 상세히 들여다보기로 한다.

1) 사채거래 관행과 이자율의 변화

이미 앞에서 살펴본 바와 같이 1970년대 이후에도 비교적 소액 규모의 채무관계가 마을 및 지역사회의 범위 내에서 개인 간에 꾸준히 지속되고 있었다. 물론 시간이 흐름에 따라, 그리고 농협의 금융기능이 농촌사회에서 확장됨에 따라 그 발생 빈도나 전체 부채 구성에서 차지하는 비중은 줄어들고 있다. 개인 간 채무 거래 빈도는 1970년대 말부터 상당히 감소하는데, 이후 다시 조금씩 증가 추세를 보이다가 1982년을 정점으로 급속히 감소하고 있다. 그렇지만 1970년대 후반까지는 전체 부채에서 사채가 차지하는 비중은 매우 높았다. 이것은 농촌사회의 경제생활 조건의 변화와 농협을 중심으로 하는 공금융의 융자 방식 또는 조건과 관련이 있는 것으로 보인다.

이미 1970년대는 농촌과 도시의 사회적 거리가 좁혀지고, 농촌개발이 일반화됨에 따라 농촌사회의 소비생활이 변화하기 시작하였다.[16] 그러나 정부의 정책 지원금과 농협 융자금은 농업경영비에 집중되었다. 이러한

---

16) 1970년대에 이 마을에 전기, 전화가 가설되고, 『일기』의 주인공은 TV와 냉장고를 구입하였다. 또한 그는 11명의 자녀 중 10명을 전라북도의 중심도시인 전주의 중·고등학교로 진학시켰다.

이유로 농촌사회에서 사채거래는 공금융이 포괄하지 못하는 소비생활의 일정 영역을 중심으로 기능하는 가운데, 공금융과의 보완적 관계를 유지하면서 지속되었다. 한편 농협의 융자금은 그 대상을 엄격하게 그리고 매우 시장적인 방식으로 규제하였는데, 이 점에 대해서는 뒤에 다시 살펴보기로 한다.

1970년대 농촌사회의 금전거래 관계를 전통적 공동체성에 기반한 호혜적 관계로 볼 것인가, 시장 신용에 기반한 근대적 교환관계로 볼 것인가에 대해서는 다양한 논의가 진행되었다. 그러나 서론에서도 밝힌 것처럼 이를 이항대립적인 관계로 전제하고 어느 쪽이 맞는지를 따지는 것은 무모할 뿐만 아니라 사실상 무의미한 일이다. 이 점을 확인하기 위해, 그리고 양자가 실제 경제현상 속에서 어떤 관계를 맺고 있었고, 그 관계 맺기의 전선이 어디에서 어떻게 형성되고 또 변화하고 있었는지를 확인하기 위해, 『일기』의 세부를 들여다볼 필요가 있다.

우선 『일기』에서 확인할 수 있는 점은, 마을 내부 또는 지역사회 범위에서의 금전 거래는 처음부터 정확한 이자 계산을 기반으로 하고 있었다는 것이다. 시간이 지나면서 이자율은 점차 낮아지는 경향을 보이지만, 1980년대까지도 월 3부의 높은 이자율이 유지되고 있었다.[17] 이자율은 물가변동 폭과 채권자가 지게 되는 위험률 등을 반영해서 결정되지만, 전국적으로 추세를 공유하면서도 지역에 따라 관행적으로 정해졌던 것으로 보인다. 『일기』의 기록을 보면 1970년에는 월 6부의 이자율이 적용되었다. 그런데 1970년대 중반부터 이자율이 월 3부로 낮아져서 1980년대까지 유지되고 있다.

---

17) 『평택 대곡일기』에서는 1985년 12월 11일에 '2부 5리', 1987년 1월 5일과 9일에 '월리 2%'로 현금을 빌려주고 있었다(지역문화연구소 편, 2007: 54).

정한주씨 채무 4월 12일 차용인데 약 3개월인데 이본 합해서 11,800원을 본댁에 가서 회계해주웠다(1970. 8. 7., 이하『일기』원문 인용에 등장하는 인명은 가명임).

10일에 정경석 채무 회계을 계산해노코 밧바서 못 보냇든니 아침에 정경석씨가 왓다. 마침 성오가 왓다. 3인이 동석해서 333,000원을 3분리로 회계햇다(1978. 4. 12.).

정구복 씨 채무 정리하는데 삼분리로 결정하고 원리 233,800원인데 203,800원 회계해 주고 부족금 삼만 원는 금일 차용한 것으로 하고 (1982. 1. 24.)

최남연 채무 20만 원 이자 합해서 (이개월) 212,000원을 회계해 주웠다 (1983. 12. 24.).

한편 이러한 마을 내부 및 지역사회 내에서의 관행화된 금리를 바탕으로 움직이던 것들과 별도로, 같은 지역사회 안에는 또 다른 기준을 갖고 움직이는 금전거래의 양상이 있었다. 마을 내 주민들 사이에서 관행적으로 형성되어 있는 이자율과 달리『일기』의 주인공이 지속적으로 사채관계를 맺고 있는 몇 사람의 사채업자가 그들이다.

8월 19일자로 황만준씨에서 차용금 15,000원에 이자 3일간 450원과 합해서 15,450원을 회계해 주웠다(1970. 8. 21.).

역전 황만준에 갓다. 이본 해서 4일간 차용 만사백 원을 회계해 주웠다 (1970. 10. 26.).

그 특징을 보면, 우선 최내우는 이들에게서 상대적으로 큰 금액을 가져다 쓰고 있으며, 이자율은 월 5부에서 6부에 이르는 고리였다(〈1975.

7. 29.〉). 그리고 급할 때는 이들에게서 『일기』에 '딸라돈'(〈1970. 10. 21.〉, 〈1977. 4. 16.〉)이라고 기록된 일수 돈을 빌려 쓰기도 하는데, 이 때에는 하루 1%의 이자율이 적용되었다. 이들 고리의 채권자들은 이른 바 '돈놀이'를 하는 지역의 사채업자들이며, 이들과의 돈거래는 분명한 개인적 신용을 기반으로 하고 있다는 점에서 마을 주민들과의 돈거래와 는 구분된다. 즉, 모두가 엄격하게 금리를 적용해 대차관계를 맺지만, 서로 금리기준을 달리하는 두 개의 금전거래 체계가 존재했다는 점을 우선 확인할 수 있다.

만일 이 두 개의 금전거래 체계가 모두 엄격한 금리를 적용하는 것들이었다면, 그래서 전문적인 사채업자가 아닌 '공동체 내부'(라고 간주되는) 사람들 사이에서도 금리 적용에 기반한 금전거래라는 점에서 예외가 없었다면, 혹시 정기적인 이자의 탕감이나 감면을 통해 농촌사회 내에 호혜적인 공동체적 관계가 만들어지고 있지는 않았을까? 물론 마을 주민들과의 돈거래에서는 친밀성을 바탕으로 하는 공동체 관계라고 할 수 있는 요소들이 작동하고 있었다. 예를 들어 일정 금액 이하의 소액 채무나 이자에 대해서는 이자를 적용하지 않기도 하고,[18] 친소관계에 따라 이자를 감면해 주기도 하였다(1975. 12. 29.; 1983. 11. 2.; 1982. 1. 8.; 1982. 12. 26.). 그러나 이 사실을 가지고 마을주민 간 금전거래와 사채업자와의 거래를 마을 내 공동체적 금전거래 관계와 (근대적) 신용에 기초한 금융관계로 구분하는 것은 쉽지 않다. 『일기』의 저자가 주로 돈을 빌리는 이웃은 마을 내에서 비교적 부유층에 속하는 사람이거나 마을 내의 세력관계에서 상위에 위치한 사람들, 즉 경제적, 사회적으로 높은 평

---

18) 1970년대 초반에는 이 금액이 대체로 1천 원 단위였으나, 1980년대가 되면 1만 원 단위로 커진다.

판을 지닌 사람들로 한정되었다. 다시 말하면 『일기』에 기록된 마을 주민들 간의 돈거래에서 나타나는 관용은 마을 내 일부 유지집단 내부 거래관계로 국한되어 있다.[19]

반면, 마을 내의 금전거래에서 돈을 빌려가는 채무자의 입장으로 말할 것 같으면, 오히려 돈을 빌릴 수 있다는 사실 자체에 감사해하는 형국이었다고 할 수 있다. 같은 현상의 반대편에서, 최내우는 그들이 돈을 빌려달라고 사정하면 그의 신용상태를 보아 거절하거나, 불량한 신용상태임에도 불구하고 이자를 받기로 하고 돈을 빌려주면서, 오히려 '은혜를 베푸는' 입장에 가까운 모습을 보였다.[20] 이 점은 현물거래라고 해도 예외가 아니었다. 쌀을 중심으로 하는 현물대차 관행을 보면, 물론 다소간 이자를 감면해주는 일이 더 자주 드러나는 것은 사실이다. 그러나 역시 모든 거래에 있어서 기본적으로 이자를 적용하여 갚는 것을 원칙으로 하며, 빌려가는 이 역시 단지 빌릴 수만 있다면 그것만으로도 감지덕지 하는 상태에서 채무자가 되고 있었다. 바꿔 말하면 현금은 물론 현물의 경우까지 포함해서 보더라도, 1970~80년대 농촌사회에 채무를 둘러싼 '호혜적 공동체 관계'가 있었다면, 그것은 이자의 감면 또는 탕감을 둘러싸고 나타난다기보다는, 빌릴 수 있다는 사실 자체에 기반해서 존재했다고 보는 것이 마땅하다고 할 수 있다. 그리고 그 '마을공동체'는 이자율을 엄격히 적용한다는 점에서는 외부의 전문화된 사채업자와 거의 다를 바가 없었지만, 그보다 낮은 이자율이라는 한 겹의 방어막을 침으

---

19) 그가 주로 돈거래를 하는 마을 내의 몇몇 인물들은 당시에 이장이거나 새마을지도자, 초등학교 교장, 농협 이사이거나, 나중에 군의원에 당선되는 사람들이었다.

20) 마을 내에서의 금전거래에서 신용 평가는 상당히 엄격하여, 거래를 거절하는 경우가 적지 않았다(1969. 2. 8.; 1983. 12. 25.; 1985. 5. 31.). 그러나 신용이 불량하더라도 "본인이 절량(絕糧)되면"(1969. 2. 8.) 등과 같은 경우에는 빌려주는 것이 관행이었다.

로써 그 '마을'의 경계 안쪽에 있는 사람들을 보호하는 작용을 하는 성격을 지녔었다.

한편, 『일기』의 저자가 빈번하게 고리 사채거래를 하는 지역 내의 사채업자들도 『일기』의 저자와 매우 친밀한 관계를 맺고 있는 사람들이었다. 『일기』에 등장하는 세 사람의 사채업자 중 두 사람은 지역 내에서 철물점(한길수)과 공업사(황만준)를 운영하고 있어서, 방앗간을 경영하는 『일기』의 저자와 기계 부품의 구입과 수리 등을 통해 긴밀한 거래관계를 지니고 있는 인물이다. 더구나 전주의 성수는 『일기』 저자의 친형의 아들이다. 장조카인 성수는 창평 마을에 살다가 전주로 이주했는데, 마을에 살 때부터 작은아버지인 저자와 동일한 조건의 돈거래 관계를 맺고 있었다. 즉 저리의 마을 내 사채는 물론 거의 전문적인 사채업자에 가까운 사람들에게서 고리의 빚을 얻는 일 역시 쉬운 일은 아니어서, 업무적으로 얽혀있는 대단히 긴밀한 사업적 거래관계나 그에 준하는 긴밀한 유대가 있을 때만이 그조차 가능했던 셈이다.

고리 사채를 사용할 때 채무자는 이자 부담을 줄이기 위해 다양한 방법을 동원했다. 대부분의 사채거래에서 채무자는 2~3개월가량의 짧은 기간만 사용하려 하고, 그렇지 못할 경우라도 가능한 한 채무 기간을 줄이려 노력하였다. 아래에 인용한 사례에서 볼 수 있듯이, 만약 기일 내에 채무 전액을 해결할 수 없을 때에도 이자와 원금을 일단 상환하고, 그 날짜에 다시 돈을 빌려서 이자 지급기간을 줄이려고 노력하기도 하였다. 여기에는 농촌 주민들의 고리 사채에 대한 경각심이 작용하고 있는 것으로 보인다. 즉 고리 사채의 위험성에 대해 잘 알고 있기 때문에, 가능한 한 채무 기간을 단기화하고 이자를 줄이기 위해 노력했던 것이다.

황만종에서 4만 6천원 10월 18일 자 차용한바 5만 3천원을 주고 다시 2만원을 차용했다(1976. 11. 13.).

성수에 갓다. 채무 정리하는데 3월31일자 5만원 5월31일자 15만원 계 20만원인데 이자 2만원해서 22만원인데 10만원 청산해주고 금일자로 12만원을 신규 차용한 것으로 결정하고 왓다(1976. 8. 2.).

마을 내부에서의 돈거래가 가지는 가장 큰 이점은 소액을 손쉽고 신속하게 구할 수 있다는 데 있을 것이다. 농협과의 거래가 일반화된 이후에도, 문서로 신용을 증명해야 하는 번거로운 절차 없이 신속하게 돈을 빌릴 수 있다는 사채의 장점은 여전히 유지되었다. 뿐만 아니라 마을 내에서 거래 상대의 신용에 대해서 소상하게 알고 있다는 사실도 개인 간 돈거래의 중요한 장점이었다. 언제든 상대방 또는 그의 가족의 소재를 정확히 알 수 있고, 상대방의 활동 동향과 생활 형편을 훤히 알고 있다는 점이야말로, 돈거래가 이루어질 수 있는 가장 확실한 기반이었다. 바꿔 말하면 농촌사회의 공동체적 친밀성은 돈거래를 위한 신용의 바탕을 이루고 있었다.[21] 그러므로 사채거래는 단기간에 채무 관계를 청산할 수만 있다면, 농민의 생활과 농사일에 유용하고 효율적인 거래였다. 다소간 극언이 될 위험을 감수하고 표현한다면, 한 마을에서 공동체의 성원으로 살아간다는 것은 이렇게 이웃에서 빚을 얻을 수 있는 자격을 얻는 일에 다름 아니었다. 어떤 이에게는 그것이 아무것도 아닌 일로 보이고, 또 어떤 이에게는 채무의 족쇄에 묶인 답답한 감옥으로 느껴지겠지만, 당장 돈 한 푼, 쌀 한 말이 급한 이에게 그것은 낙원에서 뻗는 구원의 손길이었음이 분명하다.

---

21) 『일기』에는 마을에서 누가 도박을 해서 얼마를 잃었는지, 누가 고향을 떠날 준비를 하고 있는지 등을 소상히 알고 있다는 사실을 확인할 수 있는 내용들이 여러 차례 등장한다.

이 점에 대한 인식은 '마을공동체'의 또 다른 의미에 대한 발견을 향해 우리를 이끌어간다. 『일기』를 보면 마을 주민들이 끊임없이 빚을 분할해 가며, 내가 진 빚(의 일부)을 내가 받을 빚(의 일부)으로 대체함으로써, 서로 촘촘히 얽혀 거의 꼼짝달싹할 수 없는 '빚의 공동체'를 만들어가는 모습을 관찰할 수 있다. 다음과 같은 것이 대표적인 경우이다.

> 임태섭은 며칠 전부터 백미 3입(叭)만 채무 차용케 해달아고 해서 주마고 햇더니, 2입은 정한주를 주고 1입은 윤수를 주라고 햇다. 그래서 한 주에 2입을 주윗는데 윤수 조 1입은 정인석을 주라고 해서 주기로 하고, 인석 2두 취여온 놈을 제하고 8두만 달라 했다(1970. 1. 16.).

이 기록은 마을 사람들이 서로를 빚으로 얽힌 관계로 만들어가는 과정을 보여주고 있다. 이처럼 마을 주민 간의 돈거래는 채무 관계를 언제나 타인에게 이전할 수 있었다. 마을 사람들끼리 서로 빌리고 빌려 준 채무들은 서로 간에 얽히기 마련이었기 때문이다. 이는 서로가 서로에게 언제든 빚을 이전해서 거의 무한에 가까운 채무와 상환의 순환구조를 만들어 삶 자체를 용이하게 하는 이점이 있었다. 앞서의 언급을 이어본다면, 한 마을에서 공동체의 성원으로 살아간다는 것은, 상대방에게 빚을 주고, 그럼으로써 다음에 내가 얻은 빚을 쪼갤 수 있는 자격을 얻고, 이 과정을 통해 빚이라는 사슬로 꽁꽁 묶인 사회를 건설하는 일이었다고 할 수 있을 것이다.

1970년대의 새마을운동은 농촌에 대한 현물지원—시멘트, 슬레이트, 벽돌 등—을 확대시켰다. 그러나 이러한 지원은 언제나 농촌 주민들의 소소한 자기부담을 요구했다. 주택개량 등을 위해 지원되는 시멘트나 슬레이트는 언제나 조금씩 양이 부족했다. 그래서 주민들은 서로 벽돌, 시멘트, 슬레이트 등을 빌려 쓰고 나중에 다시 갚기도 했다. 또 거기에 들어

가는 소소한 비용들, 즉 노임이나 음식값, 술값 등은 이웃에서 융통해서 사용하기도 했다. 이러한 농촌개발사업은 농촌의 현금 순환속도를 높이는데 기여했고, 이는 주민 간 금전거래를 오히려 증가시키기도 했던 것으로 보인다. 그리고 주민들 간의 돈거래는, 특정한 시기와 관계없이 언제든 급할 때 할 수도 있었지만, 기본적으로는 그레이버(2011: 580)의 지적처럼 정기적으로 개인 간 부채를 청산하는 관행을 유지하고 있었다. 창평 마을에서는 주로 연말, 명절 전, 그리고 추곡과 하곡 수매대금을 받았을 때, 부채를 청산하였다. 이렇게 '빚(을 주고받을 수 있는 자격)의 공동체'로서의 마을은 그 빚을 주기적으로 청산하거나 이월·분할을 통해 정리함으로써, 그리고 국가기구에 의해 주어지는 '근대화운동'의 지원물자조차 전통적인 방식으로 쪼개고 나눔으로써, 해마다 스스로의 존재를 경신해가면서 살아 움직여왔던 것이다.

2) 농촌사회의 외상거래 관행

『일기』에서는 분석 대상 기간 전체에 걸쳐 외상거래가 일반화되어 있음을 확인할 수 있다. 농약상, 공업사, 주유소 등 농업용 재료와 자재 거래는 물론이고 동네가게, 술집 등 생활용품의 구입 심지어 병원, 약국 등도 외상으로 거래하였다.[22] 때로는 수중에 현금을 가지고 있으면서도 구입액의 일부를 외상으로 남기기도 하였다(1973. 9. 12.). 현금의 부족 뿐아니라 긴급한 현금의 필요성에 대비해서 물품 구입대금의 일부를 외상으로 남겨놓는 일은 일상적으로 이루어졌다.

---

22) "오늘은 결정적으로 퇴원을 각오했다. 원장이 즉접 치료하려 왔다. 몇일 연기를 요하기에 불응했다. 메누리에 부탁코 계산한바 56,000이라고. 외상으로 하고 퇴원햇다." (1984. 9. 4.)

『일기』 원문에서 외상거래는 모두 385회가 등장하는데, 전체 거래 중
개인 간 거래가 338회이고 농협과의 거래가 47회로 나타나고 있어 각각
87.8%와 12.2%의 비중을 차지하고 있다(〈표 4〉). 특징적인 것은 개인 간
거래의 약 40% 가량이 생활용 소비재 거래이고 약 60% 가량이 농업용
생산재(소모품+내구재) 거래인데 비해, 농협과의 거래에서는 약 98%가
농업용 생산재 거래라는 점이다. 아래의 〈표 5〉는 다시 그 세부의 거래
처별 거래 규모를 나타낸 것이다.

〈표 4〉 거래처별 외상거래 유형

	거래 품목			합계
	생활용 소비재	농업용 소모품	농업용 내구재	
개인	129 (38.2)	141 (41.7)	68 (20.1)	338 (100.0)
농협	1 (2.1)	38 (80.9)	8 (17.0)	47 (100.0)
합계	130 (33.8)	179 (46.5)	76 (19.7)	385 (100.0)

〈표 5〉 거래처별, 거래품 종류별 거래액

거래처	품목	평균 가격	빈도	합계액
개인	생활용 소비재	13,416.2435	115	1,542,868.00
	농업용 소모품	46,080.4020	102	4,700,201.00
	농업용 내구재	27,406.4615	65	1,781,420.00
	소계	28,455.6348	282	8,024,489.00
농협	생활용 소비재	11,210.0000	1	11,210.00
	농업용 소모품	120,170.8261	23	2,763,929.00
	농업용 내구재	61,583.3333	6	369,500.00
	소계	104,821.3000	30	3,144,639.00
합계	생활용 소비재	13,397.2241	116	1,554,078.00
	농업용 소모품	59,713.0400	125	7,464,130.00
	농업용 내구재	30,294.6479	71	2,150,920.00
	총계	35,798.4872	312	11,169,128.00

개인 간 외상거래는 마을의 범위를 넘어서, 임실군 내의 다른 지역 (1974. 5. 29.) 또는 전주(1978. 2. 2.)까지도 확대되어 이루어졌다. 이것은 외상거래가 개인적인 신용을 바탕으로 이루어졌음을 의미하는 것이다. 외상거래를 가능하게 하는 이런 신용관계는 소위 '단골' 거래를 통해서 확보될 수 있었다. 때로는 거래 당사자 양측에 영향력을 지니는 제3자의 소개로 외상거래를 시작하게 되고, 이를 계기로 단골 관계가 만들어지기도 하였다.[23]

1980년대 중반까지도 개인 간 외상거래가 관행적으로 성행했던 이유는 부채와 달리 외상에는 이자가 붙지 않기 때문이었다. 물론 정기적으로 개인 간 부채를 청산하는 것과 마찬가지로, 외상거래 대금의 청산도 정기적으로 이루어졌다. 『일기』에서는 가게에서 물건을 외상으로 구입할 때, 이전의 외상을 청산하는 것이 관행이었다.[24] 이전의 외상값을 청산하지 않고 다시 외상으로 물품을 가져가려 하는 것은 불량한 행위로 간주되었다(1974. 3. 28.). 이러한 관행은 외상거래 당사자 사이의 신용관계가 유지되고, 거래가 지속될 수 있는 중요한 기반이 되었다.

여기에서의 호혜적 관계 역시 금전거래의 본성인 시장교환과 별도로 분리되어 존재하는 범주가 아니다. 마치 전문적인 사채업자의 이율보다 낮은 이율을 유지함으로써 채무의 공동체를 구축해갔던 것처럼, 단지 외상대금의 청산을 다음 거래의 시점까지 얼마간 유예함으로써 긴박의 강도를 늦추어주고, 그럼으로써 그 가장 긴박된 시장교환의 거래관계 안쪽

---

23) 『일기』의 저자는 1975년 둘째 아들의 결혼예물을 준비하면서, 큰며느리의 친정과 연고가 있는 전주의 보석상(보광당)을 소개받아 외상 거래를 시작한 이후, 자녀들의 결혼예물 뿐 아니라, 학생용 시계 구입 등도 이 가게에서 외상으로 거래하게 되었다 (1975. 5. 27.).

24) "임실에서 경유 3드람 운반해왔다. 전조 외상대 75,300원 회계 완료해주고 3드람만 또 외상으로 했다"(1978. 12. 7.).

에 한 겹의 막을 구축하는 방식이다. 물론 그 '늦춤'이 가능하려면 '신용'
이 필요했다는 점, 바꿔 말하면 무차별적으로 주어지는 호혜성은 아니라
는 점에서도 금전거래에서의 채무관계와 마찬가지의 성격을 지닌다. 이
렇게 구축된 신용을 전제로 하는 외상거래는 농촌주민의 생계 뿐 아니라
농사일의 진행도 원만하게 해주는 농촌사회의 중요한 관행이었다. 예를
들어 관혼상제에 필요한 물품은 대부분 외상으로 거래하고, 의례가 끝
난 후에 외상값을 갚는 것이 일상적인 일이었는데, 이러한 관행은 의례
의 원만한 진행을 보장해주는 중요한 기반이었다(1975. 1. 13.; 1975. 1.
14.; 1975. 2. 2.).

5. 공금융 공급 증가와 농촌 신용체계의 변용 및 변화

1) 「농협」의 농촌사회에 대한 영향력 확대

앞에서 이미 살펴본 바와 같이 1970년대 말부터 농협을 통해 농촌사회
에 공금융 공급이 급속하게 확대되었다. 이것은 일차적으로 정부의 농업
지도와 지원이 확대되었기 때문이지만, 다른 한편으로 농촌 주민들의 일
상생활의 상당 부분이 농협으로 흡수되었던 것에도 원인이 있다. 주민들
은 각종 조세 및 준조세를 농협에 납부하게 되었다.[25] 특히 도시와의 교
류가 확대되고, 자녀들이 도시의 상급학교로 진학하게 되면서, 자녀 교
육비의 납부 등도 대부분 농협을 통해서 이루어지게 되었다.

주민들은 농협과의 거래를 통해 이자율이 낮고 상환기간이 긴, 그리고
상대적으로 큰 액수의 농업생산자금을 안정적으로 공급받을 수 있었다.

---

25) 1970년대 초반까지 『일기』의 저자는 남원세무서에 납부해야 하는 세금을 동네에 정기
    적으로 찾아오는 우체부에게 맡겨서 처리했다.

또한 농협은 농산물의 품종 선정과 적정 생산기술의 보급에 개입하고, 거기에 맞는 자재와 재료 등을 대량으로 공급하였다. 정부는 농업생산에 필요한 재료, 자재 및 기계 등의 공급을 농협이 독점할 수 있도록 하였다.[26] 농업생산에 대한 정부의 정책자금 지원이 증가하고, 이 업무도 농협이 독점하였다. 농민들은 농협을 통해서 비료, 농약 등의 소모성 농자재를 구입하고, 경운기, 동력분무기, 이앙기 등 농기계 구입 자금지원도 농협을 통해서 받을 수 있었다. 그리고 농어민 후계자 선정 등의 지원금도 농협을 통해서 지급받았다. 농촌사회에 대한 농협의 영향력이 증가하고, 농사일은 이제 농협의 지원 없이는 생각할 수 없게 되었다.

『일기』의 저자인 최내우의 농협 부채는 1978년경부터 1983년까지 급격하게 증가하고 있다.[27] 아래의 〈그림 5〉를 통해서 확인할 수 있듯이, 이 기간 동안 그가 농업생산을 위해 빌린 영농자금(소모성 농자재 + 내구성 농기계 + 농업지원금)은 대부분 농협에서 조달되었다. 특히 1979년 이후 저자의 영농비 부채 규모는 농협의 영농비 부채액과 거의 같은 곡선을 그리고 있다.

『일기』에서 1969년부터 1985년까지 저자는 농협과 250차례의 금융거래를 하는데, 그중 55% 이상이 대출과 관련된 것이다.[28] 이것을 연도별

---

26) 1961년 정부의 비료 자유유통 금지 조치에 따라 1962년부터 1982년까지 비료공급을 농협이 독점하였다. 1982년 이후에도 민간 농약상에 공급되는 유통물량을 장악하여 실질적인 독점은 지속되었다. 농약도 1962년부터 농협이 독점하다가, 1966년 시판상의 판매를 허용했으나, 수도용 농약과 국고보조 농약은 농협이 담당하고, 기타 농약만을 시판상이 판매하도록 규정하였다. 농기계의 경우에도 1962년 이후 1981년까지 농협에 의한 공급이 유지되었다(농업협동조합 중앙회, 2011: 346-362).

27) 1983년은 『일기』의 저자가 환갑을 맞이하는 해이다. 이후 그는 농사일과 정미소 일을 아들에게 대부분 넘겨주었다.

28) 최내우의 농협 거래를 유형별로 보면, 대출 및 대출금 상환(157건, 55.3%), 농자재 구입(50건, 17.6%), 예·적금(39건, 13.7%), 추곡·하곡수매대금 수령(27건, 9.5%), 납부금 입금(11건, 3.9%) 등으로 구성되어 있다.

로 정리해보면, 1970년대 말부터 농협과의 거래 내용 중 대출 비중이 급증하고 있음을 알 수 있다(〈그림 6〉). 또한 소모성 농자재 구입이 차지하는 비중도 1970년대 말과 1980년대 초에 높아지고 있다. 이에 비해 추곡, 하곡의 수매대금을 찾거나, 예금·적금 등 소득과 관련된 업무가 농협과의 거래에서 차지하는 비중은 상대적으로 낮은 편이다. 특징적인 것은 1980년대 들어서면서 대출금의 상환과 관련된 거래의 비중이 꾸준히 높아지고 있다는 점이다. 이러한 사실들로 미루어 상대적으로 큰 금액을 장기, 저리로 빌려 쓴 농협 대출금이 1980년대 이후 농촌주민들에게 상당한 상환 압박을 가하게 되었으며, 농민들의 소득과 저축은 이 압박을 감당하기 어려운 수준이었던 것으로 보인다.

〈그림 5〉 연도별 채무액 및 채무 내용 구성 변화

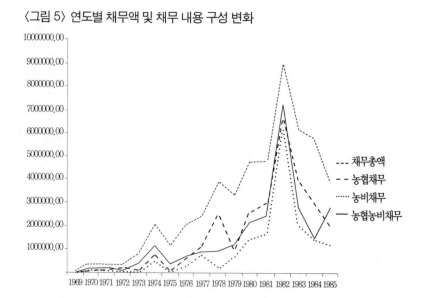

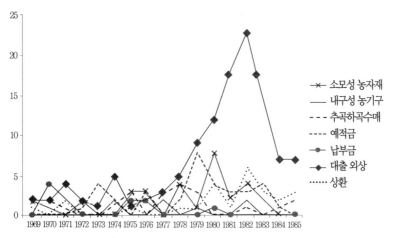

〈그림 6〉 농협 거래 내용의 연도별 추이 (빈도)

소모성 농자재
내구성 농기구
추곡하곡수매
예적금
납부금
대출 외상
상환

2) 「농협」 대출과 신용체계의 변용

농협은 농민의 영농 활동에 결정적인 영향력을 행사하면서 점차 농촌
의 경제생활을 장악하기 시작하였다. 그러나 이것이 농촌 주민 모두에게
균질적으로 확대된 것은 아니다. 농협으로부터 대출을 받기 위해서는 까
다로운 조건이 필요했다. 우선 대출을 신청하기 위해서는 농협에 출자
하여 회원 자격을 갖추어야 했다. 회원이 되면 대출을 신청할 수 있는데,
반드시 자신의 상환 능력을 증명해야 했다. 가장 일반적인 신용 증명방
법은 자신의 자산을 담보로 하거나, 자산 능력을 갖춘 타인을 보증인으
로 세우는 것이다. 그 외에 소액의 경우에는 적금을 먼저 들고, 그 적금
을 담보로 대출을 받기도 하였다.[29]

---

29) 『일기』 원문에서 농협대출 중 대출 조건이 나타나 있는 사례는 45회이다. 이 중 담보
나 보증을 통해 대출을 받는 경우가 16회, 적금을 담보로 한 대출이 8회이다. 그리고
정책자금 지원자로 선정되어 지원을 받는 사례가 15회로 나타난다. 물론 정책자금을
지원받을 때도 보증 절차는 필요했다.(1969. 7. 18.; 1981. 3. 12.) 한편 출자는 6회
나타나는데, 일단 한 번 출자를 하면 회원 자격을 가지게 되는데도 여러 차례 출자를
하는 것은 대출 횟수가 증가함에 따라 출자금의 증액을 요구받게 되기 때문이다.

농협으로부터 대출을 받기 위해서는 자신의 자산을 담보하거나, 담보 능력이 있는 인물의 보증이 필요했다. 『일기』의 저자도 담보를 제공하거나 마을 주민을 보증인으로 세워 대출을 받았고, 때로는 자신이 마을 주민의 대출 보증인이 되어주기도 했다. 농협 대출을 위한 마을 주민들 간의 보증은 서로 주고받는 '품앗이'의 양상을 띠기도 했는데, 이때 이른바 호혜적이라 할 수 있는 공동체적 관계가 기반이 되었다. 주민들은 농협과의 거래에서 서로 보증을 주고받는 일을 이전의 마을주민 사이의 돈거래 관행과 다르게 인식하지 않았다. 농협에서 대출을 받거나(1979. 6. 7.; 1982. 9. 22.) 농업용 물품을 외상으로 가져올 때(1970. 4. 15.; 1972. 6. 3.; 1980. 3. 27.), 주민들은 일상적으로 서로 보증을 서주었다. 심지어 『일기』의 저자는 "농협에서 통지가 와서 떼보니 타인의 보증"을 섰다는 사실을 알게 되는데, "채무자조차도 기억"(1980. 2. 9.)을 못하기도 하고, 이앙상자 외상 계약을 위해서 마을주민들의 도장을 모아서 농협직원에게 한꺼번에 맡기고 잊어버리기도 하였다(1980. 3. 27.; 1980. 3. 31.).

그런데 『일기』의 저자가 상호보증을 통해 도움을 주고받는 마을 주민들은 이전에 돈거래를 빈번하게 주고받았던 마을의 유력자 집단으로 한정되어 있다. 과거 주민들 사이의 돈거래에서 사회적 평판의 기준이 되었던 경제적 자산과 사회관계가 농협과의 거래에서 문서화된 근대적 신용 증명의 조건으로 바뀐 것이다. 즉 농협 대출의 필수조건인 주민들 간의 (맞)보증, 담보 제공은 농촌사회의 전통적 사회관계가 근대적 신용체계 속으로 흡수·변용된 것이라고 할 수 있다.

정부 정책자금 지원 대상자로 선정되어 지원금을 융자받게 되는 것은 영농자금 확보에서 매우 중요한 혜택이다. 그러나 대상자로 선정되기 위해서는 남보다 먼저 정보를 얻고, 자신 또는 가족이 대상자가 되기 위해서 군청이나 면사무소의 담당자에게 청탁을 하는 것이 매우 중요하다.[30] 이때 정보를 주고받는 사람들, 서로 추천하고 도와주는 사람들 역시 마을 내에서 오랜 기간 동안 도움을 주고받던 이장, 새마을지도자, 농협 조합장 등이었다.

이것은 농협을 통한 공금융의 배분이 농촌 주민들에게 균등하게 적용되지 않았다는 점을 말해준다. 농협의 문턱 앞에서 농촌의 주민들은 평등하지 않았다. 농협으로부터 금융지원을 받기위해 자산능력이 있는 보증인을 구하거나 담보를 제공할 수 있는 능력은 주민들의 경제적, 사회적 관계에 기초하였다. 결국 정부의 농업 지원정책과 농협의 독점적 자금 자원, 자재 지원은 농촌 주민 중 일부 유력자층를 선별·지원하는 방식으로 농업과 주민의 생활에 대한 장악력을 확대하였다.

농협이 농촌주민들과의 거래관계에서 공동체 관계를 활용하는 특징적인 방식 중의 하나는 공동체 연대책임을 제도화한 데에서도 발견된다. 농협은 농약, 비료, 이앙상자, 농업용 비닐 등 각종 농사 재료를 독점 공급하였는데, 이 거래를 개인이 아니라 마을 단위로 진행하였다. 즉 이장을 통해 마을의 수요량을 조사하여 신청하게 하고, 마을 단위로 외상 공급했던 것이다. 대금의 상환도 추곡 수매대금 지급 이후나 연말에 마을 공동으로 부담하게 하였는데, 이것은 이전의 사채거래나 외상거래에는 존재하지 않았던 것으로 '공동체 신용', 또는 '연대신용'이라 부를 수 있는 것이다. 때로는 이로 인해 마을 내에서 분쟁이 발생하기도 하였는데, 결

---

30) 실제로 『일기』의 저자는 군청에 근무하는 큰 아들로부터 정보를 얻고 담당자를 만나는 데 중요한 도움을 받곤 하였다.

국은 마을 주민들이 공동으로 부담하지 않을 수 없었다.[31] 이처럼 농촌사회에 공금융이 공급되면서 제도화된 공적 신용체계는 기존의 경제적, 사회적 관계 등을 적극 활용하였을 뿐 아니라, 행정단위를 기초로 공동체적 연대성을 새롭게 조직하기도 하였다.

> 이장을 방문하고 외상 자재 및 농약 물품대을 계산한바 농협직원도 참석. 원금이 삼십여만 원이고 그의 이자 이십일만여 원 계 오십일만이라고 햇다(1983.12.11.).

> 밤에 리(里) 회의장에 참석한바 이장 회계 조가 (농협 조) 약 950만 원인데 리민의 부담 조가 약 5백만 이장의 순부담금이 3백만 원이라고 햇다. 차후 처리가 난관이다(1983.12.29.).

3) 외상거래 관행의 변화

외상거래는 생계 및 생산 활동에 필요한 거의 모든 품목에서 이루어지면서 농촌 생활을 원만하게 유지시킬 수 있는 중요한 관행이라는 점을 이미 설명한 바 있다. 외상은 구매자와 판매자 사이의 거래가 지속될 수 있는 기제로서, 단골 관계와 주기적인 외상대금의 청산 관행을 지니고 있었다. 농협과 주민 사이의 거래에서도 농업용 자재에 국한되어 있기는 했지만 외상거래가 이루어졌다. 거래 품목의 대부분이 농업용 자재였기 때문에 거래는 매년 연초와 봄철에 집중되었고,[32] 외상대금의 상환은 대부분 추곡수매 대금 지급 때나 연말에 이루어졌다. 이러한 점에서 이 거

---

31) 왜냐하면, 이 공동체 신용은 마을 단위의 성과 평가와 맞물려 있어서 다음해의 농자재 공급이나 마을 지원사업에 직접적인 영향을 미치게 되기 때문이다.

32) 벼농사 중심 지역에서 비료, 농약, 이앙상자 등의 수요는 봄과 초여름에 집중되었고, 그 수요 계획은 연초에 대부분 세워졌다. 농기계 등은 계절과 관계없이 구입하였지만, 거래 횟수는 매우 적었다.

래관계는 농촌사회에서 점차 관행이 되었다. 이중 대부분의 품목은 농협을 통해서만 구매할 수 있었기 때문에 농협과의 외상거래는 어느 정도 강제적인 성격을 지니고 있었다. 그렇다고 하더라도 이 거래는 농사일의 원만한 진행을 위해서는 반드시 지속되어야만 하는 일이었다.

개인 간 외상거래는 판매자에게는 단골을 확보하는 수단으로, 그리고 구매자에게는 부채와 달리 이자가 붙지 않는 거래라는 측면에서 이점이 있었다. 따라서 개인의 신용관계를 바탕으로 일정한 관행을 유지하면서 지속될 수 있었다. 그러나 농협과의 외상거래에서 주민들은 신용체계의 변화를 요구받게 되었다. 이미 앞 절에서 언급한 바와 같이 농약, 비료, 이앙상자 등 벼농사에 필수적인 품목들은 마을의 집단적, 공동체적 신용체계 확립을 전제로 거래되었다. 마을사회는 공동의 연대책임을 결의한 뒤에 농협과 외상거래를 할 수 있었다. 그것이 때로 주민 사이의 분쟁을 초래한다고 하더라도, 그 신용체계를 개인이 임의로 해체할 수는 없었다.

거래품목 중 벼농사용이 아니거나, 개인적인 영농에 필요한 농자재인 경우, 개인과 농협 사이에 외상거래관계가 맺어지기도 하였다. 그러나 개인과 농협의 거래는 전통적인 외상거래와는 달랐다. 즉 이 거래는 개인이 구매하고자 하는 품목의 가격만큼의 금액을 농협에서 대출받아, 물건 값으로 지불하고(사실은 대출받아 지불한 것으로 문서로 정리하고) 물품을 수령하는 방식으로 이루어졌다. 이것은 정확히 말하면 농협 부채였다.[33] 이러한 거래방식은 전통적인 개인 간 외상거래와는 두 가지 측면

---

33) 농협과의 외상 거래가 실질적으로 채무관계였음을 보여주는 기록은 일기에 여러 차례 등장한다. 예를 들어 임실농협에서 경운기를 외상으로 불하받는 것을 "경운기 대부수속한데 원금 전액 융자한데 479,060원에 7년 상환"(1974. 4. 28.)으로 계약했다든지, "신평농협에서 외상 비료 4만9천 원 외상 대부"(1978. 4. 4.)를 받았다든지 하는 것들이다. 이러한 기록은 1970년대 초반부터 1980년대까지 줄곧 나타나고 있다(1979. 3. 24.; 1980. 6. 14.; 1982. 6. 19.).

에서 차이가 있다. 하나는 신용체계의 차이로, 농협과의 외상거래에서 개인은 대출받는 경우와 마찬가지로 보증인을 세워야 했다. 따라서 외상 대금의 청산도 관행이 아니라 계약에 의해 이루어졌다. 다른 하나는 이 거래가 채무관계이기 때문에 전통적 외상거래와 달리 상환기간에 따라 철저하게 이자가 계산되었다. 외상대금을 갚는 것은 곧 대출금을 상환하는 일이었기 때문이다.

농협과 개인 사이의 외상거래에서도 단골관계가 형성되었는데, 이것은 농협의 독점 판매권을 기반으로 하는 강제적 관계였다. 그러나 양자 사이의 외상거래는 기존의 관행을 해체하고 대신 이것을 채무관계로 바꾸어 놓았다. 따라서 농촌사회에서 엄연히 구분되던 사채거래와 외상거래 사이의 차이가 농협과의 관계에서는 사라졌다. 주민들은 고리 사채의 위험성을 항상 경계하고, 이자 부담을 줄이기 위하여 이자 지급 기간을 단기화하려고 노력했다. 반면 외상거래는 주기적으로 외상값을 갚는 관행을 통해 상대적으로 안정적으로 유지되었다. 그러나 농협과의 외상거래는 채무 기간을 단기화하려는 노력도 불필요한 장기 채무였고 금액도 컸다. 따라서 외상거래는 거래금액만큼 농협 부채에 더해져서, 농민의 상환부담을 가중시켰다.

4) 변화된 신용체계와 농민의 상환대책

농협을 통한 공금융 지원은 상대적으로 큰 금액이고, 저리의 장기 채무를 특징으로 한다. 그리고 『일기』의 저자는 마을 내 유력자층의 일원으로 농협 융자의 독점적 수혜층에 속했다. 그러나 장기 융자의 상환시기가 도래하면서 농민의 가계는 위협받기 시작하였다. 실제로 1980년대 이후 농협 채무는 저자의 가계를 압박하는 가장 중요한 요인이 되었다.

농협에서 참사 외 2명이 왔다. 채무을 정리하자고 하는데 아무련 택이 없어 답답햇다(1979. 12. 8.).

사채는 백미 10입 현금 30만 뿐인데 농협채무가 원액 350만 원인데 상환할 능력이 현재로는 전연이 불가능하다(1983. 1. 19.).

농협채 70만원 건이 정리가 못 되여 최고장이 날아왔다. 불안 속에 계해의 일모가 내렷다(1984. 1. 31.).

고리이지만 사채는 농촌 주민들에게 농사일을 계속하면서 생계를 유지하기 위해서 어쩔 수 없이 얻어 써야 하는 빚이었다. 높은 이자에 대한 경계심을 늦추지 않고, 짧은 기간 내에 상환해 가면서 농촌 가계의 수준에서 감당할 수 있는 규모의 사채를 얻어 쓰는 것이 농민의 중요한 생활방편이었다. 반면 상대적으로 이자율이 낮고 긴 상환기간을 지닌 공금융 부채는 그 규모도 컸고, 정책적 지원 명목으로 제공되면서 혜택으로 인식되었다. 하지만 사채에 비해서 훨씬 덩치가 큰 부채의 상환 부담은 농민 개인이 감당하기에는 버거운 것일 수밖에 없었다. 1980년대 이후 『일기』의 저자는 자신이 감당하기 어려울 정도로 커진 농협 부채에 당황하고, 공식문서로 발송된 독촉장을 처음으로 받고 불안해하였다. 그리고 농협 부채를 상환하기 위한 대응책을 모색하기 시작하였다.[34]

그런데 사채와 달리 농협 부채는 서로 채무-채권관계가 맞물린 마을 사람들끼리 부채를 이전할 수도 없었고, 상환 기간을 줄이기 위한 노력

---

34) 농촌사회에서 부채 상환은 일상적으로 이루어졌다. 계약서에 명시된 바에 따라 이자를 불입하고, 원금을 상환하는 일은 농협과 농민, 농협과 마을 사이에 정기적으로 이루어지는 일이었다. 따라서 여기에서 제시하는 부채 상환대책은 그 자체로 일상적 부채 상환 방식으로 부채의 정상적 청산이 불가능해진 상황, 즉 '부채 문제'가 이미 발생한 한계적 상황에서의 농민의 대응을 의미하는 것이다.

도 쉽지 않았다. 특히 농촌 주민들이 사채거래에서 이자 부담을 낮추기 위해 기존의 빚을 일단 모두 갚고, 그 날짜에 다시 필요한 만큼의 돈을 빌리는 방법이 농협 부채에서는 통하지 않았다. 농협 부채는 문서화된 계약에 의해, 정해진 날짜에 정해진 액수를 상환해야 했다. 이것이 농협 부채와 전통적 사채거래 사이의 명확한 차이이며, 전통적 신용체계와 근대 금융의 신용체계 사이의 차이였다. 사채거래나 농협과의 거래나 모두 신용을 보증해주는 이는 마을사람들이었다. 그러나 평판에 의한 전통적 신용과 공식 문서로 증명해야 하는 근대적 신용 사이의 형식적 차이는 곧 신용체계의 질적 차이를 의미했다.

거시경제학의 입장에서 보면, 농촌의 부채는 이자율과 농업생산에서 얻어지는 이윤 사이의 격차로 인해서 문제가 되는 것이다. 이러한 시각은 한국의 농촌사회와 농민의 생활이 안고 있는 복잡하고 복합적인 상황을 단순화시키는 문제를 안고 있지만, 어쨌든 1970~80년대의 농민들은 자신의 농업소득으로 부채를 상환하는데 실패했다. 『일기』의 저자는 이 시기에 통일벼(1975. 11. 18.), 노풍(1979. 1. 1.) 등의 신품종을 심었다가 큰 피해를 보고, 고추 가격의 폭락으로 투자비를 고스란히 날리기도 했다(1981. 1. 15.). 또 소값 폭락으로 손해를 보고(1984. 3. 21.), 소값 폭락에 항의하는 농민들의 시위를 목도하기도 했다(1985. 8. 6.).

농업소득으로 빚을 갚는 것이 불가능해진 한계 상황에서, 부채 상환을 위해 농민이 취할 수 있는 대응책은 자산을 처분하거나, 다른 사람의 도움에 의존하는 것이다. 『일기』(1981. 1. 15.)에서 저자는 "농사를 잘 진다 해도 추수기에 합산해 보면 이자 조가 못나오니" 농업소득으로 빚을 갚는다는 것은 불가능하다는 사실을 확인하였다. 그래서 농사일을 접고 싶지만 그럴 경우 "토지는 자연이 사지(死地)가 되고 신용도 불신을 받게 되"기 때문에 그마저 간단한 일이 아니었다.

그렇지만 아직 다른 사람들에게 도움을 청하고 싶지는 않았다. 그래서 "외인에게는 채무가 잇다 없다 유무는 말하지 안는다. 가족들에도 상세하게 말을 하지 안는다."(1981. 1. 15.) 그는 1979년부터 농지를 매각하여 부채를 청산하려고 마음먹었지만, 사겠다고 나서는 "작자도 업고 타산도 차이가 너무" 커서 뜻을 이루지 못하였다. 하지만 부채 부담을 견디기가 어려워, "작자만 생기면 고하(高下)간에 매도하고 일부라도 정리해야 겟다는 마음"(1981. 1. 15.)을 다잡았다. 결국 이듬해인 1980년 최내우는 당숙에게 자신의 밭을 쌀 24가마에 매각하여 농협 부채의 일부를 갚았다(1980. 3. 10.).[35] 그리고 이듬해에 다시 마을 사람에게 토지를 매각하였다.[36] 그러나 땅을 팔아도 부채 부담은 좀처럼 줄어들지 않았다.

> 대단이 괴롭다. 부동산을 매도했어도 채무가 미청산이고 보니 진심으로 마음 괴롭다(1982. 1. 12.).

> 채무 정리차 토지을 매도햇지만 잔채(殘債)가 만히 있으니 어들고 생각이다. 신문을 보다가도 채무 생각이 나면 신문으나 내용이 머리에 들지 안코 잠만 깨도 이즐 수 업다(1982. 1. 28.).

한편 그는 여러 차례 농협에서 대출을 받아 농협 부채를 정리하였다(1979. 3. 12.; 1983. 5. 10.; 1983. 12. 12.; 1984. 4. 30.). 그러나 빚을 얻어 빚을 갚는 '돌려막기'는 부채 문제를 근본적으로 해결할 수 있는

---

35) 이날의 『일기』에는 밭 매도 가격을 쌀 24가마로 하고, 가마당 42,000원으로 결정하였다고 기록되어 있다. 여기에 소개비로 5말을 주기로 했으니, 실제 밭을 팔아 얻은 수입은 987,000원인 셈이다.

36) "정한주 정복두을 대면햇든니 70입(叺) 중 1입 5두(斗)쯤 감하자고 하여 그러케 하라고 하고 정한주 집에서 매도계약서를 작성햇다."(1981. 12. 18.)

대책은 되지 못한다. 오히려 이 방식은 부채 부담을 점점 가중시켜 결국 채무자를 부채의 함정으로 빠뜨리는 결과를 초래할 뿐이다. 예를 들어 1983년에 임실군 농협에 기계대금(원동기) 이자 20만원을 납부하기 위해 농협에서 대출을 받은(1983. 5. 10.) 최내우는 1984년 군 농협에 같은 이자를 납부하기 위해 또 대출을 받았다(1984. 4. 30.).

그런데 농협 부채 해결을 위한 돌려막기는 농협의 묵인 또는 방조가 없이는 진행되기 어려운 일이었다. 예컨대 1984년 최내우는 "(면)농협에서 60만원을 대부밧고 70만 조 채무 이자만 떼고 (또) 30만 조 이자만 떼고 잔금 52만" 원을 수령해서 다시 "군농협 원동기 이자 311,500원을 불입"(1984. 4. 30.)하였다. 이는 농협이 부채의 상환을 위해 대출을 해주고 있었다는 사실을 보여준다. 더욱이 농협은 부채 상환을 위해 채무자인 농민이 정부의 정책자금을 전용하는 일조차도 방조하였다. 최내우는 농협에서 "특용작물자금 70만 원 영농자금 60만 원 일반자금 30만 원을 융자 밧고 구채(舊債)을 전부 떼고 30만 원을 가저왔다."(1983. 5. 10.) 이처럼 정책자금 융자금을 부채로 공제하고 지급하는 것은 분명 지원금의 전용행위였다.

농지를 매각하고, 대출을 받아 빚을 갚는 것은 부채 부담을 스스로 해결하려는 자구노력이라 할 수 있다. 그러나 자구노력으로 부채를 해결하지 못했을 뿐 아니라 심지어 더 큰 부채 부담을 짊어지게 되었다. 결국 스스로의 힘으로 부채를 해결하지 못한 저자는 다른 사람의 도움으로 문제를 해결하려 하였는데, 그가 도움을 청할 수 있는 곳은 결국 마을과 가족공동체였다. 그는 쌀계를 조직하여 빚을 갚을 계획을 세우고(1979. 1. 26.), 이웃과 자녀들을 대상으로 계원을 모집하려 하였다. 이것은 자신의 부채 문제를 타인들에게 고백하는 행위에 다름 아니었고, "창피하지만"(1980. 1. 26.) 주민들에게 쌀계 가입을 부탁하지 않을 수 없었다. 그러나 오랜 기간 서로 돈거래를 해왔고, 농협 대출 보증을 서로 주고받던 이웃들에게 여러 차례 부탁을 했음에도 모두 거절하였다(1979. 12. 21.; 1980. 1. 26.; 1980. 1. 27.). 심지어 처음에 승낙했던 조카가 나중에는 못하겠다고 거절하고(1980. 1. 27), 출가한 장녀에게도 거절당했다(1980. 1. 29). 결국 쌀계를 조직하려는 그의 계획은 "계원 모집이 부족하여 폐계"(1980. 4. 7.)되었다.

마을사람들을 대상으로 쌀계를 조직하려던 계획은 『일기』의 저자가 자신이 처한 부채 문제를 전통적 공동체관계에 의존해서 해결하려는 시도였다. 그러나 마을 내에서 평판에 의한 신용은 더 이상 유용한 신용체계가 되지 못했다.[37] 농협과의 거래에서 서로 맞보증을 교환하면서 유지되고 있다고 믿었던 신용관계는 근대적 금융체계 속으로 흡수되어 문서화된 신용증명 속에서만 존재했다. 이러한 점에서 쌀계 조직은 근대적 금융체계에 대한 농촌주민의 퇴행적 대응이었으며, 존재한다고 믿었던 울타리가 이미 망가지고 없음을 깨닫는 순간이었다.

마지막으로 『일기』의 저자가 도움을 청한 상대는 가족, 장성한 자식들이었다. 이미 독립해 각자의 생계를 꾸려가고 있는 자녀들에게 자신의 처지를 설명하고 도움을 청하는 것은 어쩌면 자신의 인생이 실패했음을 고백하는 것과 같았다. 그래서 그는 자녀들에게 부모를 도울 의무가 있음을 애써 강조했다.[38] 그러면서 그는 "농협 채무가 원액 350만 원인데

---

37) 마을 내에서 최내우 개인의 신용이 떨어진 것이 아니라 평판에 의한 신용이 더 이상 통용되지 않게 된 것이다.

38) "내가 채무가 다액이 되는 것은 네의 자식들로 의하야 채무가 젓고… 잘 사라보겟다고 날뛰고 잇는 것은 내가 사후에까지 재물을 가저가려 한 것은 안니니 잔재(殘財)는 모두 너의 것이 아니야 햇다."(1982. 12. 19.)

상환할 능력이 현재로는 전연이 불가능하다. 성동이에서 우(牛) 1두을 차대하고 성옥이 100만 원만 주고 금추에 적금 100만 원 찾즈면 90%는 자신감이 든데 현재로는 막연하다"(1983. 1. 19.)고 자녀들에게 자신의 처지를 고백하고 도움을 청하였다. 그로부터 약 2개월 후 천안에 취업해 있는 셋째 딸(성옥)의 적금 100만 원을 받아 "농협 채무 815,189원 청산" (1983. 3. 7.)하였다. 그러나 이듬해인 1984년 새해 첫날 『일기』에 그는 "채무가 다액이기에 성동이하고 타합햇든이 49만 원을 제의 계곡(契穀) 에서 주엇는데 83년분 외상 비료대 347,873원, 이앙상자 연부금, 기계 연부금"(1984. 1. 1.) 등을 갚는데 사용하였다고 기록하면서, 자녀들에게 미안한 점이 많다고 적고 있다. 그리고 다시 1년 후인 1985년에도 큰아 들이 100만원을 "농협 채무을 일부 정리하라"(1985. 1. 23.)고 보내왔다.

6. 맺음말

이 글은 『창평일기』를 자료로 1970~80년대 농촌주민의 금전거래를 검토하면서, 농촌사회의 신용체계의 특성과 그 변화과정을 분석하고자 하였다. 무엇보다 농촌주민들의 금전거래 관행에서 전통적인 신용과 근 대적 계약을 분명하게 구분하는 분석적 도구가 농촌사회를 이해하는데 도움이 되지 않는다는 점을 밝히고자 하는 것이 이 글의 주요한 목적이 었다. 농촌사회의 금전거래는 전통적, 전근대적 사회관계를 기초로 성립 되며, 따라서 이 거래는 비합리적 고리대 사채를 특징으로 하고 있다는 전제는 오해이며, 농촌사회에서 근대적 개발이 본격화되고 농촌인구가 해체되는 시기에도 주민들 사이에 사채거래가 유지되었다는 사실을 설명하지 못한다. 반대로 농협을 통해 공급된 공금융은 근대적 신용체계를 바탕으로 전근대적인 사채거래 관행을 불식시킬 것이라는 이론적, 정책적 기대도 실현되지 못하였다. 고리의 사채와 저리의 공금융이라는 단순한 인식은 오늘날 농촌부채의 가장 심각한 문제가 농협 융자에서 비롯되고 있다는 역설을 설명하지 못한다. 농촌사회의 전통적 신용체계와 근대금융의 근대적 신용체계를 분명하게 구분하려는 단선적 접근으로는 농촌사회의 복잡하고 복합적인 사회관계망을 제대로 파악할 수 없다.

농촌사회에서 사채거래는 공동체관계의 근접성과 친밀성이 제공해주는 경제적, 사회적 신용을 바탕으로 이루어졌다. 농협은 사실 이러한 공동체사회의 신용체계를 기반으로 농촌사회에 뿌리를 내릴 수 있었다. 근대 금융이 요구하는 공식적 신용증명은 공동체관계의 제도화된 형식이었다. 마을주민들 사이의 돈거래와 마찬가지로 농협의 대출도 주민들에게는 혜택으로 인식되었으며, 따라서 주민들은 농협 대출에서 요구하는 보증과 담보를 주민들 사이의 호혜적 관계의 연장이라고 인식하였다. 심지어 농협은 마을의 행정단위를 거래의 대상으로 삼아 '공동체신용' 또는 '연대신용'이라 부를 수 있는 새로운 관행을 만들어내기도 하였다. 이와 같이 전통적 거래와 근대적 시장거래는 서로의 특징들을 수용하면서, 그것들을 적절하게 버무려 독특한 신용체계를 만들어내는 것이다. 특히 이 글이 분석대상으로 삼고 있는 1970~80년대는 이러한 신용체계의 복합성 또는 혼재성을 잘 보여주는 시기인 것으로 판단된다.

이 글의 마지막 장에서 다루고 있는 부채 문제에 대한 농촌주민의 대응은 전통적인 것과 근대적인 것이 혼재된, 그러나 상황과 조건에 따라 다른 모습을 드러내는 신용체계를 대하는 농촌주민들의 태도를 살펴보기 위한 것이었다. 농협 대출을 전통적 금전거래와 구분하지 않고 관행적으로 서로 보증을 서고 담보를 주고받았던 농촌주민들이 부채를 상환할 때가 되어 비로소 마주하게 되는 비인격적이고 단호한 계약서에 당황하고 혼란스러워하는 모습은 근대적 신용체계 속에 내재된 양면성을 드러내준다. 부채문제를 해결하기 위한 노력이 최종적으로는 전통적 공동체관계에 의존하는 것뿐이라는 사실도 이 문제가 비극적 결말로 종결될 것이라는 점을 예고하고 있는 것처럼 보인다.

이 글에서는 금전거래를 소재로 농촌사회의 신용체계가 전통—근대의 이분법으로 설명될 수 없는 복합성과 다중성을 지니고 있다는 점을 살펴보았지만, 이러한 특징은 단지 돈거래 뿐 아니라 농민의 생활세계 전반에서 작동하고 있을 것임에 틀림없다. 이를 토대로 농촌사회에 대한 다양한 연구주제들이 발굴될 수 있기를 기대한다.

참고문헌

곽병섭. 1981. "농촌사채시장의 경제적 효율성에 관한 연구," 『농촌경제』 4(3): 72-80.

김영철. 1979. "농촌의 사채이자율결정요인에 관한 이론적 고찰," 『농촌경제』 2(1): 38-46.

그레이버, 데이비드. 2011. 『부채: 그 첫 5,000년』, 정명진 옮김, 서울: 부글.

농림부. 각년도 『농가경제통계』.

농업협동조합중앙회. 2011. 『한국농협50년사: 1961-2011 (I)』.

농협중앙회조사부. 1965. 『한국농정20년사』, 서울: 농업협동조합중앙회.

콜, D. C. · 박영철. 1984. 『한국의 금융발전: 1945-80』, 서울: 한국개발연구원.

박준서. 1976. "농가부채의 특질," 『한국경제』 4: 3-22.

백진영. 2014. "정부지원 학자금대출 경험을 통해 본 신용과 부채 인식의 형성," 서울대학교 대학원 인류학과 석사학위논문.

유병서. 1998. "농가부채의 구조변화분석," 『농업정책연구』 25(1): 19-31.

이건열. 1990. "농가부채의 농업금융론적 접근," 『농업정책연구』 17(1): 219-237.

이만갑. 1973. 『한국농촌사회의 구조와 변화』, 서울대 출판부.

이명휘. 2010. "농어촌 고리채정리사업 연구," 『경제사학』 48: 83-124.

이성호. 2013. "반공국가 형성과 지역사회의 변화: 「월파유고」의 한국전쟁기 기록을 중심으로," 『지역사회연구』 21(1): 1-24.

이정덕 · 김규남 · 문만용 · 안승택 · 양선아 · 이성호 · 김희숙. 2012. 『창평일기 1』, 서울: 지식과교양.

_____. 2012 『창평일기 2』, 서울: 지식과교양.

이정덕 · 소순열 · 이성호 · 문만용 · 안승택 · 김규남 · 김희숙 · 김민영. 2013. 『창평일기 3』, 서울: 지식과교양.

전라금석문연구회. 2007. 『임실지역의 금석문을 찾아서』(제3회 탁본전시회 도록).

전재호. 2010. "5 · 16 군사정부의 사회개혁정책: 농어촌고리채정리사업과 재건국
　　민운동을 중심으로," 『사회과학연구』 34(2): 37-61.

주봉규. 1958. "농가부채의 개황," 『농업경제연구』 1: 72-77.

지역문화연구소 편. 2007. 『평택 일기로 본 농촌생활사(I): 평택 대곡일기(1959-
　　1973)』, 수원: 경기문화재단.

폴라니, 칼 (홍기빈 역). 2009. 『거대한 전환: 우리 시대의 정치 · 경제적 기원』, 서
　　울: 길[원본초간 1944].

최세균. 1990. "농가부채 요인분석," 『농촌경제』 13(3): 93-99.

한국은행. 1961. 『한국은행 조사월보』 15(9).

한도현. 1999. "1960년대 농촌사회의 구조와 변화," 『1960년대 사회변화연구:
　　1963-1970』, 서울: 백산서당.

허은. 2006. "특집: 혁명과 쿠데타 ; 1950년대 전쟁, 빈곤,독재를 넘어 희망을 키우
　　다," 『기억과 전망』 14, 서울: 민주화운동기념사업회.

황흥도. 2002. "농가경제의 위기와 정책과제", 『농업생명과학연구』 36(3): 1-18.

Carrier, James. 1991. "Gifts, Commldities, and Social Relations: A Maussian
　　View of Exchange," *Sociololgical Forum* 6(1): 119-136.

색인

필자 소개

▌이정덕

서울대 인류학과를 졸업하고, 미국 뉴욕시립대에서 인류학 박사학위를 취득했다. 1993년부터 전북대학교에서 문화인류학을 가르치고 있다. 현재 전북대 쌀·삶·문명연구소 소장을 맡고 있으며, 일기를 통한 압축근대의 동아시아적 특성을 연구하고 있다. 주요 저서로는 『21세기 한국의 문화혁명』, 『근대라는 괴물』, 『일기를 쓴다는 것』(공역) 등이 있다.

▌소순열

전북대 농업경제학과를 졸업하고 서울대 대학원 석사를 거쳐 일본 교토대학에서 학위를 취득하였다. 현재는 전북대에서 농업경제학, 농업사를 가르치고 있다. 주로 지역의 역사사에 관심을 가지고 중앙사관을 탈피하여 지역의 자립적 가치를 찾고 있다. 현재 한국농업사학회장을 맡고 있다. 주요 저서로는 『근대지역농업사』, 『전북의 시장경제사』 등이 있다.

▌남춘호

현재 전북대학교 사회학과 교수로 재직 중이며, 주된 관심분야는 노동과 빈곤 및 불평등, 청년층의 성인이행 등이다. 최근에는 텍스트마이닝 기법을 사회과학에서 활용하는 방안을 연구 중이다. 주요 논저로는 『전북지역 민주노조운동의 전환과 모색』(2009), 『압축근대와 농촌사회』(2014), 「압축근대와 생애과정의 구조변동」(2014), 「학교-직장 이행과정의 직업경력 배열분석」(2015) 등이 있다.

▌임경택

서강대학교를 졸업하고 서울대학교 대학원 인류학과를 거쳐 일본 도쿄대학교 총합문화연구과 문화인류학 연구실에서 박사학위를 받았다. 현재 전북대학교 일어일문학과에서 일본문화를 가르치고 있다. 저서로는 『유지와 명망가』(공저), 『동북아집단 이해의 다양성』 등이 있으며, 역서로는 『일본의 역사를 새로 읽는다』 등이 있다.

▌朴光星

중국 연변대학 역사학과를 졸업하고, 한국 서울대학교 사회학과에서 석사학위와 박사학위를 취득하였다. 현재 중국 중앙민족대학교 민족학 및 사회학 부교수로 재직 중이며, 주로 사회학 이론과 도시화, 전지구화 및 초국적 인구이동에 대해 연구하고 있다. 주요 논저로 『세계화시대 중국조선족의 초국적 이동과 사회변화』(2008) 등이 있다.

▌문만용

서울대 과학사 및 과학철학 협동과정에서 박사학위를 취득했으며, 전북대 한국과학문명학연구소 교수로 재직중이다. 일제강점기부터 박정희 시대에 이르기까지 근현대 한국 과학기술사를 연구하고 있으며, 주요 저서로 『한국의 현대적 연구체제의 형성』(2010), 「한국 근대과학 형성과정 자료」(2005), 『한국 과학기술 연구체제의 사회사』(근간) 등이 있다.

▮안승택

서울대학교 인류학과를 졸업하고, 동 대학원에서 인류학 박사학위를 취득했다. 현재 서울대 규장각한국학연구원 HK연구교수로 재직 중이다. 전공은 역사인류학이며, 식민지 전후시기를 오가며 재래 농업기술과 농민사회의 근대적 이행양상을 연구해오고 있다. 주요 논저로 『식민지 조선의 근대농법과 재래농법』, 『평택일기로 본 농촌생활사』(공저), 『조선 기록문화의 역사와 구조』(공저) 등이 있다.

▮이성호

동국대학교 사회학과에서 박사학위를 취득하였다. 현재 전북대학교 SSK 「압축근대와 개인기록연구단」 전임연구원으로 재직 중이다. 주로 노동과 빈곤 등을 주제로 지역사회 연구를 진행하고 있으며, 주요 저서로 『전북지역 민주노조운동과 노동자의 일상』(공저), 『전북지역 민주노조 운동의 전환과 모색』(공저) 등과 「반공국가 형성과 지역사회의 변화」 등의 논문이 있다.

▮손현주

전북대학교 사회학과를 졸업하고, 미국 하와이대에서 정치학박사를 취득했다. 현재 SSK 「압축근대와 개인기록연구단」 전임연구원으로 재직 중이다. 한국 사회의 대안 미래와 미래학방법론을 연구하고 있다. 주요 저서로는 『금계일기 1-2』(공저), 『아포일기 3-5』(공저), 『The Preferred Transformation of South Korea: Alternative Scenarios for 2030』 등이 있다.

▮이태훈

서울시립대학교 경제학부를 졸업하고 전북대학교 사회학과 대학원에서 박사과정을 수료하였다. 현재 SSK 「압축근대와 개인기록연구단」에서 개인기록과 동아시아 압축근대에 관심을 가지고 공부하고 있다. 주요 저서로는 『금계일기 1-2』(공저), 『아포일기 3-5』(공저) 등이 있다.

▮김예찬

전북대학교 국어국문학과를 졸업하고 동대학 고고문화인류학과에서 박사수료를 하였다. 한때 문화예술활동에 관심을 가지고 활동하였으며 현재는 SSK 「압축근대와 개인기록연구단」에 소속되어 관심사를 찾고 있다. 주요저서로는 『금계일기 1-2』(공저), 『아포일기 3-5』(공저), 『우아한 우리동네 사용설명서』(공저) 등이 있다.

▮유승환

전북대학교 사회학과를 졸업하고 동대학원에서 석사과정에 재학 중이다. 텍스트 마이닝 기법을 활용하여 일기, 교과서 등 다양한 기록물을 분석하는데 관심이 있다.